Inci Y.
Erstickt an euren Lügen

Inci Y.

ERSTICKT AN EUREN LÜGEN

Eine Türkin in Deutschland erzählt

Piper
München Zürich

ISBN-13: 978-3-492-04794-4
ISBN-10: 3-492-04794-7
6. Auflage 2005
© Piper Verlag GmbH, München 2005
Druck und Bindung: Clausen & Bosse, Leck
Printed in Germany

www.piper.de

Wir widmen dieses Buch einem deutschen Beamten, ohne dessen Einsicht und Mut es nie hätte geschrieben werden können.

Im Gedenken an Oma, die am 2. Juli 2004 im Alter von 96 Jahren in Izmir gestorben ist.

Wir bedanken uns bei all jenen, die uns immer wieder in der Überzeugung bestärkt haben, daß es richtig und nötig ist, dieses Buch fertig zu schreiben. Es ist schade, kennzeichnet aber die Situation, daß wir keinen hier beim Namen nennen dürfen.

Inci Y. schilderte ihre Erinnerungen dem deutschen Journalisten Jochen Faust. Die Autorin hat mit Sorgfalt darauf geachtet, daß der Text ihre Erzählung originalgetreu wiedergibt.

Alle Namen im Buch sind geändert. Inci Y. ist das Pseudonym der Autorin.

Inhalt

Als Kind abgeschoben 11

Nach Gefühlen fragt keiner 37

Anatolische Braut 75

Gefangen 110

Erwachen aus dem Winterschlaf 158

Allein 179

Grausame Normalität 202

In Deutschland unerwünscht 248

An die Leser 292

Okuyuculara 295

Nach zwei Tagen fahre ich nach Tokat. Hikmet holt mich mit dem Auto am Busbahnhof ab.
»*Wo sind die Kinder? Bring' mich sofort zu ihnen.*«
»*Sie sind im Dorf.*«
»*Hättest du sie nicht gleich mitbringen können?*«
»*Steig jetzt ein! Du wirst schon sehen.*«
Ich kann die Falle, in die er mich lockt, förmlich riechen. Eine Möglichkeit, ihr auszuweichen, sehe ich nicht. Hikmet hat mich in der Hand. Er hat die Kinder.

Wir fahren zu Opas Haus. Im Wohnzimmer hat sich das ganze Dorf versammelt. Fassungslos muß ich sehen, wie Menschen sich ändern können. Früher wurde ich von jedem fröhlich begrüßt, heute schlägt mir blanker Haß entgegen. Alle reden auf einmal:
»*Du hast eine schwere Sünde begangen.*« »*Du bist eine schlechte Mutter.*« »*Du erziehst die Kinder zur Sünde und Schande.*« »*Du wirst Hikmet wieder heiraten.*« »*Du bleibst hier.*« »*Du nimmst den Kindern den Vater nicht weg.*« *Ich stehe vor einem selbsternannten Tribunal. Das ist türkische Inquisition.*

Hikmet verläßt das Zimmer, Sila läuft in diesem Moment auf mich zu, fällt mir um den Hals und flüstert mir ins Ohr:
»*Mama, geh nicht in den Kuhstall. Papa und Onkel Cesur haben Fesseln vorbereitet. Sie wollen dich schlagen.*«
Von draußen ruft einer zur Tür herein: »*Inci, Hikmet wartet auf dich.*«

»*Ich bleibe hier im Zimmer. Er soll kommen.*«

Hikmet schickt Onkel Cesur mit einem Blatt Papier zu mir. Ich soll es unterschreiben. Ohne es zu lesen, zerreiße ich den Zettel und werfe die Schnipsel in die Luft.

»*Was soll das? Hikmet weiß, daß ich nie im Leben etwas unterschreiben werde, gleich, was es ist. Ich will jetzt auf der Stelle mit meinen Kindern zurück nach Izmir fahren.*«

Ich bedauere, meine Anwältin nicht vor meiner Abfahrt gefragt zu haben, ob ein Abkommen unter Zwang überhaupt Gültigkeit hat. Heute weiß ich, daß es weder in der Türkei noch in Deutschland der Fall ist.

Nun kommt Hikmet ins Wohnzimmer. Er legt ein neues Blatt Papier auf den Tisch. »*So, das unterschreibst du jetzt.*«

Ich lese ein Geständnis, so wie mein Exmann es sich vorstellt: »*Ich bin eine Nutte und möchte nicht, daß meine Tochter auch eine Nutte wird. Deshalb verzichte ich auf das Sorgerecht für meine Tochter Sila und übertrage es meinem Mann Hikmet.*« *Es geht ihm nur um sie – keine Silbe von unserem Sohn Umut.*

Ich schüttele den Kopf: »*Von der Unterschrift träumst du wohl.*« *Vor seinen Augen zerreiße ich auch dieses Papier. Er stürzt sich auf mich. Zum ersten und einzigen Mal schlägt er mich. Er trifft mich mit voller Wucht mitten ins Gesicht, dann boxt er mich in den Bauch. Ich falle zu Boden, schmecke mein Blut. Er will auf mich eintreten. Verwandte halten ihn zurück. Einer der Alten brüllt:*

»*Warum machen wir es uns so schwer? Nehmen wir einfach das Gewehr und erschießen sie. Wenn irgend jemand kommt und Fragen stellt, sagen wir einfach, sie war niemals hier.*«

Totenstille. Das ist kein Scherz. Es ist blutiger Ernst. Von solchen Hinrichtungen widerspenstiger Frauen habe ich immer wieder gehört. Das Jagdgewehr, ich sehe es, es hängt an der Wand gegenüber.

Als Kind abgeschoben

Verwechslung

1970 werde ich in einer mittelgroßen Stadt in Deutschland geboren. Mit eineinhalb Jahren setzen mich meine Eltern in Begleitung einer wildfremden Frau in ein Flugzeug nach Ankara. Diese Frau kennt nur meinen Namen und den von Oma, die mich am Flughafen abholen will. Ich soll bei Oma in der Türkei aufwachsen.

Bis heute halte ich es für möglich, daß ich dabei das Opfer einer Verwechslung geworden bin.

Mutter erzählt, ich hätte damals schon alleine stehen können, hätte halblange braune Haare gehabt, sei völlig gesund gewesen. Sie habe mich unmittelbar vor dem Abflug sogar noch einmal fotografieren lassen, die Bilder seien allerdings verschwunden.

Oma versichert dagegen immer wieder, ich hätte in einem Korb gelegen, als sie mich am Flughafen in Empfang genommen hat. Sie sei überzeugt, daß ich noch nicht stehen konnte und völlig kahl gewesen sei. Außerdem seien meine Hände verbrüht gewesen. Unmittelbar vor meiner Abreise sei heißes Wasser drübergelaufen, habe die Frau, die mich nach Ankara mitnahm, gesagt.

Bis zuletzt blieb Oma bei ihrer Version. Sie war sechsundneunzig Jahre und bei völliger geistiger Gesundheit, als sie im Juli 2004 starb.

Eine Möglichkeit, wie es zu einer Verwechslung gekommen sein könnte, wäre in der Darstellung von Oma begründet. Sie erzählte, sie habe mich auf dem Flughafen zum vereinbarten Zeitpunkt erwartet, ich sei aber nicht angekommen. Zwei Tage lang habe sie mich ausrufen lassen, ehe dann plötzlich eine Frau erschien, ihr einen Korb in die Hand drückte, in dem ich lag und sagte: »Das ist Inci.«

Wenn das stimmt, könnten – mit zwei Tagen Abstand – tatsächlich zwei Mädchen Namens Inci in Ankara angekommen und bei den falschen Abholern gelandet sein.

Gegen eine Verwechslung spricht, daß ich meinen drei Geschwistern ähnlich sehe, was allerdings auch mit unserem typisch türkischen Aussehen zu erklären wäre.

Für mich wäre es ein Trost, wenn ich wüßte, daß Mutter in Wirklichkeit nicht meine Mutter ist.

Das Haus

In meiner allerersten Erinnerung taucht unser Haus in Ankara auf. Ich sitze in einer Ecke, ein Stück Brot in der Hand. Das Haus – eines jener üblichen einstöckigen türkischen Altbauten aus der Vorbetonzeit – liegt am Fuß eines Hügels, über den sich ein Neubauviertel erstreckt.

Eine halbhohe, weiß gestrichene Steinmauer umgibt unser Grundstück. Durch ein grün gestrichenes Tor gelangt man in den Garten. Rechts ein Brunnen mit Seil und Eimer. Links die Betten von Opa Hasan und Onkel Halil, dem jüngsten Sohn meiner Großeltern. Beide Männer schlafen im Sommer im Freien unter einem Eukalyptusbaum.

In dessen Schatten steht das Haus. Ockerfarbene Wände, gemauert aus Steinen der Umgebung, zwei Fenster, eine Tür, rotes Ziegeldach. Zwei Zimmer auf sechzig Quadratmetern. Außer einem Küchenschrank gibt es keine Möbel. Matratzen, bedeckt mit bunten Teppichen, liegen nah an den Wänden. Sie dienen als Sessel und Betten, je nach Tageszeit. Gegessen wird auf dem Boden.

In dem einem Zimmer leben Onkel Halil und Tante Fatma mit ihren drei Kindern Sevcan, Filiz und Kemal. Ich schlafe bei Oma und Opa im zweiten Zimmer, in dem auch gekocht wird. Deshalb kann bei uns geheizt werden, im anderen Raum dagegen nicht. In meinem ersten Winter in Ankara erkältet sich Filiz und stirbt. Jahrelang terrorisiert mich Tante Fatma mit der Behauptung, ich sei schuld am Tod ihrer Tochter.

Oma ist eine starke Frau. Sie beherrscht das Haus. Wenn es Probleme gibt, ist es sie, die nachdenkt. Sie findet immer und für jeden eine Lösung. Was sie sagt, wird gemacht.

Opa arbeitet in einem Krankenhaus in der Stadt, Onkel Halil als Hausmeister an der Universität von Ankara. Oma geht putzen. Oft nimmt sie mich mit. Für mich sind das Festtage. Ich darf bei ihr sein, und ich bekomme andere Wohnungen und Büros zu sehen. Meine Neugier ist fast nicht zu stillen.

Für Liebe und Zärtlichkeit gibt es bei uns keinen Raum. Das liegt nicht nur daran, daß meine Großeltern zu müde sind, wenn sie von der Arbeit heimkommen. Der Austausch von Zärtlichkeiten ist in unserer Familie nicht üblich. Die Kinder lernen es nicht kennen, also können sie es ihrerseits nicht weitergeben, wenn sie eigene Kinder haben.

Das hat Oma schon so erlebt. Folglich nimmt sie mich als Kind nicht ein einziges Mal in den Arm. Selbst ich umarme meine Kinder bis heute nicht. Dabei liebe ich sie von Herzen.

Mit zwölf wurde meine Oma zwangsverheiratet. Mit einem Fünfzigjährigen. Nachdem sie zwei Kinder mit ihm hat, heiratet er eine zweite Frau. Das war seinerzeit in der Türkei noch möglich. Oma findet sich damit nicht ab, verläßt ihn – mit den Kindern. Sie war damals eine großgewachsene, schlanke und bildhübsche Frau mit naturblonden Haaren, einem glatten, weißen

Gesicht, grünen Augen. In meiner Kindheit ist sie immer noch eine attraktive Erscheinung, obwohl sie weit über Sechzig ist. Trotz oder gerade wegen ihrer weißen Haare. Gemeinsam mit Opa hat sie – außer Onkel Halil – drei Töchter. Ayse, die zweitälteste, ist meine Mutter.

Oma ist Türkin, Opa Kurde. Ein stockkonservativer Kurde. Frauen gelten in seinem Weltbild nichts, Kinder noch weniger. Kinder müssen ruhig bleiben, dürfen Erwachsene keinesfalls stören, müssen ihnen immer »Respekt erweisen«, wie es bei uns heißt. Wer weint, muß sofort wieder still sein. Weinen wäre respektlos. Wir haben ruhig zu spielen. Ich weine deshalb nie.

Schnell finde ich heraus, daß Opa und Onkel ziemlich faul sind. Wenn sie von der Arbeit heimkommen, legen sie sich auf ihre Betten – im Sommer im Freien, im Winter in der Enge des Hauses – und lassen sich von den Frauen bedienen.

Mit Opa haben wir Kinder kaum Kontakt. Versucht wirklich einmal eines, ihn anzusprechen, bringt er es mit einer barschen Handbewegung zum Schweigen. Mit Kindern zu reden, ist unter seiner Würde.

Selbst Tante Fatma – immerhin seine Schwiegertochter – geht es nicht anders. Opa zwingt sie sogar, den Yasmak, den Halbschleier, zu tragen, wenn er im Haus ist. Dabei ist sie schon zwanzig Jahre alt und Mutter von drei Kindern. Mit fünfzehn war auch sie verheiratet worden, ohne Onkel Halil vorher einmal gesehen zu haben.

Weder meine Tante noch Oma dürfen ein Kind umarmen, wenn Opa dabei ist. Das wäre ihm gegenüber respektlos. Warum, weiß niemand zu sagen, es ist Tradition.

Fast täglich ist Onkel Halil betrunken. Er hat sich zu dieser Zeit aber noch unter Kontrolle. Erst nach Opas Tod wird er zum krankhaften Alkoholiker. Wir haben noch eine Gnadenfrist.

Ich bin ein nahezu stummes Kind, ich erinnere mich nicht, in meiner Kindheit jemals geredet zu haben. Weder zu Hause noch später in der Schule. Meist sitze ich in einer Ecke, allein, verängstigt, völlig in mich zurückgezogen. Wenn ich nicht in der Ecke sitze, hänge ich an Omas Rockzipfel. Spricht mich jemand an, verstecke ich mich hinter ihr. Ich will dem vorbeugen, daß mich jemand berührt oder gar küßt.

Ich schlafe zusammen mit Oma in einem Bett, befestige mich manchmal mit einer Sicherheitsnadel an ihrem Pyjama, habe panische Angst, sie könne ohne mich weggehen. Noch heute friere ich, wenn ich mich an die Lieblosigkeit, Gefühlskälte und Brutalität erinnere, die in diesem Haus herrschten. In den beiden winzigen Räumen, in denen zuletzt neun Menschen lebten.

Fremde

Eines Tages – ich bin vier, fünf Jahre alt – nimmt Oma mich mit zu einem leerstehenden Haus am Stadtrand von Ankara. Dort befinden sich zwei Männer und eine Frau mit einem Kleinkind auf dem Arm. Mißtrauisch luge ich hinter Omas Rock hervor. Die Frau ist blond, schlank, hübsch. Sie hat ein schneeweißes Gesicht, es sieht aus, als könnte es weich wie Samt sein. Als ich die Frau erblicke, überkommt mich ein eigenartiges Gefühl, das ich nicht deuten kann. Ich fühle mich von ihr angezogen, kann aber nicht zu ihr gehen.

Wir laufen rund ums Haus und besichtigen alle Räume. Mir wird klar, daß der Mann und die Frau das Haus kaufen wollen, mit dem Eigentümer verhandeln und Oma zu Rate gezogen haben. Ich finde den Handel uninteressant. Für mich hat er noch keine Bedeutung.

Wie hätte ich ahnen sollen, daß ich gerade zum ersten Mal

Mutter, Papa und meiner Schwester Eda gegenüberstehe? Daß ich Vater, Mutter, Geschwister habe – niemand hat je mit mir darüber geredet. Wie sollte ich wissen, wer sie sind? Wonach hätte ich Sehnsucht haben sollen? In mein Leben gehören Oma, Opa und die anderen, mit denen ich zusammenlebe.

Schöne Zeiten

Wenig später ziehen Oma, Opa und ich in das neue Haus, Onkel Halil bleibt mit seiner Familie in dem alten zurück. Unser jetziges Domizil liegt am Fuß der Berge, die Ankara umgeben. Bis vom Zentrum fährt man etwa eine Stunde mit dem Auto. Es ist ein altes Haus und schaut aus wie das, aus dem wir ausgezogen sind. Aber es ist wesentlich größer. Eine Steinmauer umfriedet das Grundstück, das mehr als doppelt so groß ist wie unser bisheriges. Tritt man durch das schmiedeeiserne Tor ein – es ist dreiflügelig und grün gestrichen –, steht man vor dem Brunnen unter dem obligatorischen Eukalyptusbaum.

Hinter dem Haus schließt sich ein großer Obstgarten an, in dem Zitronen-, Apfel- und Kirschbäume wachsen. Den Eingang schützt ein Windfang mit vielen Fenstern. Öffnet man die Haustür, steht man direkt in dem Wohnbereich, der hinten mit der offenen Küche und dem Bad abschließt. Rechts hat man zwei Zimmer abgeteilt – in dem einem wohnt Oma mit mir, im anderen schläft Opa. Links befindet sich ein ständig verschlossener Raum. Wie ich später erfahre, bewahren meine Eltern dort Einrichtungsgegenstände auf, die sie aus Deutschland mitgebracht haben.

Es beginnt die glücklichste Zeit meiner Kindheit. Wenn ich an dieses Haus denke, habe ich schöne Gefühle. Für mich ist es ein Sinnbild der Ruhe. Auch mit Opas Eigenarten habe ich mich arrangiert. Er spricht mich nach wie vor nicht direkt an. Wenn ich mich an den Frühstückstisch setze, sagte er an mir vorbei zu Oma: »Bring' dem Kind eine Jacke!«, »Gib ihm Tee!« Dies ist zu einem Ritual geworden, das ich sehr liebe. Er nimmt mich wahr, obwohl er mich scheinbar ignoriert. Wir sitzen zusammen, trinken Tee, essen Kekse mit Butter. Oma und Opa rauchen eine Zigarette. Im Winter brennt das Feuer im Kohleofen. Es ist warm. Es ist schön.

Kinderaustausch

Mutter und Papa wohnen mit meiner Schwester Eda in Deutschland. Als Mutter erneut schwanger wird, schicken sie auch Eda in die Türkei. Sie ist gerade zwei Jahre alt. Es ist heute noch üblich, daß viele Gastarbeiter ihre Kinder bei den Verwandten »parken«, die in der Türkei bleiben. So hält man die Kosten niedrig. Ein Kind in Deutschland aufzuziehen ist teurer als in der Türkei.

Mutter hat Eda bei Peri untergebracht. Peri ist die Tochter von Sultan, Mutters älterer Schwester. Verheiratet ist meine etwa fünfundzwanzigjährige Cousine mit meinem Lieblingsonkel Cem. Das macht sie gleichzeitig zu meiner Tante. Derartige Familienverhältnisse sind heute noch durchaus üblich in der Türkei. Peri und Cem wohnen auch in Ankara, aber in einem anderen Stadtteil, etwa zwei Stunden mit dem Auto entfernt. Deshalb sehe ich sie nur selten.

Aber all das erfahre ich erst später nach Opas Tod, als ich mit Oma zu meiner Familie nach Deutschland fahre. Jetzt, mit sechs Jahren, weiß ich immer noch nicht, daß ich Eltern und sogar eine Schwester habe.

Als Peri eines Tages mit Eda zu Besuch kommt, spielt sich eine schreckliche Szene ab, die mir heute noch vor Augen steht: Als sie sich verabschieden wollen, schreit Eda – hoch, schrill und voller Angst:

»Nein, Nein! Eda will dableiben! Eda will dableiben!«

Sie klammert sich mit aller Kraft an Oma, die bis zum Auto mitgeht, wo sie sich mit sanfter Gewalt von ihr löst und beruhigend auf sie einredet.

Ich kann sie auf dem ganzen Weg durch den Garten schreien hören, bis das Auto fort ist. Oma kommt ins Haus, setzt sich hin und weint.

Später, beim traditionellen Gegenbesuch, hänge ich wie immer an Omas Rockzipfel. Eda sitzt stocksteif und kerzengerade auf dem Stuhl, bewegungslos, die Hände auf die Beine gelegt. Die ganze Zeit über starrt sie mit gesenktem Kopf auf die Cousine – mit Angst, aber auch brennendem Haß in den Augen.

Ich bin mir sicher, daß Peri sie schlägt. Eda bedeutet mir damals noch nichts – ich kenne ja nicht einmal das Wort »Schwester«. Also fühle ich mich nicht sonderlich betroffen.

Nach einem Jahr holte Mutter Eda wieder nach Deutschland zurück, ich bleibe in Ankara bei Oma.

Die vielen Verwandtenbesuche bei uns sind mir eigentlich lästig. Sie stören die Ruhe des Hauses. Meist spiele ich dann bei Nachbarskindern, bis sie fort sind. Lediglich meinen Lieblingsonkel Cem sehe ich wirklich gern kommen.

Viel interessanter finde ich es, wenn wir unsererseits auf Besuch fahren. Dadurch, daß wir eine große Familie sind, bekomme viel von der Türkei zu sehen; wir haben Verwandte in Erzurum, Samsun, Istanbul und Izmir. Wie es die Gastfreundschaft verlangt, nehmen sie uns stets freundlich auf.

Diese Freundlichkeit und Aufmerksamkeit gefällt mir.

Glauben

Mit Hatun, einem Mädchen aus der Nachbarschaft, stehe ich vor dem grünen Tor, dem Eingang zu unserem Garten.
»Hast du Angst vor Gott?« fragt sie.
Da ich ja nicht rede, schüttele ich statt einer Antwort den Kopf.
»Hast du überhaupt schon einmal etwas von Gott gehört?«
Ich zucke mit den Schultern.
»Unser Vater redet gleich mit uns über Gott und lehrt uns beten. Komm doch mit«, fordert sie mich auf.
Ich folge ihr.
Es ist spannend. Ich höre dem Vater zu, beobachte die Familie beim Gebet und fange an, mich für Religion zu interessieren. Doch Hatuns Familie sind Alevi, Gläubige, die einer besonderen Richtung des Islam anhängen.
Oma hat mir gesagt, wir seien Sunniten, folglich will ich meinen eigenen Glauben kennenlernen. Ab jetzt suche ich jede Gelegenheit, soviel wie möglich darüber zu erfahren.
Oma betet als einzige in unserer Familie, sie wird mein erstes Vorbild. Ich binde ein Kopftuch um und knie mich stumm neben sie, wiederhole ihre Gebete in Gedanken.
Genauso halte ich es von jetzt an auch mit der Nachbarsfamilie, wenn ich bei ihnen bin. Ich möchte schon wissen, wie bei den Alevi gebetet wird. Zwischen ihrer und Omas Art kann ich allerdings keinen wesentlichen Unterschied feststellen.
Es gibt religiöse Sendungen im Fernsehen. Leider verstehe ich nur wenig von den Inhalten, weil mir jede Grundlage fehlt. Weiter komme ich mit meinem Selbstunterricht nicht. Das ändert sich erst in der Schule.

Die Schule

Mit sechs ist es so weit. Meine Haare hängen kurz und dünn herunter. Oma, Onkel Halil und Sevcan, Tante Fatmas älteste Tochter, nehmen mich an die Hand und bringen mich in die erste Klasse unserer Grundschule. Ich kann jeden, der mich anspricht, nur anlächeln, bringe kein Wort heraus.

Während der gesamten Schulzeit bekomme ich vom Unterricht nur wenig mit. Meist sitze ich in mich gekehrt da, male Bilder. Häuser, Seen, Landschaften, Porträts. Die einzigen Fächer, in denen ich mitarbeite, sind Malen und Religion.

Niemanden bekümmert mein Desinteresse. Keiner der Beteiligten – weder zu Hause noch in der Schule – weckt mein Interesse für diese Dinge. Nicht einmal Oma. Niemanden in meiner Familie stört es, wenn ein Mädchen nicht mitarbeitet. Es genügt, wenn wir unberührt als Jungfrau in die Ehe gehen und dem Mann, den unsere Eltern ausgesucht haben, nicht widersprechen.

Oma und Mutter sind Analphabeten, Opa ist es auch. Am Ende jedes Schuljahrs erkauft Oma meine Versetzung mit Geschenken. Als mich meine Eltern mit elf Jahren nach Deutschland holen, hatte ich auf diese Art in der Türkei zwar die fünfte Klasse der Grundschule absolviert, dabei aber nicht einmal richtig lesen und schreiben gelernt. Wahrscheinlich hatte ich gerade das Niveau einer Zweitkläßlerin erreicht. Grammatik ist heute noch ein Fremdwort für mich, von Mathematik, Erdkunde und all den anderen Fächern habe ich nichts mitbekommen.

Kaum bin ich zu Hause, fliegen die Schulsachen in die Ecke. Keiner fragt, ob ich Hausaufgaben aufhabe und sie auch mache. Ich genieße grenzenlose Freiheit, darf draußen spielen, wann und wo immer ich will. Omas einzige Bedingung: Ich muß zum Essen und Schlafen daheim sein. Spielsachen gibt's keine. Also mache ich sie mir selbst, bastele Puppen aus Holz und

Stoffresten, male im Garten Bilder auf die Erde, baue Burgen, Häuser, ganze Dörfer aus Sand.

Oft gehe ich raus, streife mit Nachbarskindern durch die Wiesen, Felder und Berge der Umgebung. Wie selbstverständlich entwickelt sich ein unzertrennliches Trio: Suna, Bervin und ich.

Sunas Vater ist Türke, arbeitet in gehobener Position und wurde vom Schwarzen Meer nach Ankara versetzt. In unseren Augen kommt sie also aus einer wohlhabenden Familie. Sie ist groß, blond und hat helle Augen. Bervin stammt aus einer kurdischen Familie, die – wie wir – in einfachsten Verhältnissen lebt. Sie ist klein, drahtig, hat die typisch dunkle Haut anatolischer Frauen, rabenschwarze volle Haare und tiefdunkle Augen. Wir beide verstehen uns besonders gut. Vielleicht deshalb, weil auch sie nur das Nötigste redet.

Suna ist die einzige von uns, die spricht – folglich wird sie schnell unsere Anführerin. Wenn Suna entschieden hat, wohin wir gehen, folgen wir ihr wortlos wie Schatten, unternehmen, was sie vorschlägt.

Außer einem Ball haben wir kein Spielzeug. Also spielen wir mit der Natur. Wir fangen Frösche und Kaulquappen im Bach, suchen uns Steine, mit denen man Hände und Gesicht rot anmalen kann und durchstreifen die Umgebung. Diese Streifzüge führen uns bis auf den Gipfel eines hohen Berges, zu dessen Fuß wir allein schon kilometerweit zu laufen haben.

Opas Tod

Ich bin etwa neun Jahre alt, als Opa krank wird. Er liegt zwei Monate zu Hause im Bett, nicht im Krankenhaus. Der Arzt besucht ihn nur dreimal. Es geht ihm immer schlechter. Eines Tages fängt er an, Blut zu spucken. Wenig später ist er gestorben.

Ich kann das alles nur bruchstückhaft zusammenfügen. Ich

weiß noch, daß ich in sein Zimmer gehe und weine – das einzige Mal während meiner Kindheit. Dann wird er im Garten aufgebahrt und gewaschen. Ich darf nicht mehr ins Haus und streune den ganzen Tag durch die Berge und Wälder.

Und noch eines erkenne ich: Oma ist eigentlich ganz froh, daß er gestorben ist. Sie muß ihn unendlich gehaßt haben. Ich kann nicht genau sagen, wie ich zu dieser Ansicht gekommen bin. Ich spüre es an ihrem Verhalten. Oma und ich erkennen gegenseitig unsere Gefühle, ohne darüber zu reden.

In Deutschland

»Das ist dein Papa und das deine Mutter.« Oma stellt mir den Mann und die Frau vor, die das Haus gekauft haben, in dem wir jetzt wohnen. Sie sind zu Opas Beerdigung nach Ankara gekommen.

Das sind also meine Eltern, schießt es mir durch den Kopf.

Natürlich habe ich mittlerweile begriffen, daß auch ich einen Vater und eine Mutter haben muß. Aber gefragt habe ich niemanden. Allmählich verschwindet mein Mißtrauen, denn Vater und Mutter behandeln mich sehr freundlich. Ich erfahre, daß Eda meine Schwester ist. Das elektrisiert mich. Schade, daß sie in Deutschland wohnt und nicht mitgekommen ist. Jetzt, wo ich weiß, wer sie ist, würde ich sie gern näher kennenlernen.

Dieser Wunsch geht schneller in Erfüllung, als ich glauben konnte, denn meine Eltern laden Oma und mich ein, mit nach Deutschland zu fahren. Ich habe drei Monate Ferien. Etwa zwei Monate davon sollen wir bei ihnen verbringen.

Ali, mein ältester Bruder, und Eda erwarten uns hinter der gläsernen Ausgangstür am Flughafen. Eda zerrt ganz aufgeregt an der Perlenkette, die sie um den Hals trägt. Vor Freude, mich kennenzulernen, hüpft sie von einem Fuß auf den anderen. Plötzlich zerreißt die Schnur, die Perlen rollen in alle Himmelsrichtungen. Ich weiß gar nicht, warum sie sich so aufregt. Ich habe Omas Rockzipfel fest im Griff und beobachte die Szene uninteressiert. In Eda erkenne ich das kleine Mädchen wieder, das in Ankara bei Peri so gelitten hat.

Bei dieser Reise, mit neun Jahren, lerne ich also Vater und Mutter kennen.

Aber meine Mutter ist Oma, mein Vater war Opa. Die Eltern sind fremde Leute. Im Grunde genommen sind sie es bis heute geblieben.

Mutter redet viel – im Gegensatz zu Oma. Zwangsläufig muß ich jetzt auch mit dem Sprechen anfangen. Besser gesagt, ich muß es lernen. Hat mich früher jemand etwas gefragt, habe ich gelächelt, höchstens mit einem Nicken, Kopfschütteln oder Achselzucken geantwortet. Jetzt muß ich etwas sagen. Meine ersten Sprechversuche sind entsprechend deprimierend. Nicht einen einzigen Satz bringe ich fließend heraus, stottere heillos – zu meinem und zum Entsetzen meiner Eltern.

Heute frage ich mich oft, warum ich in den ersten neun Jahren meines Lebens nicht geredet habe. Wahrscheinlich, weil niemand dies wirklich von mir erwartet hat. Oma ist wortkarg. Meist genügt ein Wink, ein Blick, eine Kopfbewegung, um mir zu sagen, was sie will. Wenn sie überhaupt redet, dann klar, deutlich und kurz, so daß ich sie auf Anhieb verstehe. Sie verlangt keine Antwort. Den Freunden reichte meine Körpersprache. In der Schule wurde ich sowieso nicht gefordert. Erst jetzt, unter Mutters Wortschwall, besteht für mich die Notwendigkeit, selbst etwas zur Konversation beizutragen. Das ist bei unserem Besuch in Deutschland eigentlich mein einziges Problem.

Ansonsten genieße ich es, jeden Tag etwas Neues zu sehen. Vor allem lerne ich Eda näher kennen und begreife allmählich, daß ich eine Schwester und einen Bruder habe.

Welch wunderschönes Gefühl, warum habe ich darauf so lange warten müssen?

Das trifft auch auf Ali zu, meinen Halbbruder, den Mutter mit in die Ehe brachte. Er ist fünfzehn, sechs Jahre älter als ich. Ahmed, sein jüngerer Bruder, lebt in Izmir bei seinem Vater. Mutter hat ihn nie akzeptiert.

Die ganze Familie geht oft miteinander spazieren, kauft ein. Immer wieder sind wir unterwegs, besuchen Verwandte. Das Reisen gefällt mir, ich sehe viel von Deutschland.

Einer meiner Verwandten schenkt mir eine Puppe. Die erste meines Lebens. Sie hat ein rosarotes Kleid an. Ich hab' mich vom ersten Moment an in sie verliebt. Wir werden unzertrennlich. Ich trage sie ständig im Arm bei mir. Egal, wohin ich gehe.

Gastfreundschaft hat Tradition in der Türkei, ist unabdingbare Pflicht. Egal, ob in der Türkei, in Deutschland oder wo sonst immer auf der Welt. Sie gilt dem Fremden wie dem Familienangehörigen. Zu wem wir auch kommen – Onkel, Cousin, Schwager oder Schwägerin –, wir werden mit offenen Armen empfangen und aufs beste bewirtet.

Die Puppe

Wie die Gastfreundschaft gehört bei der Heimkehr von einer Reise das Mitbringen von Geschenken zur türkischen Tradition. So haben auch wir nach unserer Rückkehr aus Deutschland für viele etwas dabei. Oma schickt mich zu meiner Lehrerin, der wir einen Regenschirm gekauft haben.

»Mehr bin ich euch nicht wert?« herrscht sie mich an und blickt auf meine Puppe, die ich wie immer unter dem Arm halte.

»Die kannst du mal meiner Tochter geben und sie damit spielen lassen«, fordert sie.

Sie will meine Puppe, das einzige, was wirklich mir allein gehört – unvorstellbar, denke ich, starr vor Schreck. Sie nimmt sie mir aus dem Arm.

»Du kannst sie dir in ein paar Tagen wieder abholen«, wiegelt die Lehrerin meine Proteste ab.

Sie hat sie mir nie wiedergegeben.

Am selben Abend werde ich sehr krank. Teilnahmslos liege ich im Bett. Einmal, zweimal ist auch ein Arzt da. Tagelang kann ich nichts essen und trinken. Oma ruft meine Eltern an, weil sie glaubt, ich würde sterben. Sie kommen nicht. Mutter ist hochschwanger.

Jeden Tag gibt mir der Vater einer meiner Freundinnen aus der Nachbarschaft eine Spritze. Langsam werde ich wieder gesund. Keiner weiß, was mir wirklich gefehlt hat.

Nur wenig später erfahre ich, daß ich eine neue Schwester habe: Songül ist geboren.

Der Koran

Während der letzten Ferientage komme ich auf die Idee, mit den Nachbarskindern in die Moschee zu gehen.

Der Imam unterrichtet uns. Wir lernen die fünf Regeln kennen, die das Leben eines jeden gläubigen Muslims bestimmen: die Suren des Korans in arabischer Schrift lesen können, Spenden und Almosen geben, beten, fasten – und als höchstes Ziel die Hadsch, die Pilgerreise zu den heiligen Stätten des Islam.

Mit der Zeit lernen wir, die arabischen Schriftzeichen zu lesen, können die vorgeschriebenen Gebete auswendig aufsagen, den Koran im Original lesen. Allerdings beschränken sich unsere Arabischkenntnisse auf die rein phonetische Wiedergabe der Texte. Ich kann heute noch fließend Arabisch lesen – benötige aber die türkischen Übersetzungen, um den Inhalt zu verstehen. Selbstverständlich besitze ich neben einer wertvollen Originalausgabe des Koran – Oma hat sie mir geschenkt – auch eine in türkisch.

Seit ich bei den Nachbarskindern zum ersten Mal den Lehren des Koran begegnet bin, betrachte ich mich als gläubige Muslimin. Niemand hat mich je dazu gezwungen.

Der Umzug

Die Monate allein mit Oma im Haus meiner Eltern sind eine wunderschöne Zeit – die schönste meiner Kindheit. Was immer schön ist, währt auch nur kurz.

Eines Tages erwartet uns eine böse Überraschung: Onkel Halil sitzt im Gefängnis. Wegen einer politischen Affäre. Als Hausmeister an der Uni hat er sich in Studentenproteste eingemischt. Keiner hält es für nötig, mir mehr zu sagen – ich bin ja Kind, zudem ein Mädchen. Interesse an Politik weckt niemand in mir, also kümmere ich mich auch nicht darum. Soviel bekomme ich trotzdem mit: Onkel Halil wird im Gefängnis geschlagen, gefoltert, ehe er es nach zwei Wochen wieder verlassen kann. Der Arbeitsplatz ist verloren.

Weder der Onkel noch Tante Fatma verdienen jetzt noch Geld. Das einzige Familieneinkommen besteht aus Omas Rente und dem Unterhalt für mich, den Papa monatlich schickt. Beide Haushalte müssen jetzt damit auskommen. Oma verkauft nach und nach die Einrichtung – wir müssen ja das Allernötigste zu essen haben. Suna, die ja aus wohlhabendem Haus kommt, steckt mir mehr als einmal etwas zu.

An allen Ecken wird gespart. Deshalb ziehen Oma und ich zu Onkel Halil. Das Haus meiner Eltern lassen wir leer stehen, Mutter will nicht, daß es vermietet wird. Onkel Halil wohnt mittlerweile in einem ähnlichen Altbau, nur ist hier alles noch viel kleiner. Im Garten steht immerhin eine Handwasserpumpe; statt Brunnen und Eimer.

Seine Familie ist inzwischen gewachsen: Nach Sevcan und Kemal hat Tante Fatma eine Tochter bekommen, die sie in Gedenken an ihr verstorbenes Kind wieder Filiz nannte. Dann folgte noch Hasan, das Nesthäkchen. Mit Oma und mir drängen sich acht Personen auf engstem Raum.

Sevcan, mit elf die Älteste, ist noch kleiner als ich – und sieht sehr türkisch aus: braune Haut, schwarze Haare, kleine und dunkle Augen. Am schönsten ist es, sie singen zu hören. Sie hat eine wunderbare Stimme. Und eine blühende Phantasie. Sie tratscht ständig über alles und alle. Vor allem mit der Tante steht sie oft stundenlang in der Küche. Die beiden machen ohne Ausnahme jeden nieder – Nachbarn, Freunde, Klassenkameraden, Verwandte. Keiner kann sich vor ihnen sicher fühlen. Onkel haßt dieses »Blabla«, wie er es nennt. Wenn er merkt, daß sie wieder in der Küche die Köpfe zusammenstecken, gibt's Krach.

Kemal ist acht und eher ruhig, unauffällig. Aber wenn er mal den Mund aufmacht, lügt er. Ich habe nie wieder jemanden erlebt, der so unverfroren die Unwahrheit sagt wie er – außer Mutter. Und er spielt gut Fußball, ist jeden Tag draußen auf der Straße bei den Jungs. Um seine Hausaufgaben kümmert er sich nie – das stört auch bei ihm keinen.

Filiz ist etwa sieben und die intelligenteste der vier Geschwister. Ihrem Verhalten und Benehmen merkt man an, daß sie etwas Besonderes in dieser Familie darstellt. Selten höre ich sie reden. Sie ist klein und ruhig – still wie ich. Aber sie weint wegen der kleinsten Kleinigkeit – ich nie. Obwohl wir wegen unserer Schweigsamkeit nur wenig Kontakt miteinander haben, ist Filiz die einzige, die ich liebe wie eine Schwester.

Der vierjährige Hasan gilt nicht nur bei uns als ein Wunder der Natur. Als Sechsmonatskind hat er ohne Brutkasten überlebt, ist aber extrem klein geblieben. Ein Meter dreißig – auf mehr bringt er es nicht. Onkel Halil hat ihm Opas Namen gegeben. Er hat das Pech, immer die Sachen anziehen zu müssen, aus denen die Großen herausgewachsen sind. So hat er Kemals Schuhe aufzutragen. Weil sie ihm viel zu groß sind, stopft er sie mit Zeitung aus und läuft damit herum wie ein Clown im Zirkus. Ich habe ihn nie anders laufen sehen. Er lacht immer, ist stets fröhlich, egal, was passiert.

Die Familie von Onkel Halil gibt Oma und mir das Gefühl, daß sie uns in diesem Haus als Fremdkörper empfindet, mit denen sie das Wenige, das sie zum Überleben hat, auch noch teilen muß. Daß dieses Wenige von Omas Geld bezahlt wird, scheint niemand zu realisieren.

Nach unserem Umzug fühle ich mich allein. Zwei Kilometer liegen auf einmal zwischen mir, meinen Freundinnen und meinen Spielgefährten. Alle sind schlagartig unerreichbar.

Die schönen Zeiten sind vorbei.

Mein einziger Lichtblick ist Gümüs, Onkel Halils Hund. Ein mittelgroßer, struppiger Rüde, der alle Formen und Farben des Mischlings in sich vereint. Er begrüßt mich stets freundlich, er ist der einzige, der mir seine Liebe ganz offen zeigt.

Das Haus versinkt im Chaos. Jeder macht, was er will. Wir Kinder müssen zu zweit in einem Bett schlafen. Die Wäsche quillt in einem heillosen Durcheinander aus den Schränken, so, wie sie achtlos hineingestopft wurde. In der Küche stapelt sich das schmutzige Geschirr, lockt dicke Schmeißfliegen an. Zu allem Überfluß hält Onkel Halil im Keller zehn bis fünfzehn Brieftauben, die dem Gestank im ganzen Haus noch eine ganz besondere Note hinzufügen.

Der Onkel ist meist schon am frühen Morgen betrunken, verlangt, daß ihm Tante Fatma Tag und Nacht zur Verfügung steht. Sie muß ihm jeden Wunsch von den Augen ablesen. Wenn er sich aufs Bett legt und die Zeit mit Nichtstun und

Trinken totschlägt, muß sie bei ihm sitzen bleiben, sich mit ihm unterhalten.

Im Grunde ist sie froh darüber. Mit dem Haushalt kommt sie überhaupt nicht zurecht. Sie hat keinen Blick für die dringend erforderlichen Dinge. Die gesamte Hausarbeit haben ausnahmslos wir Kinder zu erledigen. Ab und zu kochen – das ist das einzige, was sie beiträgt. Anschließend sitzt sie wieder beim Onkel. Nach einiger Weile fangen die beiden gewöhnlich Streit an. Wenn er dann genug Raki im Bauch hat, verprügelt er sie – und auch uns.

Damit wenigstens etwas Geld verdient wird, eröffnet Onkel Halil einen Obst- und Gemüseladen. Das bedeutet für Sevcan, Kemal und mich, daß wir arbeiten müssen. Mein Onkel und meine Tante gebärden sich als Chef und Chefin, sie schauen gelassen zu. Oma hilft ebenfalls so gut sie noch kann. Mit ihren neunundsiebzig Jahren ist sie zu alt geworden, um unter diesen Umständen noch für Ordnung zu sorgen. Ihre Kraft ist verbraucht.

Schmerzen

Wir dürfen nie weinen. Die Erwachsenen lachen uns aus, wenn wir hinfallen oder uns auf andere Weise verletzen. Trösten oder gar Streicheln gibt es nicht – nur Spott und Hohn. Also weine ich nie vor anderen – egal, wie weh ich mir getan habe, egal, welche Schmerzen ich aushalten muß.

Einmal tolle ich mit grünen Gummisandalen im Garten herum. Dabei trete ich mir einen rostigen Nagel durch den Fuß – er schaut oben zum Spann heraus. Obwohl ich vor Schmerzen fast irrsinnig werde, gebe ich keinen Laut von mir, verstecke mich in einer Ecke, ziehe den Nagel selbst raus.

Zusammengekauert warte ich darauf, bis ich mit dem Schmerz zurechtkomme. Erst dann gehe wieder ins Haus. Niemand hat etwas mitbekommen.

Unterricht gibt's in drei Schichten, weil die Schule für die vielen Kinder in unserem Stadtteil viel zu klein ist. Ich bin der zweiten Schicht zugeteilt worden. Sie fängt um fünfzehn Uhr an und endet am Abend um neunzehn Uhr.

Generell gibt uns Tante Fatma nichts zu essen mit. Oft gibt es kein Brot, auch kein Gas, um selbst irgend etwas zu kochen. Nichts ist da. Dann müssen wir das Haus hungrig verlassen und haben auch für die Pausen nichts dabei.

Eines Abends komme ich richtig ausgehungert heim. Wieder einmal haben wir den ganzen Tag nichts zu essen bekommen. Auf dem Gasherd kocht Suppe in einem Dampftopf. Ich kann nicht verstehen, warum das Essen noch nicht fertig sein soll. Die Tante sitzt wieder mal faul beim Onkel.

Ich gehe in die Küche, versuche den Dampftopf zu öffnen, um zu sehen, ob es noch lange dauert. Mit einem lauten Knall fliegt der Deckel an die Decke, die Suppe scheint zu explodieren, sie spritzt durch die ganze Küche. Auch auf meine Arme, wodurch ich mich schrecklich verbrühe.

Es ist dunkel in der Küche, weil wir keinen Strom haben, wie es damals noch in vielen Haushalten war. Tante Fatma und Sevcan stürzen herein, um zu sehen, was passiert ist. Eine von ihnen dreht die Gasflamme ab. Ich verschränke die Arme, laufe aus dem Haus und verstecke mich. In der Dunkelheit bemerkt keiner, was mir passiert ist. Ich stöhne laut, wimmere vor Schmerzen, weine aber nicht.

Sevcan findet mich schließlich, sagt, das Essen sei fertig. Als sie mich stöhnen hört, fragt sie, was los sei. Ich zeige ihr meine Arme und flehe: »Verrat Oma nichts.«

Mit unseren Kopftüchern verbinden wir die Arme. Beim

Essen kann ich vor Schmerzen nicht sitzen – wir essen ja nicht am Tisch, sondern sitzen auf dem Boden. Ich gehe schließlich aus dem Zimmer, weil ich es nicht mehr aushalte. Da bemerkt Oma meine verbunden Arme. Sie macht eine fürchterliche Szene: »Was sag ich jetzt deinen Eltern, da bleiben große Narben zurück, du wirst ein Leben lang verunstaltet sein. Keiner wird dich mehr heiraten.«

Meine Arme sehen wirklich schlimm aus. Es bilden sich große Blasen. Ein Arztbesuch kommt nicht in Frage. Einen Tag brauche ich nicht zur Schule, danach muß es weitergehen, als sei nichts geschehen.

Zum Glück sind nur wenige Spuren zurückgeblieben.

Erste Gefühle

Sevcan und ich haben dem Onkel Zigaretten geklaut, stehen eines Abends im Garten und rauchen.

»Inci, ich habe mich in einen Jungen aus unserer Straße verliebt«, gesteht Sevcan. Sie ist ja zwei Jahre älter als ich. »Das ist das schönste Gefühl der Welt. Wenn ich *ihn* sehe, kribbelt es im Bauch und im ganzen Körper.«

Gebannt höre ich zu. Zum ersten Mal bekomme ich eine Ahnung von diesem einzigartigen, unbeschreiblichen Gefühl. Das finde ich ungeheuer aufregend, und ich beschließe, mich auf der Stelle zu verlieben. Auf der Straße spielen ständig Jungen aus der Nachbarschaft Fußball. Einer fällt mir besonders auf. Er heißt Hidir, ist etwa dreizehn, vierzehn Jahre alt, hat den gleichen kahlgeschorenen Kopf wie alle. Er wohnt gegenüber von uns, bei seiner Schwester, einer Lehrerin. Vom Fenster aus kann ich beobachten, wenn er aus dem Haus kommt und zu den anderen Jungs geht.

Er kommt in Frage, ihn erwähle ich. Das macht Herzklopfen,

und ist schön – aber es bleibt wirklich nur ein Spiel. Von einem richtigen Gefühl kann mit meinen neun Jahren noch keine Rede sein. Hidir lasse ich nie etwas merken. Auch der »Angebetete« von Sevcan bekommt nichts von ihrer Schwärmerei mit.

In diese Zeit fällt auch ein Ereignis, das für jedes junge Mädchen einen Einschnitt bedeutet: Meine Brust beginnt zu wachsen. Wirklich nur eine – die rechte. Da ist plötzlich dieser kleine Hügel, wenn ich ihn anfasse, tut er weh. Weil mich niemand auf diese Situation vorbereitet hat, bekomme ich panische Angst, glaube, daß etwas ganz Schlimmes mit mir passiert.

Schließlich vertraue ich mich Sevcan unter dem Siegel absoluter Verschwiegenheit an. Sie sagt mir aus eigener Erfahrung, was los ist. Danach habe ich nur noch Angst, daß die linke Brust nicht wachsen würde. Noch jahrelang ist sie kleiner, und ich habe das Gefühl, verunstaltet zu sein.

Prügelorgien

Zum ganz alltäglichen Wahnsinn gehören die Prügelorgien von Onkel Halil. Wenn er betrunken ist und sich abreagieren muß, sucht er einen Anlaß, so beliebig er auch sein mag.

Einmal stehen Sevcan und ich wieder im Garten. Die Jungen spielen wie immer auf der Straße Fußball, der Onkel befindet sich in seinem Gemüseladen an der nächsten Straßenecke. Im Garten, unter dem Eukalyptusbaum, steht ein Stapel Obstkisten. Ich klettere hinauf, halte mich am Baum fest – daß die Kisten schwanken, interessiert mich nicht. Von hier aus kann ich »meinen« Hidir sehen. Die schwankenden Kisten werden zum Pferd, ich ziehe die imaginären Zügel an, gebe ihm die Sporen, ahme das Geräusch galoppierender Hufe nach.

Da kommt der Onkel zur Gartentür herein, samt Rakifahne. »Geh runter«, herrscht er mich an. Und befiehlt allen Kindern, ins Haus zu gehen. »Ihr steht jetzt alle absolut still im Wohnzimmer, wartet, bis ihr dran seid, ohne euch zu rühren«, fordert er schwankend.

Wir wissen schon, was er unter »dran sein« versteht. Es bleibt uns aber nichts anderes übrig, als zu gehorchen. Kurze Zeit später kommt er rein, trinkt vor unseren Augen weiter Raki, starrt uns mit glasigem Blick an, wartet auf den ersten, der sich bewegt.

Der kleine Hasan ist ein Zappelphilipp, kann nie ruhig stehen, hält es auch jetzt als erster nicht mehr aus. Das ist der Startschuß. »Stellt euch in einer Reihe auf – wie die Orgelpfeifen!« brüllt er und wütet weiter: »Wie kommt ihr dazu, euch im Garten rumzutreiben, die Jungs zu beobachten? Mädchen dürfen so etwas nicht.« Daß auch seine beiden Buben vor ihm stehen, kann er offensichtlich nicht mehr wahrnehmen.

Er steigert sich in blinde Wut, beschimpft uns unflätig. Seine Kinder zeigen auf mich, zetern: »Nur Inci ist schuld, nur sie hat sich schlecht benommen.«

Ihn interessiert nichts mehr. Er will nichts anderes als wieder einmal seiner Wut und Ohnmacht ein Ventil verschaffen und prügeln, prügeln, prügeln. Sevcan mußte als erste die Handfläche nach vorn strecken, und er schlägt mit einem fingerstarken Eisenrohr voller Wucht zu.

Dann bin ich dran, stehe zitternd vor ihm. Oma sagt ein paar Worte auf Kurdisch, das keiner von uns versteht. Da stößt er mich quer durch den Raum zu ihr, ich darf mich neben sie setzen. Dann bekommen auch die anderen drei Onkels Eisenrohr zu spüren. Selbst die winzig kleine Hand von Hasan.

Oma kann mich beschützen, denn sie ist ja für mich verantwortlich, handelt im Auftrag meiner Eltern. Damit liegt meine Erziehung in ihrer Hand. Gewalt lehnt sie ab, steht damit aber ziemlich alleine da.

Kinder zu prügeln gehört zur »Standarderziehung« in der Türkei. Wenn Onkel Halil seine eigenen Kinder mißhandelt, kann Oma deshalb nicht einschreiten. Tante Fatma unternimmt auch nichts, sie widerspricht Onkel Halil nie.

»Inci, verschwinde aus der Küche, du gehörst nicht zu uns, wir wollen dich nicht sehen, hau ab ins Wohnzimmer«, schleudern mir meine Cousins und Cousinen entgegen, wenn ich ihnen nach solchen Prügelorgien in ihrem Schmerz folgen will. Sie hassen mich, wenn sie geschlagen werden. Dann spielen sie oft tagelang nicht mit mir. Der ganz alltägliche Terror wirkt sich so auch für mich schlimm aus.

Ich bin froh, daß mich in dieser Welt aus Haß außer Oma noch einer liebt: Gümüs. Ihn kann ich ausführen und dann diesem Haus wenigstens für kurze Zeit entkommen.

Ich fange an, in die Hosen zu machen, ins Bett. Zur Strafe muß ich den ganzen Tag in nassen Kleidern rumlaufen, mich abends ins feuchte Bett legen.

Der Irrsinn steigert sich noch auf andere Weise. In der Türkei herrscht in diesen Monaten eine bürgerkriegsähnliche Situation, Terroranschläge erschüttern das ganze Land. Ich spüre die Anspannung in den Menschen. Um was es geht, sagt mir niemand.

Der Onkel hat im Gemüseladen politische Plakate aufgehängt, die offensichtlich verboten sind. Die Polizei kommt, er weigert sich, sie abzuhängen. Der Laden wird in der Folge geschlossen. Das Einkommen für die Familie ist weg.

Omas Rente und mein Unterhalt aus Deutschland sind wieder einmal das einzige Geld, mit dem die Familie jetzt noch rechnen kann. Wie nicht anders zu erwarten, setzt der Onkel es fast völlig in Raki um.

An einem Wochenende übernachten Oma und ich im Haus meiner Eltern. Es steht ja leer, wir müssen es regelmäßig lüften und saubermachen. Mitten in der Nacht kommt Tante Fatma atemlos angehetzt.

»Halil ist durchgedreht, er ist mit der Axt auf uns losgegangen, auf mich und auf die Kinder. Er will alle umbringen«, stammelt sie atemlos. Ihr ganzer Körper zittert. Wir versuchen, sie zu beruhigen.

»Ich hab' mich ins Zimmer gerettet und mich eingeschlossen«, fährt sie fort. »Das hat ihn zum Glück von den Kindern abgelenkt. Er hat mit der Axt die Tür eingeschlagen und ist hinter mir hergerannt.«

Meine Tante konnte durchs Fenster fliehen, sich hinter den Obstkisten im Garten verbergen, schließlich entkommen und zu uns laufen. Auch die Kinder konnten sich verstecken. Draußen im Freien bei klirrender Kälte, im Pyjama. Im winterlichen Ankara liegt über einen Meter Schnee.

»Er hat sie hoffentlich noch nicht gefunden.« Fatma ist voller Angst.

Fast zwei Stunden mußten die Kinder in ihrem Unterschlupf verharren, ehe Fatma mit Oma und mir zu dem Haus zurückkommt. Oma holt den Nachbarn, und wir gehen zusammen zum Onkel. Es gelingt uns, ihn zu beruhigen. Schließlich können alle wieder ins Haus – durchgefroren bis auf die Knochen.

Monatelang müssen wir Szenen der einen oder anderen Art ertragen. Täglich herrscht Terror, ab und zu ein paar ruhige Stunden.

Filiz' Tod

Eines Tages duftet der Frühling, Blumen überfluten die Wiesen. Wir sitzen im Garten, Sevcans Angebeteter spielt Mandoline, sie singt dazu. Es ist warm, alle sind entspannt. Da sehe ich Filiz zum Supermarkt laufen, um Raki für den Onkel zu kaufen. Sie ist gerade mal sieben, acht Jahre alt.

Minuten später höre ich, wie Leute auf der Straße zusammenlaufen. Ein Traktor hat Filiz überfahren. Sie ist tot. Ich sehe sie selbst nicht mehr, nur die Nüsse und Mandeln, die sie – außer dem Raki – gekauft hat. Sie sind über die ganze Straße verstreut. Filiz trug den gleichen Namen wie ihre Schwester, die angeblich wegen mir gestorben ist. Jetzt ist auch sie tot.

Und ich habe die Cousine verloren, die mir als einzige wirklich wie eine Schwester war.

Onkel Halil kann man nach diesem Unfall überhaupt nicht mehr ertragen. Er wütet beim geringsten Anlaß. Wochenlang streitet er sich mit der Versicherung. Als er schließlich die Entschädigung für Filiz' Leben in bar in der Hand hält, ist er sichtlich beruhigt und zufrieden. Das Kapitel Filiz ist für ihn damit abgeschlossen.

Ich schreibe einen Brief an meine Eltern – einen Hilfeschrei. Ich will nichts anderes, als mit Oma zurück in unser altes Haus. Mit ihr alleine leben. Nächtelang träume ich von den ruhigen alten Zeiten, von einem harmonischen Leben mit Oma, male mir die Zukunft in blühenden Farben aus.

Brutal zerstört Mutter den schönen Traum. Sie will es anders: Ich soll zu ihnen nach Deutschland zurückzukehren. Ich werde nicht einmal gefragt, ob ich das auch möchte. Oma auch nicht. Unsere Gefühle haben keine Bedeutung.

Nach Gefühlen fragt keiner

Gewalt

»Nehmt sie mir nicht weg«, fleht Oma inständig, schlägt sich auf die Knie, kauert schließlich am Boden, tieftraurig, leer. Papa ist nach Ankara gekommen und holt mich ab. Es ist Zeit zu gehen. Noch einmal drehe ich mich um. Nie zuvor hat Oma so deutlich gezeigt, wie viel ihr an mir liegt. Ich kann mich nicht erinnern, daß sie mich jemals umarmt oder geküßt hat. Es ist herzzerreißend. Sie stirbt ohne mich, denke ich. Wir gehen. Ich habe das Gefühl, mein halber Körper bleibt da.

Meine Eltern waren in der Zwischenzeit innerhalb Deutschlands umgezogen. Wir wohnen jetzt am Rand einer mittelgroßen Stadt, in einem »sozialen Brennpunkt«, wie es so schön heißt. Graugrüne vierstöckige Häuser aus dem gemeinnützigen Wohnungsbau-Programm der frühen fünfziger Jahre stehen zwischen Bäumen, Büschen und Grasflächen. Das viele Grün fällt mir als erstes auf – wie jedem, der aus dem Süden nach Deutschland kommt.

Papa parkt das Auto, wir gehen zu einem dieser Häuser. Es mutet hier wie in einem kleinen türkischen Dorf an. Überall sehe ich nur Landsleute – sie leben in einer eigenen Welt. Mit den Gesetzen der Türkei, die mit denen in Deutschland wenig gemein haben.

Je länger der Weg wird, desto weicher werden meine Knie. Da ist niemand, den ich kenne, keiner, hinter den ich mich hätte flüchten können. Ich sehe plötzlich Eda – sie ist gerade acht geworden. Sie spielt vor einem dieser tristen Mietshäuser. Bei ihr ist ein kleines Mädchen, das muß Songül sein, meine kleine zweijährige Schwester. Mit ihr war Mutter im neunten Monat schwanger, als ich so krank war und Oma wollte, daß Mutter zu uns nach Ankara reist.

»Songül ist auch deine Schwester«, erklärt Papa, was ich ja schon ahnte. Wir gehen durch eine Haustür, deren schmutziggraue Farbe abblättert, in den zweiten oder dritten Stock. Mein Vater klingelt.

Die Tür öffnet sich – Ali steht vor uns, dreht sich wortlos um, geht ins Zimmer. Ich höre einen Säugling weinen, erfahre da erst, daß ich einen kleinen Bruder habe, nur wenige Wochen alt.

Ich liebe Babys. Tufan ist taub auf die Welt gekommen, kann aber seit einer Operation wieder normal hören. Er ist oft krank, ständig muß er ins Krankenhaus gebracht werden. Ich liebe ihn vom ersten Moment an, schwöre mir, daß ich immer alles für ihn tun werde.

Mutter umarmt mich zur Begrüßung. Dann bleiben uns gerade mal zwei Stunden Zeit, bis unsere Wohnung voller Besuch ist. Es kommen viele türkische Familien vorbei, die mich sehen wollen. Im ganzen Haus wohnt nur ein einziges deutsches Ehepaar. Beide hören nicht mehr gut, wie ich später erfahre, und fühlen sich deshalb vom lauten Durcheinander, das hier Tag und Nacht herrscht, nicht sonderlich gestört.

Unsere Wohnung quillt geradezu über vor Menschen. Die Männer halten sich im Wohnzimmer auf, die Frauen in der Küche.

»Koch Tee«, fordert Mutter mich auf.

Die folgende Szene werde ich nie vergessen, sie läuft noch nach Jahren wieder und wieder wie ein Film vor meinen Augen ab: Ich stehe vor dem Herd und fühle mich völlig verloren. Fragend schaue ich auf Mutter, die mit den Gästen am Küchentisch sitzt.

»Da stehen Teegläser.« Sie zeigt auf den Schrank. Prompt öffne ich die falsche Tür. Dahinter liegen stapelweise Handtücher.

»Warum bist du nur so blöd?« herrscht sie mich an.

»Sie ist doch gerade erst angekommen. Woher soll sie das wissen?« nimmt mich eine Besucherin in Schutz.

Jetzt lerne ich Mutter kennen: Sie steht auf, tritt auf mich zu, ohrfeigt mich rechts und links mit voller Wucht. Zum ersten Mal im Leben werde ich geschlagen. In dieser Sekunde stirbt sie für mich. Schlagartig ist mir klar, daß ich sie als Mutter niemals akzeptieren werde.

Oma hatte Gewalt nicht nötig. Sie gewährte mir endlose Freiheit. Wenn ich einmal etwas falsch gemacht habe, hat sie es mir mit zwei, drei Worten erklärt. Ruhig und sachlich, ohne jeden Vorwurf. Dann habe ich nachgedacht und selbst rausgefunden, was richtig ist. Oma hat immer gesagt: »Erst denken, dann handeln.« Es war eine Erziehung mit Geduld und Überlegung.

Mutter ist Oma nur in einem ähnlich. Beide sind Frauen, die unmißverständlich werden können: »Was ich sage, wird gemacht.« Nur – Oma setzt sich mit Autorität durch, Mutter mit brutaler Gewalt.

Ich will fliehen, aber wohin? Ich versuche, nicht zu weinen, aber die Tränen schießen mir in die Augen, ohne daß ich mich dagegen wehren kann. Ich fühle mich erniedrigt vor so vielen Leuten. Ich fühle mich allein – wie in einer fremden Wohnung, in einem fremden Land. Ich weiß nicht ein noch aus. Mein Gott, wo bin ich gelandet? denke ich da zum ersten Mal. Ein Satz, den ich noch oft in meinem Leben wiederholen werde.

Mutter

Ich verteidige sie nicht gerne, muß aber zugeben, auch sie hat es nicht einfach gehabt: Mutter kommt aus einer kurdischen Familie, hat nie eine Schule besucht, nie die Möglichkeit gehabt, kulturelle Erfahrungen zu sammeln.
 Mit dreizehn wurde auch sie in eine Zwangsehe getrieben. Wie üblich. Mädchen müssen heiraten, wenn die Brüste wachsen und sie ihre Tage bekommen. Mit sechzehn ist sie ein bildhübsches Mädchen, großgewachsen, schlank, blond, dunkle Augen – und schon Mutter zweier Söhne, von Ali und Ahmed.
 Mit dreiundzwanzig brennt sie mit meinem Vater durch. Ali und Ahmed läßt sie bei ihrem Exmann sitzen. Für mich ist das unvorstellbar, schon damals, als ich noch ein Kind war. Eine Mutter hat bis zum Letzten um ihre Kinder zu kämpfen.
 1968 – mit fünfundzwanzig – heiratet sie Papa.

Papa

In unserer Familie spielt Papa eine untergeordnete Rolle. Er macht alles, was Mutter sagt. In Ankara gab er eine gute Existenz als Taxifahrer auf, sein Chef schickte ihn nach Deutschland. Mutter wollte es auch. Sie ging als erste in das fremde Land, um die Möglichkeiten auszuloten. Er ist ihr gefolgt. Noch heute bereut er diesen Schritt. Seit fünfunddreißig Jahren will er in seine Heimat zurück – immer noch ist er hier, jetzt als Arbeiter im Schichtdienst.
 Papa ist der älteste von sieben Brüdern. Drei von ihnen überredete er, nach Deutschland zu kommen – mit Frauen, aber ohne Kinder. Auch sie sind bei Verwandten in der Türkei untergebracht. Mein Lieblingsonkel Cem ist der jüngste Bruder von Papa. Ihm bezahlt er in Ankara das Studium.

Überhaupt unterstützt er finanziell die ganze Familie. Jedesmal, wenn er im Sommer mit Mutter in die Türkei fährt, nimmt er einen hohen Kredit auf, bringt teure Geschenke mit, finanziert Anschaffungen, verbringt in seiner Heimat einen Luxusurlaub. Mit dem, was er dann im Winter verdient, kann gerade mal der Kredit zurückbezahlt werden. Im nächsten Sommer geht das gleiche Spiel von neuem los: wieder Schulden für teure Geschenke, Anschaffungen, Luxusurlaub. Sie haben immer so gelebt, werden immer so leben. Wie fast alle Türken, die ich in Deutschland kenne.

Die Tradition

So sieht unsere deutsche Sozialwohnung aus: achtzig Quadratmeter für sechs Personen. Rechts vom Flur befindet sich das Schlafzimmer der Eltern. Tufans Bett steht bei ihnen. Daneben ist das Wohnzimmer. Dort schläft Ali. Sein jüngerer Bruder Ahmed, also mein Halbbruder, lebt ja in Izmir. Das winzige Kinderzimmer teilen sich Eda, Songül und ich. Im Grunde ist die Enge vergleichbar mit dem Haus in Ankara, in dem ich zuerst gelebt habe. Nur konnten wir dort in den eigenen Garten ausweichen. Hier gibt es einen winzigen Balkon. Dafür haben wir fließendes Wasser und Strom zu jeder Tages- und Nachtzeit.

Jeder Türke in der Siedlung kennt Mutter. »Sari«, die Blonde, nennt man sie. Mit ihren hellen Haaren fällt sie auf, denn es gibt nur wenige echt blonde Türkinnen – oder Türken. Tag und Nacht ist die Wohnung mit Besuchern überfüllt. Bis drei, vier Uhr in der Frühe sitzen sie im Wohnzimmer herum. Eda und ich haben zu bedienen. Morgens, wenn Mutter ausschläft und sich von den Strapazen der Nacht erholt, müssen wir Tufan die Windeln wechseln, Milupa ansetzen, ihn füttern und das Geschirr spülen. Anschließend gehen wir mit unseren Geschwistern spazieren. Eda nimmt Songül, ich Tufan. Draußen ist es immer noch schöner als in der Wohnung. Die erinnere ich nur als häßlich und grau.

Kaum zurück, kommt meist schon wieder Besuch, der kaum vor Mitternacht geht. Ist er endlich fort, fängt Mutter oft noch an zu putzen – wir haben ihr dabei zu helfen. An Schlaf ist nicht zu denken.

Mutter ist immer nervös. Kaum einmal redet sie normal und geduldig. Wenn sie etwas von uns will, sagt sie das so gut wie nie mit freundlichen Worten. Und sie spricht wie alle, die schon länger in Deutschland wohnen, kein richtiges Türkisch mehr, sondern einen Mischmasch aus türkischen und deutschen Worten, wobei sie den Satzbau verdreht.

Mutter lebt wie die meisten türkischen Frauen in Deutschland: den ganzen Tag nichts tun, nur quatschen und tratschen, zu Hause oder bei Freundinnen. Sie haben sich in ein Schneckenhaus zurückgezogen, ein Schneckenhaus der Tradition, wodurch sie sich völlig von dem Land isolieren, in dem sie wohnen.

Nach elf Jahren Deutschland kennen meine Eltern gerade mal zwei deutsche Familien. Als sie bei denen das eine oder andere Mal eingeladen waren, hat Mutter den Standard eines deutschen Haushalts kennengelernt: gedeckter Tisch mit Tellern und Besteck, für jeden in der Familie ein eigenes Zimmer in einer großzügigen Wohnung, geschmackvolle hochwertige Einrichtung.

Mutter könnte nicht einmal den Tisch decken. Zwar besitzen wir Geschirr, sie weiß aber nicht, wozu sie es benutzen sollte. Bei uns essen alle aus einer Schüssel in der Mitte des Tisches. Mit der Gabel oder den Fingern. Nur für die Suppe erhält jeder einen eigenen Teller.

Oma hat mir beigebracht, daß unter eine Kaffeetasse ein Unterteller gehört. Ich sage es Mutter. Sie reagiert darauf fürchtbar aggressiv. Ich glaube, sie schämt sich, nie eine gute Gastgeberin werden zu können. Mit ganz wenigen Ausnahmen verhindert sie wohl aus diesem Grund Besuche von Deutschen bei uns.

Im Gegensatz zu meiner Kindheit in der Türkei bekomme ich jetzt wenigstens genug zu essen. Selbst Obst und Schokolade gibt es immer im Haus. Ich esse viel, fange richtig an zu wachsen, bekomme rote Backen. Das Wachsen hat aber auch einen Nachteil: Je größer ich werde, desto weniger darf ich alleine nach draußen, um dort spazierenzugehen und zu spielen.

Die deutsche Schule

Die Ferien sind vorbei. Eda geht schon in die zweite Klasse der Grundschule. Ich habe Angst und will nicht die deutsche Schule besuchen. Sie müssen mich fast mit Gewalt hinbringen. Im Sekretariat redet und redet Papa mit einer Frau auf deutsch. Ich verstehe kein Wort. Zu Hause sprechen wir nur türkisch. Obwohl ich schon einige Wochen hier bin, habe ich bisher so gut wie keinen Kontakt mit Deutschen gehabt. Ab und zu im Supermarkt. Keiner hat auch nur den Versuch unternommen, mich auf den Unterricht in deutscher Sprache vorzubereiten. Meinen Eltern ist es egal.
»Du sollst in die vierte Klasse kommen«, übersetzt Papa.
»Nein, bitte nicht«, antworte ich, furchtbar erschrocken. In der Türkei hatte ich bereits die fünfte Klasse hinter mich gebracht – dank Omas Geschenken. Ich wehre mich mit Händen und Füßen gegen den vermeintlichen Rückschritt.
»Verstehst du Deutsch?« fragt die Sekretärin mich direkt.
»Ja«, lüge ich
»Wie heißt du?«
»Inci.«

»Wie alt bist du?«

»Elf.« Bis zwanzig habe ich schon zählen gelernt.

»Fünfte Klasse«, entscheidet sie.

Mit drei Worten habe ich gerade die Aufnahmeprüfung an einer deutschen Hauptschule bestanden.

In den ersten beiden Jahren, der fünften und sechsten Klasse, tue ich überhaupt nichts. Ich ignoriere den Unterricht völlig. Statt dessen bringe ich mir das Lesen und Schreiben auf ganz eigene Weise bei: Ich verschlinge – ganz offen im Unterricht – die Liebesromane von Kerime Nadir, einem sehr populären Volksschriftsteller in der Türkei – in der türkischen Originalfassung, versteht sich, nicht auf deutsch. Es sind rosarote Edelschnulzen: Ein Märchenprinz verliebt sich in ein armes, aber bildhübsches Mädchen. Sie finden sich, dann das große Mißverständnis, der Streit und schließlich das Happy-End in Glückseligkeit. Viele von Nadirs Storys sind verfilmt worden. Die Besucher sind fast ausnahmslos Frauen. Nur im Leben treffen sie ihren Märchenprinzen nie.

Und ich schreibe während dieser beiden Schuljahre in mein Tagebuch. In jeder Unterrichtsstunde. Auf türkisch. Es stört keinen der Lehrer – ich bin für sie ein hoffnungsloser Fall. Im Zeugnis steht statt Noten überall das Kürzel »nf«, »nicht feststellbar«.

Im Gegensatz zur Türkei muß in Deutschland die Versetzung nicht erkauft werden. Die Lehrer haben ihre eigene Strategie, die sie von aller Verantwortung befreit. Die Bewertung »nf« ist der Schlüssel: Schüler wie ich werden einfach in die nächste Klassenstufe verschoben, die sie wieder mit einem nicht feststellbarem Wissensstand absolvieren. Das Ergebnis: Wir werden von Klasse zu Klasse durchgereicht, ohne etwas zu lernen. Die Schule wird schließlich ohne Abschluß beendet – dem gesetzlichen Schulzwang ist damit aber Genüge getan. Ohne einen Abschluß besteht später keine Chance auf einen qualifizierten Ausbildungsplatz.

Natürlich lerne ich im Umgang mit meinen deutschen Klassenkameraden auch etwas ihre Sprache. Die Notwendigkeit zum systematischen Deutschlernen, vor allem aber der Grammatik, erkenne ich aber nicht. Keiner weckt mein Interesse dafür.

Gehirnwäsche

Ich lerne Kader kennen. Sie wohnt im Erdgeschoß, wir im zweiten Stock über ihr. Oft benutze ich diesen »Höhenunterschied« dazu, ihr Gummibärchen und andere Süßigkeiten an einer Schnur herabzulassen.

Sie ist zwei Jahre älter als ich. Wir werden in die gleiche Klasse gehen. Kader ist gehbehindert, weil sie ein verkürztes Bein hat. In Deutschland geboren, erzählt sie mir viel über dieses Land. Aber nicht nur das, Kader ist die erste Person überhaupt, mit der ich mich unterhalte. Wir sprechen über die alltäglichen, aber auch über die persönlichen Dinge. Meine »sprachlose Zeit« ist Vergangenheit.

Kader kommt aus einer bürgerlichen türkischen Familie, für mich eine der wenigen, die ich als solche bezeichnen würde. Ihre Mutter kümmert sich um den Haushalt, steht früh auf, bereitet das Frühstück für ihren Mann, begleitet ihn zur Arbeit. Anschließend werden die Kinder, neben Kader noch zwei Töchter und ein Sohn, versorgt. Es wird sehr darauf geachtet, daß alle Kinder gepflegt aussehen. Die Wohnung von Kaders Familie ist immer sauber, aufgeräumt, in allen Zimmern herrscht Ordnung.

Kaders Mutter ist streng. Auch sie schlägt zu, jedoch nicht so brutal und grundlos wie Mutter. Aber in einer Beziehung ist sie genauso inkonsequent wie alle Mütter in türkischen Familien, die ich zu jener Zeit kennenlerne: Was Kader in der Schule leistet, ist ihr egal. Wozu soll ein Mädchen lernen? Unverheiratete Töchter sind zuallererst als Arbeitskraft im Haushalt wichtig.

Oft schreibt Mutter Entschuldigungen für Eda und mich. So müssen wir nicht zum Unterricht gehen, sondern können ihr im Haushalt helfen. Die Haare meiner jüngeren Schwester reichen bis über die Knie. Ich schneide sie eines Tages ab – einzig und allein deshalb, weil es über meine Kräfte geht, sie jeden Morgen zu kämmen.

Die Eltern unterziehen uns türkische Mädchen geradezu einer Gehirnwäsche. Sie bereiten uns nur auf eines vor: die Ehe und darauf, unserem künftigen Mann jederzeit zufriedenzustellen. Unser Denken hat sich um dieses eine Ziel zu drehen: zu heiraten, wenn sie es bestimmen.

Wir müssen nähen, stricken, sticken, damit wir eine ansehnliche Aussteuer vorweisen können, wenn es soweit ist. Wir müssen kochen, backen, putzen und haben zu lernen, wie man einen Haushalt perfekt führt. Der »Auserwählte«, der von den Eltern Auserwählte, hat schließlich ein Recht auf ein gemütliches Heim.

Und dann brauchen wir die »Eintrittskarte zur ehelichen Befähigung«, ein Stück Haut – das Jungfernhäutchen. Mit ihm müssen wir in aller Öffentlichkeit beweisen, daß wir bisher keinem anderen als unserem künftigen Herrscher den Zugang zu seinen ehelichen Privilegien gewährt haben. Ist das Ticket schon entwertet, dürfen wir, da ja gebraucht, zurückgegeben werden – gleichsam als »Muster ohne Wert«.

Auch Kader und ich reden viel übers Heiraten. Und über Kinder, und wie viele wir haben wollen. Wir malen uns aus, wie das mit unseren Männern einmal sein wird. Und wir träumen gemeinsam unsere großen Wünsche: daß wir beispielsweise in eine

Disko gehen dürfen. Daß wir in einem Ort am Meer leben – und zwar ohne Familie, einzig wir beide. Wir fühlen uns einfach gut, wenn wir zusammen sind.

Manchmal gibt es Streit zwischen unseren Müttern. Der Grund bleibt uns meistens verborgen. Sie reden dann nicht mehr miteinander, verbieten uns, daß wir uns treffen. Getrennt gehen wir in solchen Zeiten aus dem Haus, treffen uns an einem vereinbarten Punkt, laufen Arm in Arm weiter.

»Du bist schon wieder mit Kader gesehen worden! Was soll das?« herrscht mich Mutter an, wenn uns wieder irgend jemand verpetzt hat. Ein derartiges Vergehen ist ein Grund für Prügel. Meist mit der Faust in den Rücken. Oder sie wirft mich zu Boden. Oft tritt sie mich dann noch in den Bauch.

»Steh auf!« schreit sie. Wenn ich danach fast ohnmächtig bin, zieht sie mich am Kragen hoch. Ich glaube, sie kann mit meinen Blicken und mit meinem Schweigen nicht fertig werden. Wahrscheinlich fühlt sie sich ständig von mir provoziert.

Kader und ich laufen auf abenteuerlichsten Umwegen zur Schule, nur um nicht erwischt zu werden. Oft gelingt es. Manchmal nicht. Es ist uns letztlich egal. Wir würden uns für unsere Freundschaft totschlagen lassen.

Ihre beiden Schwestern und ihr Bruder können mich nicht leiden. Sie sind eifersüchtig. Wahrscheinlich, weil sie selbst keine echten Freunde haben.

Aufklärung

Eines Morgens, es ist Wochenende, bemerke ich schwarzrote Flecken in meiner Unterhose und erschrecke fürchterlich. Ich verstecke sie unter der schmutzigen Wäsche im Bad. Dann stehe ich vor dem Waschbecken, mache mich für die Schule fertig.

Wie immer habe ich Tufan auf dem Arm. Mittlerweile kann er laufen, stellt aber immer etwas an. Um das zu vermeiden, trage ich ihn lieber durch die Wohnung. Er soll keinen Ärger mit Mutter bekommen.

In diesem Augenblick kommt sie ins Badezimmer, kniet sich in den Türrahmen, sortiert Wäsche in die Waschmaschine. Unser Bad ist klein und eng, mein Fluchtweg versperrt. Ich setze mich mit Tufan auf den Toilettendeckel, getraue mich nicht, an ihr vorbeizugehen.

»Wem gehört diese Unterhose?« ruft Mutter.

Ich bin starr vor Angst, gleich wird sie auf mich losgehen.

»Eda, komm her! Gehört das dir?«

»Nein«, beteuert meine Schwester.

Mutter sagt nichts. Da höre ich Songül im Flur weinen.

»Ich schau nach ihr«, rufe ich und will dies als Möglichkeit nutzen, meiner Mutter zu entkommen. Als ich mich mit Tufan auf dem Arm an ihr vorbeidrücke, schlägt sie mir die Faust in den Rücken. Ich flüchte mit den Geschwistern in unser Zimmer.

Das Wochenende ist vorbei. Am Montag gehe ich wieder zur Schule. Kader und ich haben die erste Stunde frei – unser Religionslehrer ist nicht erschienen. Wir liegen im Schulgarten auf der Wiese.

»Ich habe panische Angst. Wahrscheinlich bin ich krank und werde bald sterben«, vertraue ich meiner Freundin an.

»Was ist denn los?« Sie ist erschrocken.

»Aus mir kommt Blut.« Selbst bei ihr fällt es mir nicht leicht, darüber zu sprechen. Ich erzähle ihr, wann und wie es mir aufgefallen ist.

»Hat dir Tante Sare nicht gesagt, was das zu bedeuten hat?«

»Nein.«

»Du hast deine Tage bekommen. Das ist ganz normal.«

Kader war von ihrer Mutter rechtzeitig und gründlich aufgeklärt worden. Sie erzählt mir, was die Periode ist, warum und wann sie eintritt.

Ich traue mich nicht, zu Mutter zu gehen. Sie fragt mich nicht einmal, ob und wie ich mit der Regel zurechtkomme. Sie läßt mich damit einfach allein. Ich klaue ihre Binden, wenn welche da sind. Wenn nicht, schneide ich mir einen Stoff zurecht, benutze die Streifen, wie Kader es mir gezeigt hat.

Blinddarm

Ab der sechsten Klasse erhalten wir auch eine Stunde Türkischunterricht pro Woche. Da verstehe ich zwar den Lehrer, aber ich hasse ihn, eigentlich tun dies alle. Verzweifelt suche ich einen Weg, mich vor seinem Unterricht zu drücken.

Da kommen mir die Bauchschmerzen gerade recht. Doch irgendwann werden sie so unerträglich, daß Papa mit mir zu einem Arzt geht.

Innerhalb von zwei Stunden liege ich auf dem Operationstisch. Akute Blinddarmentzündung. Drei Tage darf ich nichts essen, zehn Tage kann ich im Krankenhaus bleiben und bin den grauenvollen Unterricht los – und damit den verhaßten Türkischlehrer. Zum ersten Mal übernachte ich nicht in meiner Familie.

»Hallo Inci«, begrüßt mich eine bekannte Stimme, als ich aus der Narkose aufwache. Es ist Tanja, die Ungarin in unserer Klasse. Sie liegt im selben Zimmer – auch mit einem herausgenommenen Blinddarm. In der Schule hatten wir bisher wenig Kontakt. Sie, die immer was zu sagen weiß, ist ein »Machertyp«. Ich bin dagegen zurückhaltend und still. Wahrscheinlich hatte sie mich bisher kaum bemerkt. Hier aber wird sie meine erste »internationale« Freundin.

Natürlich gibt es in unserer Klasse befreundete Gruppen, quer durch verschiedene Nationalitäten. Ich darf aber nie gemeinsam mit diesen »Ausländern« etwas unternehmen, weder ins Kino gehen, noch ins Schwimmbad, nicht mal ein Eis essen. Immer wieder fordern sie mich auf mitzukommen. Da ich überhaupt nichts erlaubt bekomme, werde ich mit der Zeit mehr und mehr zur Außenseiterin.

»Ausländische Kinder haben viel zu früh Sex«, begründet Mutter ihr Verbot. Da ich als Jungfrau in die Ehe zu gehen habe, wird mir jeder Kontakt ein für allemal untersagt. Sie zieht nicht einmal in Erwägung, daß auch ein deutscher Mann in Frage kommen könnte. Mein späterer Mann hat Türke zu sein – und Muslim.

Mir gefällt auf der Krankenhausstation Hanspeter, ein deutscher Junge. Er interessiert mich und wir kommen ins Gespräch. Er ist etwa sechzehn und gar nicht so, wie meine Eltern immer warnend behaupten. Wir werden im Krankenhaus unzertrennlich, sitzen in jeder freien Minute zusammen, reden und reden. Er ist bis dahin der einzige deutsche Junge, den ich näher kennenlerne.

»Inci, wollen wir uns wiedersehen, wenn wir erst wieder draußen sind?« fragt er nicht nur einmal.

»Das geht nicht, Hanspeter.« Eigentlich wünsche ich mir nichts sehnlicher, weiß aber, wir haben keine Chance. Mein neuer Freund ist traurig. Ich bin es auch.

Klaus und Inge, zwei weitere Patienten auf der Station, verlieben sich ineinander. Er ist Mitte vierzig, sie etwas jünger. Beide versuchen erst gar nicht, ihre Liebe zueinander zu verstecken. Jeder weiß Bescheid. Alle freuen sich darüber. Inge wird schließlich entlassen, ich liege gerade erst zwei, drei Tage auf der Station. Klaus muß noch im Krankenhaus bleiben.

»Komm, Inci, ich bring' dich nach oben«, bietet Klaus mir an. Er, Hanspeter und ich sitzen gemeinsam in der Cafeteria im Tiefgeschoß. Hanspeter muß zu einer Untersuchung, ich will wieder in mein Zimmer.

Im Treppenhaus drängt mich Klaus plötzlich in eine Ecke, hält mich fest, will mich küssen. Es ist widerlich, mir wird fast schlecht. Er ist doch in Inge verliebt, und jetzt will er sich an einer Zwölfjährigen vergehen, die gerade frisch operiert ist. Ich entkomme seinem heißen Atem, seinen gierigen Händen und kann in mein Zimmer fliehen.

Alle bekommen Besuch – nur ich nicht. Niemand aus der Familie scheint sich für mich zu interessieren. Das macht mich traurig, und auch wütend, denn ich brauche saubere Wäsche. Erst gegen Ende meines Aufenthalts taucht Mutter doch noch auf und bringt mir frische Sachen. Mit grimmigem Gesicht sitzt sie eine halbe Stunde schweigend an meinem Bett. Das ist alles.

»Warum ist deine Mutter so?« fragt mich Tanja. Alle im Zimmer bekommen es mit. Ich tue ihnen leid. Ich verkrieche mich ins Bett, ziehe die Decke über die Ohren und weine.

Nach zehn Tagen werde ich entlassen. Hanspeter sehe ich nie wieder.

Mißbraucht

Eines Abends kommt ein Mann zu uns nach Hause. Er heißt Sami und führt uns Videorecorder vor. Mir fällt auf, daß Mutter sich ganz eigenartig verhält, ich weiß aber nicht warum. Papa kauft schließlich ein Gerät.

Wir Kinder profitieren von dieser Anschaffung leider nicht. Mutter läßt uns nicht einen einzigen Film auf Video sehen. Sie läßt uns überhaupt keinen Freiraum. Kaum bemerkt sie, daß

Eda oder ich nichts zu tun haben, gibt es irgendwelche Aufgaben zu erledigen. Wenn sie sieht, daß wir etwas anderes als Haushalt machen wollen, dreht sie durch, schreit uns an und schlägt uns. Wir sind praktisch jede Minute unter ihrer Kontrolle, dürfen nicht einmal Hausaufgaben machen, ein Buch lesen oder auch nur spielen.

Monate später wird sie noch nervöser, regt sich über jede Kleinigkeit auf.

»Inci, wach auf, ich muß mit dir reden.« Sie sitzt mitten in der Nacht an meinem Bett und hat mich geweckt. Ich soll ihr in die Küche folgen. Eigentlich will ich schlafen, denn am nächsten Morgen muß ich zur Schule. Verschlafen und mißtrauisch stehe ich auf, vielleicht ist doch etwas passiert, denn Vater ist zur Nachtschicht. Mißtrauisch bin ich aber vor allem deshalb, weil Mutter so nett und freundschaftlich zu mir spricht.

»Ich bin sehr unglücklich mit deinem Vater. Ich habe einen anderen Mann kennen- und liebengelernt, der sitzt jetzt im Gefängnis und hat mir einen Brief geschrieben«, eröffnet sie mir. »Es ist Sami, der das Videogerät verkauft hat. Wegen dieser Verkäufe ist er in Verdacht geraten. Aber er ist unschuldig. Bald kommt er wieder raus«, erklärt sie weiter.

Ich bin wie vom Donner gerührt. Und schockiert. Ich kann weder verstehen, um was es ihr geht, noch was ich damit zu tun habe.

»Wenn er herauskommt, lasse ich mich scheiden.«

Ich gerate in Panik. Was soll aus uns allen werden, wenn sie mit dem Mann durchbrennt, die Familie auseinanderbricht?

»Ich habe hier einen Brief von ihm. Kannst du ihn mir vorlesen?« fährt sie gnadenlos fort.

Sie ist immer noch Analphabetin.

Es ist nicht einmal ein Liebesbrief. Keinerlei Romantik, keinerlei Zärtlichkeit. Es ist knallharter Sex. Träume eines Liebhabers im Gefängnis, der sich stimulieren will. In dem Brief schildert Sami sexuelle Erlebnisse mit meiner Mutter, geht ins Detail, erzählt, was sie noch alles treiben würden, wenn er erst wieder in Freiheit wäre. Mit Worten, die ich nie gehört habe, deren Bedeutung ich damals nur erahnen konnte und erst später ganz allmählich begreife.

Dann muß ich die Antwort schreiben. Die Träume und Phantasien meiner Mutter auf Papier bringen. Was sie vor Augen hat, wenn sie an ihn und seine Erregung denkt. Sami hat nie erfahren, daß meine Mutter seine Briefe gar nicht selbst beantwortet, daß sie sie ihrer zwölfjährigen Tochter diktiert.

»Es geht hier um Leben und Tod. Wenn du irgend jemandem etwas erzählst, bringe ich dich um«, droht sie mir, als sie mich wieder zu Bett schickt.

Ich bin betroffen, angeekelt, verängstigt, unfähig, klar zu denken. Ich kann nächtelang nicht schlafen, Alpträume quälen mich. Ich verstehe die ganze Situation nicht, habe niemanden, mit dem ich darüber reden kann. Nicht einmal mit Kader.

Es geht weiter. Immer mehr Briefe erhält meine Mutter, ich muß sie vorlesen, die Antworten schreiben. Mit der Post kann Mutter solche Briefe natürlich nicht schicken. Das übernimmt Bülent, ein Freund von Ali. Er ist zweiundzwanzig, zehn Jahre älter als ich. Jeden Tag kommt er zu uns, schaut mich ständig an, tut alles für mich. Er redet wenig – sein einziger Pluspunkt in meinen Augen. Sonst stört er mich. Daran ändert auch die Tatsache nichts, daß er sehr gut verdient. Er ist erwachsen, ich bin ein Kind.

Ganz allmählich fange ich an zu erkennen, um was es bei Mutter geht. Je mehr ich verstehe, desto mehr empfinde ich Abscheu. Nachträglich begreife ich, daß ich durch diese Briefe aufgeklärt worden bin, durch die sexuellen Vorstellungen des Liebhabers meiner Mutter – und ihre Antworten darauf.

»Keine Widerrede, du gehst mit.« Immer wieder gebraucht mich Mutter als Alibi, wenn sie Sami im Gefängnis besucht. Papa schwindelt sie dann vor, wir würden zum Einkaufen gehen. Auf diese Weise bekomme ich zu Gesicht, wie es in einem Gefängnis zugeht. Für mich ist diese Erfahrung die Hölle. Ich nehme mir fest vor, nie in meinem Leben etwas zu tun, was mich hierher bringen könnte. Nicht einmal für einen Tag.

Ich kann nicht verstehen, was meine Mutter an Sami findet. Er ist klein, hat lockige schwarze Haare, schwarze Augen, eine dunkle Haut. Er kann allerdings sehr überzeugend in einem gepflegten Hochtürkisch reden. Bei den Besuchen schäme ich mich immer ihm gegenüber. Ich weiß ja, was er und Mutter sich ständig schreiben. Aber er hat keine Ahnung, daß ich Mutter seine Briefe vorlesen und ihm antworten muß.

Mutter erzählt ihm, was er hören will. Daß sie frei ist, daß sie geschieden ist, daß sie bei ihrer Mutter wohnt.

Wie kann sie so lügen, frage ich mich und verliere das letzte Stück Achtung, das ich vor ihr habe.

Noch etwas erschreckt mich: Die beiden planen, nach seiner Entlassung in die Türkei zu ziehen. Sie wollen in Antalya ein Andenkengeschäft eröffnen. Das Kapital dafür will Mutter aufbringen – angeblich hat sie im Lotto gewonnen. Sie lügt wie es ihr gerade paßt. Jeden Pfennig, den sie ausgibt, hat Papa verdient.

»Stimmt es, daß Mama sich mit einem fremden Mann trifft?« fragt Papa mich eines Tages. Er weiß nichts, ist aber mißtrauisch geworden. »Sag du mir, ob das stimmt. Dir werde ich glauben.«

»Es stimmt nicht.«

»Schwör mir das beim Leben deiner Oma!«

Ich schwöre. Ich weiß, daß man in unserer Religion lügen darf, wenn es ums Leben oder um eine Ehe mit Kindern geht.

Er glaubt mir.

Ich fühle mich hinterher noch elender. Die Ehe meiner Eltern ist mir egal. Ich habe Angst vor Mutter. Sie ist zu allem fähig. Und ich habe Angst um meine Geschwister. Ich liebe sie, fühle mich ihnen gegenüber als »kleine Mutter« in der Pflicht.

Nach zwei Jahren wird Sami entlassen und in die Türkei abgeschoben. Wie ich später erfahre, war er wegen Rauschgifthandels rechtskräftig verurteilt worden.

Verlobung

Mehr und mehr fällt mir auf, daß uns immer öfter junge Männer aus Nachbarsfamilien einen Besuch abstatten. Anfänglich vermute ich noch, sie kommen wegen Ali. Dabei schauen mich alle so eigenartig an. Mir ist das unangenehm. Keinem von ihnen stört es, daß sie ein zwölfjähriges Kind begehren. Jeder dieser Kinderschänder würde mich nehmen, wann und wo immer, wenn ich ihm eine Chance geben würde.

Ich bin seit meiner Abreise aus der Türkei schnell gewachsen.
»Inci, du bist die schönste Türkin im Umkreis von fünfzig Kilometern.« Wie oft höre ich das! Es scheint mehr als nur ein Kompliment zu sein. Viele sehen in mir ein Mädchen, das einmal eine attraktive Frau sein wird, die sich zu benehmen weiß und einen Haushalt führen kann. Immer mehr Ehepaare kommen zu Besuch, wollen mich als Frau für einen ihrer Söhne haben.
An meinem dreizehnten Geburtstag kauft Papa mir auf dem Flohmarkt ein grünes Kleid. Für zwanzig Mark. Am Abend ziehe ich es an. Es kommen viele Gratulanten. Unter ihnen eine Familie, die einen besonders guten Ruf genießt, von der jeder nur respektvoll redet. Vor allen Besuchern hält der Vater dieser Familie bei Papa um meine Hand für seinen Sohn an. Ich erschrecke

fürchterlich. Dieser Sohn ist erst zwölf, ein kleines, dickes, häßliches Kind. Mutter zwickt mich in den Arm. Das bedeutet, ich habe ja zu sagen.

Papa ruft mich in unser Kinderzimmer.

»Tochter, Ibrahim ist da. Er will dich mit seinem Sohn verloben. Was sagst du dazu?«

»Ja.«

Ich fühle den unsichtbaren Druck, weiß, was ich zu antworten habe.

Allmählich glaube ich, die ganze Welt dreht sich ausschließlich um Liebe. Langsam bin ich neugierig geworden, und ich will mich auch richtig verlieben. Immerhin bin ich ja schon dreizehn. Meine Mutter war in diesem Alter verheiratet.

Uns gegenüber wohnt ein Junge, der sich öfter in Videotheken Filme leiht – ganz normale türkische Dramen. Wann immer es möglich ist, gehen wir Mädchen zu ihm, um sie uns anzusehen. Schließlich rede ich mir ein, ich sei in diesen Jungen verliebt. Wenn wir bei ihm sind, reicht es mir, ihn im gleichen Raum zu wissen. Kommt er zu Ali, linse ich ganz schüchtern durch die Tür. Er bekommt nie etwas davon mit. Von wirklicher Liebe habe ich noch keine Ahnung. Ich will nur nicht hinter den anderen zurückstehen.

Natürlich spreche ich mit Kader über den Nachbarsjungen. Auch sie liebt einen Jungen, der aber in der Türkei lebt. Wir schwärmen, wie es Teenager überall auf der Welt machen, und fühlen uns ungemein stolz, ungeheuer erwachsen.

Etwa ein Jahr nach dem Verlöbnis spiele ich mit Kader und einigen Klassenkameradinnen auf der Straße.

»Inci, was treibst du hier?« Vor Zorn bebend steht mein »Verlobter« vor mir.

»Ich spiele.«

»Du hast hier nichts zu suchen, du bist mit mir verlobt. Los, nach Hause mit dir!« schreit er mich an.

Und dann schlägt dieses häßliche Kind tatsächlich rechts und links in mein Gesicht, packt mich an den Armen, schüttelt mich. Einen Moment lang bin ich fassungslos. Dann winde ich mich aus seiner Umklammerung heraus, renne nach Hause.

Von da an breche ich ständig Streit mit ihm vom Zaun. Beim nächsten Urlaub in der Türkei erzähle ich es Onkel Cem. Er ist der einzige in der Familie, mit dem man »normal« reden kann. Vielleicht, weil er studiert hat. Er mag mich sehr, ich ihn auch.

Nachdem ich ihm alles berichtet habe, ruft er Mutter an: »Es geht nicht, Inci mag ihn nicht. Mach das rückgängig.«

Vor dem jüngsten Bruder meines Vaters hat Mutter Respekt. Die Verlobung wird aufgelöst.

Seitdem ist ein unsichtbares Schandmal auf meiner Stirn: »Entlobt.« Man könnte auch sagen: »Gebraucht.«

Aber ich bin wieder frei.

Erste Liebe

»Inci, was schreibst du da?« fragt der Klassenlehrer in der ersten Unterrichtsstunde der siebten Klasse.

»Mein Tagebuch«, antworte ich völlig unbefangen.

»Das geht so nicht. Wenn ich etwas sage, mußt du zuhören. Es kann nicht sein, daß du ständig mit ›nf‹ benotet wirst.«

Ich bin völlig perplex. Da hat mich tatsächlich zum ersten Mal nach zwei Jahren ein Lehrer bemerkt und ernst genommen. Ich fange an, mich zu interessieren, arbeite mit und verliebe mich prompt in ihn.

Ich kann aber trotzdem klar sehen: daß er unerreichbar ist, daß es gegen die Natur ist – er ist der Lehrer, ich bin die Schülerin. Wenn ich ein Problem habe, versuche ich immer logisch zu denken. Ich bin kein Bauchmensch. Vielleicht habe ich das von Oma. Ich liebe ihn einfach still für mich. Er merkt nichts davon.

Zum ersten Mal in meinem Schülerdasein bekomme ich richtige Noten. Allerdings lauter Fünfer und Sechser.

»Aber es sind wenigstens richtige Noten«, sage ich mir und bin fast stolz darauf. Und bleibe sitzen.

Kader wechselt zu diesem Zeitpunkt in eine andere Schule, meine Klassenkameradinnen sind alle versetzt worden. Ich finde mich zwischen lauter unbekannten Gesichtern wieder, als ich ein zweites Mal zur siebten Klasse antrete. Aber ich mache im Unterricht mit, die Noten werden besser. Meine Wissenslücken kann ich allerdings nicht mehr schließen. Immerhin werde ich in die achte Klasse versetzt.

Alle machen mir jetzt angst: »Den Hauptschulabschluß schaffst du nie!« So nehme ich ein Angebot für Schüler mit einem schlechten Wissensstand an und besuche eine hauswirtschaftliche Berufsschule. Es ist die denkbar schlechteste Entscheidung.

Dort tue ich nämlich das, was alle türkischen Mädchen unter meinen Klassenkameradinnen machen: Wir lernen schlicht und einfach nichts. Nähen, sticken und stricken können wir teilweise besser als unsere Lehrerin, der Rest interessiert uns nicht. Prüfungen lassen uns kalt. Sogar die Abschlußprüfung.

»Ohne Schulabschluß keine Lehrstelle.« In Deutschland ist das eine Grundregel. Man braucht sich gar nicht erst zu bewerben, wenn man keinen Abschluß hat, man ist chancenlos. Meinen Eltern ist das völlig egal. Ich habe zu heiraten. Ein Beruf ist überflüssig.

Sonst ist dieses Jahr das bis dahin ereignisreichste meines Lebens. Alles, was erste Liebe und Pubertät so bitter und so süß macht, spielt sich in diesen zwölf Monaten ab.

Zunächst beschert es mir ein Stück bis dahin unbekannter Freiheit. Die Berufsschule liegt mitten in der Stadt. So komme ich mit einem Schlag raus aus der Enge der Siedlung, dem »türkischen Dorf«, wo jeder jeden beobachtet. Dort, im anderen Teil der Stadt, ist Deutschland. Jeden Tag kann ich mit dem Bus hinfahren.

Am ersten Schultag steht er plötzlich an der Bushaltestelle. Groß, schlank, schwarze Haare, etwa zwanzig. Ein wunderschöner junger Mann, denke ich. Sein Blick trifft mich wie ein Blitz. Grüne Augen. Mir bleibt das Herz stehen. Dann fängt es rasend zu klopfen an. Er stellt sich direkt neben mich. Ganz nahe sind wir uns. Ich kann ihn spüren, obwohl wir uns nicht berühren.

Was ist bloß mit mir los? Noch nie habe ich dieses Gefühl gehabt. Mit weichen Knien versuche ich, ihn nichts von meiner Verwirrung merken zu lassen. Wir steigen zusammen ein, sitzen uns gegenüber. Wieder und wieder treffen sich unsere Blicke. Als ich merke, daß ich ihn offensichtlich auch berühre, steigert sich mein Herzklopfen zu einem wilden Stakkato. Er steigt aus, noch ehe meine Haltestelle gekommen ist. Das Herzklopfen hält an. Den ganzen Tag über kann ich nichts anderes denken.

Eine Woche lang wiederholt sich das Spiel: Wir stehen an der Haltestelle nebeneinander, ganz dicht, steigen ein, setzen uns gegenüber. Wir schauen uns in die Augen. Ringsum versinkt die Welt. Mein Herz klopft. Seins auch, das gesteht er später. Er wohnt in unserer Nachbarschaft, nur einige Häuser weiter. Schon vorher ist er mir aufgefallen, auch wenn ich ihn nur von weitem gesehen habe. Ich weiß noch nicht einmal, ob er Türke ist. Auch seinen Namen erfahre ich erst später: Hüseyin.

Das Wochenende verstreicht im Schneckentempo. Ich kann den Montag kaum erwarten, renne geradezu zur Haltestelle. Aber er erscheint nicht. Auch nicht am nächsten Tag. Ich sehe ihn überhaupt nicht mehr an der Bushaltestelle.

Es klingelt an der Haustür, ich öffne sie. Wie vom Blitz getroffen bleibe ich stehen. Drei türkische Ehepaare stehen vor der Tür. Mitten unter ihnen entdecke ich Hüseyin – meinen Hüseyin. Er wird rot, ich werde rot. Zum Glück überdecken meine Eltern mit ihrem Begrüßungsschwall unsere Verlegenheit.

»Mach Tee«, fordert Mutter mich auf. Sie führt die Besucher ins Wohnzimmer.

Mit zitternden Knien und wild klopfendem Herzen fliehe ich in die Küche. Ich bin überglücklich, könnte laut singen, tanzen oder gar schreien. Ich weiß, wenn uns drei Familien besuchen, dann geht es um meine Verlobung.

Er hat mich gesucht, er hat mich gefunden, er will mich. Meine Gedanken wirbeln durcheinander. Ich kann es kaum fassen. Und dann mache ich, was alle verliebten Mädchen tun: Ich ärgere ihn – vielleicht als eine Art Probe, ob er böse werden kann. In seinen Tee rühre ich scharfen Paprika.

Als ich mich soweit beruhigt habe, daß die Teegläser auf dem Tablett nicht mehr klirren, trage ich sie ins Wohnzimmer. Jedem der Gäste gebe ich ein Glas. Hüseyin das seine mit einem besonders freundlichen Lächeln. Er trinkt einen kräftigen Schluck, prustet los, wird knallrot im Gesicht.

»Er ist schüchtern«, denke ich, schaue ihm in die Augen und stelle fest, daß er die Prüfung bestanden hat.

»Laß das, mach ihm einen neuen Tee«, befiehlt Mutter.

Diesmal rühre ich Salz rein.

Wir werden verlobt. Hüseyin und ich dürfen für eine Stunde alleine fort. Wir fahren in ein dreißig Kilometer entferntes Café. Kein Türke darf uns zusammen ohne eine Anstandsperson sehen.

»Jeden Tag habe ich dich ansprechen wollen, wußte aber, daß du ein türkisches Mädchen bist. Deshalb habe ich mich nicht getraut«, gesteht er. Und er sei sehr traurig gewesen, daß er nicht mehr Bus fahren konnte, weil sein Auto nach der Reparatur wieder in Ordnung war.

»Und ich durfte keine Initiative ergreifen, weil ich ja brav auf den zu warten habe, den meine Eltern für mich aussuchen. Ich dachte, es ist aussichtslos«, erkläre ich ihm und gestehe, daß es ein schönes, unerwartet heftiges Gefühl ist, ihn zu lieben.

»Ich hab' dich gesucht. Einer meiner Brüder hat dann erfahren, daß du Inci heißt«, erzählt er weiter.

Hüseyin gestand seiner Mutter, daß er mich liebt, daß er nur noch an mich denkt, daß er mich heiraten will. Sie stellte schließlich die Weichen und hörte sich in der Nachbarschaft um.

Wir reden und reden. Ich trinke Cola, keinen Kaffee. Von Kaffee bekommen Mädchen eine dunkle Haut, sagt man bei uns. Hüseyin und ich hängen unseren Träumen nach, schmieden Pläne. Ich kann mich nicht satt sehen an seinen blaßgrünen Augen, spüre seine starke Persönlichkeit. Ich liebe ihn, er liebt mich. Wir werden ein Nest für unsere Zukunft bauen.

Wir haben kaum Zeit auszutrinken, da müssen wir schon wieder zurück. Wie grausam kurz kann eine Stunde sein. Wir wollen aber das Vertrauen unserer Familien gewinnen.

In dieser ersten gemeinsamen Stunde fassen wir uns nicht einmal an.

Es werden Geschenke zwischen den Familien ausgetauscht, gegenseitige Besuche absolviert. Zwei Monate genieße ich meine Verlobung. Wir telefonieren oft – allein sehen wir uns nicht ein einziges Mal mehr.

Die Clique

In meiner Klasse haben zehn Türkinnen eine Clique gebildet, die eisern zusammenhält. Ich gehöre dazu. Wir sprechen über unsere Lieben, über unsere Probleme, schreiben Gedichte. Fast alle werden – wie ich – zu Hause geprügelt. Grundlos und regelmäßig. »So geht es nicht weiter, wir müssen unser Leben ändern«, beschließen wir.

Zunächst beginnen wir, die Lehrer zu ärgern, legen ihnen Kreide auf den Stuhl, schließen uns im Klassenzimmer ein, werfen den Schlüssel in den Hof. Wir reißen aus allen unseren Schulbüchern die Seite mit dem Stoff für die nächste Stunde heraus, damit der Unterricht ausfällt – Schülerstreiche, die aber nichts mit unseren wirklichen Schwierigkeiten zu tun haben.

Kommen diese Flegeleien unseren Eltern zu Ohren, schlagen sie uns grün und blau. Aber sie schlagen uns ja nicht nur deshalb, der geringste Grund ist ihnen Anlaß genug. Allmählich stumpfen wir ab. Dreimal täglich Prügel gehört in unser Leben wie dreimal täglich essen. Wieder einmal reden wir in der Clique darüber.

»Inci, wie siehst du denn aus? Du bist ja ganz blau im Gesicht?«

»Die blöde Kuh hat mich beim Rauchen auf dem Klo erwischt.« Die »blöde Kuh«, Mutter, hat so lange zugeschlagen und getreten, bis ich bewegungslos am Boden lag und Blutergüsse unter den Augen hatte.

»Meine Mutter hat mich gestern auch mit Füßen getreten.«

Fast allen Mitschülerinnen ergeht es ähnlich. Wir lachen, vergessen die Schmerzen.

Mittlerweile hat Mutter jegliche Autorität über mich verloren. Sie kann mir verbieten, was sie will, es interessiert mich nicht. Wenn Prügel Alltag werden, egal, ob man gehorcht oder nicht – warum sollte man da noch gehorchen?

Kein Lehrer wird auf die Spuren unserer sichtbaren Mißhandlung aufmerksam. Keiner interessiert sich dafür, warum wir mit blau unterlaufenen Augen in der Klasse sitzen. Wir stehen am Rande, abgekoppelt vom normalen Schulbetrieb, sind bedeutungslos, rechtlos – und verloren.

Mittlerweile bin ich – für die Moralvorstellungen der Türken – ein ziemlich freches Mädchen geworden. Zudem werde ich von Tag zu Tag hübscher. Immer mehr Jungen interessieren sich für mich. Ich mache sie an, zahle ihnen ihre Begehrlichkeiten heim. Ich antworte jedem, der mich anspricht, gehe mit jedem »geheim« aus – egal, ob Mutter es rausbekommt oder nicht. Ich verdrehe vielen Jungen den Kopf, verstecke mich mit ihnen hinter einem Busch.

Aber ich lasse keinen näher an mich heran, obwohl sie es alle versuchen. Ich bin verlobt, liebe meinen Hüseyin. Nicht einer darf mich berühren. Ich spiele mit ihnen wie eine junge Katze mit dem Mäuschen.

Eines ist für uns absolut tabu: Sex. Natürlich erfahren wir von türkischen Mädchen, die mit Jungen geschlafen haben. Es macht uns auch neugierig, aber es liegt außerhalb unserer Vorstellung. Wir müssen »intakt für die Ehe« bleiben.

Deutsche Mädchen erzählen uns von ihrer Angst, keinen Ausbildungsplatz zu bekommen, somit keinen Beruf zu erlernen, später keine Arbeit zu erhalten.

Wir hoffen nur auf den richtigen Mann. Er soll einen guten Ruf haben, aus einer angesehenen Familie stammen, in einem Beruf stehen, in dem er viel Geld verdient. Wenn nicht, hat man Pech.

»Stellt euch vor, ich werde heiraten«, erzählt Yasemin eines Morgens ganz aufgeregt. Sie ist die erste aus unserer Clique, die diesen von ihren Eltern arrangierten Schritt gehen muß.

Die künftige Ehe der Dreizehnjährigen ist ein Beispiel türkischer Sittengeschichte: Ihre Mutter geht fremd. Der Bräutigam ist der Sohn ihres Liebhabers. So wird Yasemin gleichsam zur Mitgift, zur Dreingabe einer außerehelichen Liebesbeziehung. Sie will den sechzehnjährigen Jungen nicht heiraten, ihre Mutter zwingt sie dazu.

»Schade, die schönen Zeiten sind für dich vorbei«, kommentieren wir den Vorgang. Trotzdem sind wir fröhlich und ausgelassen, lachen wie immer. Yasemin auch. Sie ist eben die erste – bald wird es auch bei uns soweit sein. Darauf, daß wir heiraten werden, sind wir bestens vorbereitet. Was das tatsächlich bedeutet, erklärt uns keiner. Für uns ist es das große Abenteuer, unsere Zukunft. Wir haben eher Angst davor sitzenzubleiben, keinen guten Ehemann abzubekommen.

Hunderte von Gästen kommen zu Yasemins türkischer Hochzeitsfeier. Auch wir aus der Clique sind alle eingeladen. Atemlose Stille, als sich das Brautpaar zurückzieht. Tosender Beifall, als die Familie dann den Beweis von Yasemins Unschuld auf dem zuvor blütenweißen Bettuch präsentiert. Bleibt die Frau diesen schuldig, hätte die Familie des Bräutigams die Braut ihren Eltern zurückgegeben, die Hochzeit wäre annulliert worden. Die Eltern der Braut müssen in einem solchen Fall die gesamten Kosten der Hochzeitsfeier übernehmen.

Eindringlich wird uns vor Augen geführt, warum wir wieder und wieder ermahnt werden, auf unsere Jungfräulichkeit zu achten. Und das beileibe nicht nur in bezug auf unseren Umgang mit Jungs.

»Paß auf, daß du dich nicht beschädigst. Trag nichts Schweres.« Beim Sport, beim Spielen, im Alltag – immer wieder werden wir gebremst. Das Hymen ist sozusagen das einzige Kapital eines türkischen Mädchens.

Wochen später besucht uns Yasemin in der Schule.

»Er ist so schlimm, so primitiv, so widerlich, ich kann ihn nicht ausstehen, hasse ihn unendlich.« Die Euphorie ist verflogen, der türkische Ehealltag eingekehrt.

»Pech gehabt.« Wir zucken die Schultern, hoffen auf ein besseres Los.

Leyla und Ali

Das ist die klassische »Normalehe« bei konservativen Türken: Im Idealfall ist die Braut nicht älter als fünfzehn, das Alter des Bräutigams spielt dagegen keine große Rolle. Sie hat sich für ihn zu bewahren. Aber auch er zahlt seinen Preis: Er muß sie zeit seines Lebens ernähren, denn auf ein eigenständiges, selbstbestimmtes Leben ist »seine« Frau nicht vorbereitet.

Natürlich gibt es aufgeschlossene türkische Familien, in denen es »europäisch« zugeht. Es existiert auch die romantische Entführung mit anschließender Hochzeit. Diese – seltenen – Ausnahmen kommen vor. Wir haben alle davon gehört. Aber kein Mädchen aus unserer Clique kennt einen solchen Fall persönlich.

Mein Bruder Ali und Leyla sind eine Ausnahme. Jedenfalls helfe ich kräftig mit, daß es zwischen ihnen klappt.

»Ali, ich habe ein ganz liebes Mädchen getroffen. Sie ist richtig hübsch. Blond, schlank und nicht allzu groß. Aber sie hat eine tolle Figur. Willst du sie nicht einmal treffen?« Ich habe mitbekommen, daß mein Bruder Probleme hat, sich nicht traut, Frauen anzusprechen. Ich will ihm helfen.

»Wie heißt sie denn?«

»Leyla.«

»Wie alt ist sie?«

»Zwanzig.«

Ali ist dreiundzwanzig. Er ist ein stattlicher Mann. Ein Meter neunzig groß, schlank, sportlich, kräftige hellbraune Haare, schwarze Augen. Eigentlich ist die Zeit der beiden abgelaufen, nach unseren traditionellen Vorstellungen hätten sie längst verheiratet sein müssen.

»Wie willst du das machen?« Er druckst herum.

Ich muß aufpassen, daß ich seine Ehre nicht verletze, sonst zieht er sich in sein Schneckenhaus zurück.

»Laß mich nur machen – wenn du es willst.«

Er will.

Fast täglich telefoniere ich von jetzt an mit Leyla, treffe mich oft mit ihr. Einmal ist Ali dabei – rein zufällig, versteht sich. Zwischen den beiden funkt es sofort, man spürt die Spannung, hört es förmlich knistern. Sie lieben sich wirklich und heiraten auch nach kurzer Zeit. Ihr Bettuch nach der Hochzeitsnacht geht niemanden etwas an. Sie führen die einzige glückliche Ehe, die ich bisher bei Türken erlebt habe.

Nervenkrieg

Mutter übt mit einem Mal gewaltigen Druck aus. Sie schimpft mich Hure, sperrt mich grundlos ein. Ich frage mich, warum.

Wahrscheinlich kann sie nicht ertragen, daß ich den Mann heiraten werde, den ich liebe. Vielleicht ist sie eifersüchtig, weil sie dieses Glück nicht hatte. Ich suche nach einer Entschuldigung, einer Erklärung.

An einem Nachmittag sitze ich im Kinderzimmer, die Tür ist offen. Da höre ich Mutter mit Tante Hatice in der Küche reden, kann aber nichts verstehen – sie sprechen Kurdisch. Mutters Stimme klingt ganz aufgeregt. Ich befürchte Schlimmes.

»Du hast recht, wir müssen nachsehen«, höre ich Mutter

plötzlich auf türkisch sagen. Sie kommt mit Tante Hatice zu mir ins Zimmer.

»Hast du was gemacht – mit Hüseyin, mit anderen Jungs? Hast du mit einem von ihnen geschlafen?« Ihre Stimme klingt schrill.

»Wie kommst du darauf, wie kannst du nur so etwas von mir denken?«

»Was soll ich denn sonst denken? Du lügst ja, wenn du nur den Mund aufmachst.«

Ich höre es ihrer Stimme an: Jetzt kommt etwas Brutales.

»Leg dich auf den Boden, Tante Hatice wird nachsehen, ob du noch Jungfrau bist.«

Wenn ich jetzt nein sage, werden sie glauben, ich wäre es nicht mehr. Sie haben mich in der Hand.

Ich schiebe den Rock über die Hüfte, ziehe den Slip aus, lege mich auf den Boden, mache die Augen zu und die Beine auseinander.

Die Tante kniet nieder. Ich spüre ihre Finger. Mir wird schlecht – mehr vor Wut als vor Scham. Schließlich steht sie wieder auf und geht in die Küche zurück. Mutter folgt ihr. Sie würdigen mich keines Blickes, keines Wortes. Lassen mich einfach liegen – wie verächtlich weggeworfen. Ich bin Luft für sie.

Die Katastrophe

Ich halte diesen Zustand zwei Monate aus. Eines Morgens breche ich in der Schule ohnmächtig zusammen. Der Notarzt kommt, er kann nicht feststellen, was mir fehlt. Auch im Krankenhaus bekommt es keiner heraus. Ich bleibe dort drei Tage.

Am letzten Nachmittag besucht mich der Sohn unseres Nachbarn mit einigen Freunden. Wir sitzen im Raucherzimmer. In diesem Augenblick tritt Hüseyins Vater in den Raum, um mir

Blumen zu bringen. Er sieht mich mit den Jungen, sieht, wie wir lachen und rauchen. Er dreht sich auf dem Absatz um und verläßt das Krankenhaus. Ich habe ihn gar nicht bemerkt, erfahre erst später von seinem Besuch.

Sofort bringt er meinen Eltern die Geschenke zurück und erklärt unsere Verlobung für aufgelöst: »Wir sind eine anständige Familie und achten sehr auf unseren Namen.«

Hüseyin hat dabei nichts zu sagen. Seine Eltern entscheiden einfach, daß sie mich nicht mehr wollen.

Noch am selben Nachmittag ruft mich Papa an. Nachdem er mir alles berichtet hat, bricht für mich die Welt zusammen. Am frühen Abend treffe ich Mehmet, einen türkischen Jungen, der auch Patient auf meiner Station ist. Er versucht mich zu trösten: »Hast du heute schon gegessen?«

Ich schüttle den Kopf.

»Dann laß uns eine Pizza holen.«

Wir sitzen im Aufenthaltsraum und essen unsere Pizza. Von dort aus kann ich den Parkplatz vor dem Krankenhaus sehen. Ich entdecke plötzlich Hüseyins Auto – ich erkenne es sofort an dem großen Adler auf der Motorhaube – und das seines Vaters. Sie stehen nebeneinander. Dann erkenne ich in der Dunkelheit die beiden Männer. Sie streiten heftig, gestikulieren wild herum. Ich kann es kaum aushalten, daß ich sie nicht verstehen kann. Mir kommt die Szene wie ein Pantomimespiel vor. Nach einer Weile dreht sich der Vater abrupt um, steigt ins Auto, knallt die Tür zu und rast mit Vollgas davon.

»Mach dir nichts draus. Komm, iß deine Pizza weiter«, versucht Mehmet mich abzulenken.

Aus Hüseyins Auto steigen nun vier Rocker in schwarzem Leder. Deutsche. Ich weiß, was sie wollen, sehe vor meinem geistigen Auge, wie sie alle Stockwerke nach mir durchkämmen. In panischer Angst renne ich über die Treppe in den Keller. Ich verstecke mich hinter einem Wäschewagen. Zwei Stunden sitze ich zitternd da, ehe ich mich wieder nach oben traue.

»Sie haben die Typen rausgeworfen«, beruhigt mich Mehmet.

»Was war da los?« fragt der Arzt. Er hat mich in sein Zimmer gerufen. Ich erzähle es ihm. Er hört geduldig zu, gibt mir eine Spritze. Ich kann in dieser Nacht durchschlafen. Am nächsten Tag werde ich nach Hause entlassen.

»Was soll das Theater?« empfängt mich Mutter und prügelt mich erst mal durch. Ich spüre nichts. Alles, aber auch wirklich alles ist mir egal.

Keiner hat mich über die öffentlichen Hilfen, die man in Deutschland in solchen Fällen in Anspruch nehmen kann, aufgeklärt. Auch die Lehrer nicht. Daß es beispielsweise ein Jugendamt gibt, bei dem man Hilfe finden kann, daß Frauenhäuser existieren, die in derartigen Situationen Schutz gewähren. Ich weiß keinen anderen Ausweg und will nichts anderes als weglaufen. Ich will mit all dem nichts mehr zu tun haben. Aber wo sollte ich hin? In den Wald?

Kampf

Gleich am nächsten Tag läßt mich Mutter ihre Arbeit machen. Sie hat mittlerweile eine Putzstelle für halbtags gefunden und schickt mich einfach zu ihrem Job. Sie selbst bleibt zu Hause und legt sich schlafen.

»Du hast so wunderschöne schwarze Augen.« Ihr Chef macht mich dauernd an, meint, er sei besonders witzig, wenn er mir den Stecker vom Staubsauger herauszieht. Das ist mir nicht geheuer. Ich habe Angst, weil ich mit ihm in dem großen Bürohaus allein bin. Wer sollte mir helfen, wenn er sich nicht mehr beherrschen kann?

Nach einigen Tagen geht Mutter wieder selbst hin. Niemand ist zu Hause, zum ersten Mal bin ich seit langem wieder alleine.

Ich fasse allen Mut zusammen und rufe Hüseyin an: »Du, ich kann nichts dafür, die Jungs sind überraschend gekommen. Sie sind Nachbarn, haben sich überhaupt nichts dabei gedacht. Hätte ich sie rauswerfen sollen?«

Schweigen.

»Da ist doch überhaupt nichts, du weißt doch, daß ich dich und nur ganz allein dich liebe. Warum zweifelst du an mir?«

Schweigen.

»Hast du gewußt, daß man so tieftraurig sein kann?«

»Komm in einer halben Stunde.« Er legt auf.

»Er will mich sehen«, jubele ich. Ich muß ihn nicht fragen, wo wir uns treffen. Den Ort weiß ich genau. Wir stehen voreinander und können beide nicht reden. Wir versöhnen uns.

Bis dahin hatten wir ja keine Möglichkeit, uns zu sehen, uns kennenzulernen. Jetzt fangen wir an, uns heimlich zu treffen. Er hat mich sehr lieb, ist äußerst empfindsam, weint immer, wenn wir zusammen sind. Seine Familie macht ihm wegen mir das Leben zur Hölle. Er fängt an zu trinken und Drogen zu nehmen. Prompt verliert er den Führerschein und damit seinen Arbeitsplatz als Heizungsbauer.

»Inci ist an allem schuld«, zetert seine Mutter wieder und wieder.

Wenn Mutter bei der Arbeit ist, bringt er mir Zigaretten vorbei. Wir stehen dann stundenlang im Hausflur. Nie berühren wir uns dabei. Dann, nach einem halben Jahr, passiert es wie von selbst. Wir stehen voreinander, wie immer mit Abstand, und wollen uns verabschieden.

»Tschüß Inci.«

»Tschüß Hüseyin.«

Ich drehe mich um, zum Gehen.

»Inci, einen Moment noch.«

Plötzlich sind wir uns ganz nah, fallen uns wie selbstverständlich in die Arme. Er küßt mich. Ein heißes Feuer brennt in mir. Ich löse mich darin auf. So tief habe ich noch nie gefühlt.

Wir lösen uns schließlich, gehen wortlos auseinander. Trunken vor Glück.

Aber es ist ein mehrschneidiges Glück. Noch davon überwältigt, stürze ich zugleich in tiefste Zweifel: Jede Art von Sexualität vor der Ehe ist uns verboten. Schon ein richtiger Kuß zählt dazu. Und wir haben doch nur die Spur einer Chance, einmal miteinander verheiratet zu sein.

In Abständen von Sekunden erlebe ich ein Wechselbad der Gefühle, weiß nicht, ob ich glücklich sein darf, mich schämen muß oder Angst vor der Zukunft haben soll.

Eines ist mir heute klar: Ich hätte damals einfach mit ihm schlafen sollen. Nach türkischem Recht und türkischer Moral hätte er mich dann heiraten müssen. Keiner hätte sich uns noch in den Weg stellen können.

Mittlerweile sind wir beim Siedlungstratsch Thema Nummer eins. Veysel, Hüseyins jüngster Bruder, ertappt uns eines Tages und verrät uns bei seinen Eltern.

Ich rufe seine Mutter an.

Ihre Antwort ist kalt, so kalt wie klirrendes Eis: »Ich werde dich nie als Braut in unserem Haus akzeptieren. So etwas wie dich würde ich nicht einmal als Hündin vor der Tür anbinden.«

Das ist ihr letztes Wort.

Jetzt entbrennt ein Streit zwischen den Familien. Papa geht einmal sogar mit dem Messer auf Hüseyins Vater los. Nach wie vor treffen Hüseyin und ich uns heimlich, wir weinen gemeinsam.

Ich habe Liebeskummer, bin deprimiert und esse so gut wie nichts mehr.

»Komm her, was ist los mit dir?« fragt mich Mutter.

Völlig unerwartet steht sie mir zur Seite. Immerhin habe ich ja ihre Briefe geschrieben, denke ich und fange an zu weinen.

Zum ersten Mal nimmt sie mich in den Arm. Da bricht der Damm. Ich heule los. Alles was mir so weh tut, bricht aus mir heraus. Sie hält mich fest, bis ich wieder einigermaßen denken kann.

»Ich werde dir helfen, Inci. Hüseyin soll Ringe kaufen, dann verloben wir euch einfach. Ihr sollt doch glücklich werden«, verspricht sie. Sie fordert mich dazu auf, zu ihm zu gehen. Doch gleichzeitig schickt sie mir Papa hinterher. Er ruft mich zurück.

Warum macht sie das? Sie hat ihren Grund. Später sollte ich ihn herausfinden.

Abschied

Einige Tage später komme ich aus der Schule. Papa schläft. Wie immer, wenn er Nachtschicht hatte, decke ich den Frühstückstisch in der Küche für ihn. Kurz danach steht er auf, Mutter setzt sich zu ihm. Die Tür ist halb offen, ich kann sie reden hören.

»Ich meine, wir sollten endgültig zurück in die Türkei ziehen. Hier in Deutschland haben wir nur Probleme. Du siehst, was mit Inci los ist. Die Sache mit Hüseyin hat ihren Ruf beschädigt – und unseren. Aber das ist noch nicht alles. Songül geht auf die Sonderschule, Tufan ist sitzengeblieben. Wir müssen zurück, ich sehe keinen anderen Ausweg«, beschwört sie meinen Vater.

»Wie stellst du dir das vor?«

»Ich könnte mit Inci zuerst fahren. Du bleibst noch zwei Jahre hier, damit wir genügend Geld für den Neustart haben. Dann kommst du nach.«

Sie überzeugt ihn. Ich friere plötzlich, als würde ich mitten im Sommer von einem Kälteeinbruch überfallen.

Einen Monat später ist der Tag gekommen. Kader und ich dürfen vormittags in die Stadt. Wir kaufen uns gegenseitig Geschenke, damit wir uns in Erinnerung behalten. Wir kichern und lachen. Aufgesetzte Fröhlichkeit.

Wir gehen in ein Café und bestellen uns ein Glas Sekt. Eins für uns beide. Zum ersten Mal im Leben trinken wir Alkohol – das wollten wir schon lange einmal tun. Jetzt sind wir richtig fröhlich.

Das Auto steht vor der Tür. Alle meine Geschwister sind bereit. Bülent soll uns in die Türkei fahren. Die Koffer werden heruntergetragen.

Ich haue ab, weil ich mit Hüseyin verabredet bin. Wir wollen uns ein letztes Mal sehen. Es ist mitten in der Nacht. Stockdunkel. Ich weiß, wo ich ihn treffen werde.

»Inci, wohin gehst du?« Vor lauter Eile bin ich an ihm vorbeigelaufen.

Wir fallen uns in die Arme. Er drückt mich so heftig, daß ich glaube, er bricht mir alle Knochen.

»Nimm mich mit, egal, wohin. Laß mich nur nicht gehen«, bitte, bettle, flehe ich. Ich schluchze laut, habe Angst, Angst vor dem Moment, in dem er sich umdreht und ich ihn nie wieder im Arm halten kann.

»Inci, ich soll die Ringe kaufen und den Führerschein wieder machen. Das hat deine Mutter gesagt. Sie hat mir fest versprochen, daß wir dann zusammenkommen werden. Hab Geduld.« Mit unendlicher Zärtlichkeit nimmt Hüseyin meinen Kopf in die Hände. Wir küssen uns. Die Zeit bleibt stehen.

»Geh jetzt.« Seine Augen sind rot verweint. Ich wäre ihm gefolgt, wohin auch immer er gegangen wäre. Aber er sieht für eine Flucht keine Möglichkeit. Ich renne nach Hause.

»Halte an der Tankstelle. Ich muß telefonieren«, fordere ich Bülent auf. Wir verlassen gerade die Stadt.
»Wen willst du jetzt anrufen?« Wie immer ist meine Mutter gegen meine Wünsche.
»Halt an!« schreie ich laut und schrill.
Ich stürze zur Telefonzelle. Hüseyins Mutter hebt ab.
»Wo ist Hüseyin?«
»Wie kannst du es wagen, hier noch einmal anzurufen. Du Hure, du Dreckstück, du Schlampe, du Luder. Du hast meinem Sohn den Kopf verdreht.«
Schlagartig fühle ich eine tödliche Ruhe in mir.
»Langsam! Dein Sohn und ich wollten uns ein Nest bauen. Du hast es nicht gewollt. Du hast es uns nicht erlaubt. Du hast es kaputtgemacht. Vor Gott habe ich einen Wunsch für dich: Er soll auch dein Nest kaputtmachen.«
Ich lege auf. Alle Kraft weicht aus mir. Unendlich langsam rutsche ich an der Scheibe herunter. Zusammengekrümmt liege ich am Boden. Ein Weinkrampf schüttelt mich. Bülent hebt mich auf, bringt mich zum Auto. Wir fahren.
Er ist mein Leben, meine Träume, meine Tränen, meine Gefühle. Mein Herz lasse ich bei ihm. Meine Liebe bleibt zurück.

Anatolische Braut

Türkei

Im Zimmer eines Fünf-Sterne-Hotels in einem Badeort an den Dardanellen komme ich wieder zu mir. Ich kann mich an keine einzige Minute der vier Tage dauernden Fahrt quer durch Jugoslawien und Bulgarien in den Nordwesten der Türkei erinnern. Weder an die Stunden im Auto noch an die Übernachtungen.

Mutter hat in dem Touristenhotel zwei Zimmer gemietet. In dem einen wohnt sie, in dem anderen Eda, Songül, Tufan und ich. Bülent nimmt ein eigenes Zimmer.

»Mutter treibt sich mit Mustafa rum«, eröffnet mir Eda, als ich nachfrage, warum sie noch nicht am Frühstückstisch aufgetaucht ist. Ich weiß sofort, was das bedeutet. Schon in Deutschland telefonierte sie oft mit ihm. Er ist einer ihrer Liebhaber. Eda und ich wissen, daß es ihn gibt, hatten aber keine Ahnung, daß er anscheinend jetzt in dieser Gegend ist. Die beiden Kleinen haben noch nichts von Mutters Abwesenheit mitbekommen. Drei Tage läßt sie uns alleine, kümmert sich nicht um uns.

Sie führt sich hier mit Papas Geld wie eine Millionärin auf, betrügt ihn nach Strich und Faden, während er in Deutschland die Schulden abarbeitet, schießt es mir durch den Kopf. Fünfzigtausend Mark Kredit hat er aufgenommen, um Mutter eine komplette Einrichtung zu kaufen. Die soll er nachschicken, wenn wir in unserem Haus in Ankara angekommen sind. Was dann noch an Geld übrig war, gab er ihr für den Neuanfang in der Türkei in bar mit.

Bülent ist ständig hinter mir her. Es ist eindeutig, er will mich. Und er verhält sich so, als ob er ein Anrecht auf mich hat. Plötzlich wird mir klar: Mutter hat mich gleichsam als »Porto« für seine Botengänge zu Sami versprochen. Er soll mich heiraten dürfen, sowie Mutter grünes Licht gibt. Ich gebe ihm nicht die Spur einer Chance. Er wartet ruhig und geduldig. Andererseits bin ich doch recht froh, daß er da ist und mir zur Seite steht. Gemeinsam kümmern wir uns um meine Geschwister.

Sie sind mir sehr wichtig. Schon in Deutschland bin ich ja so etwas wie ihre kleine Mutter geworden, passe auf sie auf, erziehe sie. Ich achte darauf, daß sie vernünftig essen, sich waschen, um acht Uhr ins Bett kommen. Ich gehe mit ihnen spazieren, oft auch ins Schwimmbad. Wird eines krank, bin ich bei ihm, koche Tee und streichle ihm über die Stirn.

Tufan muß dreimal täglich ein Medikament einnehmen. Ich sorge dafür, daß er es regelmäßig macht. Was nicht einfach ist, da er hyperaktiv ist. Bülent und ich müssen dauernd hinter ihm her sein, weil er ständig etwas anstellt.

Als Songül merkt, daß Mutter fort ist, übergibt sie sich, weint unentwegt, bis ihr Gesicht knallrot ist. Bülent und ich haben wirklich alle Hände voll zu tun.

»Was hast du mit Abdullah?« Eda gibt mir keine Antwort, schaut verlegen zur Seite. Ich benötige auch keine, ich weiß Bescheid. Abdullah arbeitet im Hotel und versucht, ständig in der Nähe meiner Schwester zu sein. Auch ich habe einen Jungen kennengelernt. Er ist blond. An seinen Namen erinnere ich mich nicht – es ist auch völlig gleichgültig. Ich muß mich ablenken, brauche jemanden, irgend jemanden, der mir hilft, aus dem Loch herauszukommen, in das ich seit meiner Trennung von Hüseyin gefallen bin.

Am Abend, wenn die Kleinen eingeschlafen sind, klettern Eda

und ich zum Fenster heraus, treffen uns mit den Jungs. Wir fühlen uns frei. Mutter macht dasselbe – also dürfen wir es auch. Sie ist uns ein schlechtes Vorbild. In dieser Nacht beschließe ich, meinen Kindern, falls ich einmal welche haben werde, immer ein gutes Vorbild zu sein.

Zum ersten Mal knutsche ich rum. Ich weiß überhaupt nicht, wie es geht, aber meine blonde »Eroberung« zeigt es mir. Es ist etwas ganz anderes, als die beiden Male, die ich Hüseyin geküßt habe. Das war Liebe – hier ist es ein Abenteuer. Es prickelt, weiter empfinde ich nichts.

Natürlich will er mehr. Aber ich erlaube ihm nichts. Nicht die Angst, meinen Status als Jungfrau zu verlieren, hält mich davon ab, mit ihm zu schlafen, sondern die Furcht vor Gott. Ich weiß, daß es Sünde ist, und ich will keine Sünde begehen.

In meiner unendlichen Einsamkeit will ich mich mit dem Abenteuer wenigstens für ein paar Stunden ablenken. Mutter kümmert sich ja nicht um uns, mit Bülent kann ich nicht reden. In Deutschland hatten wir ständig Angst vor dem Tratsch, konnten kaum einen Schritt unbeobachtet tun. Hier kennt uns keiner, niemand wird über unser Verhalten reden. Und ich weiß, daß ich meinen Kopf und meinen Körper in der Gewalt habe.

Eda verliert in dieser Nacht ihre Unschuld. Sie ist dreizehn.

Allein gelassen

Nach den drei Tagen in dem Hotel fahren wir zu Oma. Sie wohnt mittlerweile in Izmir. Nachdem Onkel Halil mit seinen Prügelorgien auch vor ihr nicht haltgemacht hat, ist sie umgezogen.

Das Haus steht mitten in einem Kurdenviertel, das sich im Osten der Stadt terrassenförmig den Berg emporzieht. Es wurde vor zwanzig Jahren gebaut – natürlich in Schwarzarbeit, wie alle Häuser in der Umgebung auch: Über Nacht rückt die ganze

Familie mit Freunden an, steckt ein Grundstück ab, zieht vier Betonsäulen hoch und gießt die Decke ein. Morgens steht dann der »Rohbau«. Anschließend wird ausgebaut. Ganze Stadtteile entstehen so. Später legalisiert ein Gesetz den »Landraub«, und die Grundstücke werden von der Gemeinde auf die Besitzer übertragen. Schließlich werden Strom und Wasser angeschlossen, für die Kanalisation gesorgt, Straßen gebaut.

Bei Oma wohnt ihre Tochter Asle. Deren Mann ist vor zwei Jahren an Krebs gestorben. Wegen ihrer geistigen Behinderung nahm man ihr die Kinder. Zeynep und Serife, die beiden älteren Mädchen, wohnen bei Verwandten ihres Mannes. Ceylan, die jüngste Tochter, wurde zur Adoption nach Deutschland freigegeben. Nach ihr suche ich noch heute.

Als wir alle in Omas Häuschen mit seinen zwei Zimmern auf vierzig Quadratmetern einziehen, habe ich das Gefühl, ich komme heim. Ich bin wieder in meiner richtigen Familie, träume davon, daß wir alle zusammen in das Haus nach Ankara ziehen und dort glücklich miteinander leben.

Bülent verabschiedet sich unter Tränen von uns. Er muß nach Deutschland zurück. Ich bin froh, daß er wieder abfährt. Seine Blicke nerven mich. Er kommt mir so arm vor, also sage ich ihm nicht, daß ich ihn im Grunde aus tiefstem Herzen hasse. Über Jahre hinweg hat er mit Mutters Worten Luftschlösser gebaut. Das tut mir leid. Mehr aber auch nicht.

Am Tag nach unserer Ankunft in Izmir fährt Mutter noch mit uns in die Innenstadt, um dort einzukaufen. Dann ist sie erneut verschwunden – ohne ein Wort des Abschieds, ohne eine Erklärung. Sie läßt uns einfach bei Oma in der fremden Stadt allein. Wie wir damit fertig werden, interessiert sie nicht.

Tufan wird krank und bekommt einen Ausschlag am ganzen Körper. Ich bin der Verzweiflung nahe, weil ich nicht weiß, was ich in dieser riesigen Stadt mit ihm machen soll, wo ich einen Arzt für ihn finden kann.

Aber mittlerweile verstecke ich mich nicht mehr hinter Omas Rockzipfel. Nach wie vor liebe ich sie sehr, aber so eng wie früher ist unsere Verbindung nicht mehr. Und ich bin stolz auf meine Selbständigkeit. Also laufe ich einfach mit Tufan los, bis wir das Schild einer Praxis entdecken. Der Arzt gibt ihm eine Spritze. Später erfahre ich, daß er ein Tierarzt ist.

Nach der Spritze läßt uns der Arzt eine halbe Stunde im Wartezimmer sitzen. Der Ausschlag bessert sich, dafür spürt Tufan seine Beine nicht mehr. Er kann nicht stehen, geschweige denn laufen. Notgedrungen muß ich meinen Bruder auf dem Rücken nach Hause tragen.

»Was ist mit dem Jungen?« fragt mich ein Mann unterwegs.
»Er ist krank.«
»Kann ich helfen?«
»Nein.«

Er schenkt uns eine Buskarte, erklärt, wie wir fahren sollen, um bei Oma anzukommen.

Als Mutter ging, versprach sie Oma, in zwei, drei Tagen zurück zu sein. Jetzt sind schon zwei Wochen daraus geworden. Manchmal träume ich davon, die Kinder zu entführen und irgendwo in der Türkei ein neues Leben aufzubauen – natürlich mit Oma, und natürlich ohne Mutter.

»Wo warst du?« bestürmen wir sie, als sie nach über sechs Wochen endlich wieder auftaucht.
»Das geht euch überhaupt nichts an. Ich war arbeiten.«

Schuldgefühle – für sie ist das ein Fremdwort. Im Gegenteil, sie tobt. Alles haben wir falsch gemacht, alle sind wir zu blöd, um etwas richtig zu machen. So überspielt sie ihr schlechtes Gewissen.

Wäre sie doch gar nicht erst wiedergekommen, wünsche ich mir insgeheim.

»Ich will nicht nach Ankara, ich will in Izmir wohnen«, eröffnet sie Papa am Telefon. Mir ist sofort klar, warum. Der kurdische Stadtteil von Ankara, in dem unser Haus steht, ist streng konservativ. Dort hätte sie ihr freizügiges Leben nicht so offen führen können. Genausowenig wie in Omas Viertel in Izmir. Auch hier lebt man konservativ, wie in den Dörfern Anatoliens.

Deshalb mietet Mutter eine Wohnung in der eher europäisch anmutenden Innenstadt. Eine Spedition bringt die Möbel aus Deutschland.

Das ist wieder einmal eine Aktion, die typisch für Mutter ist, denke ich. Rechnet man den Transport dazu, hätte sie hier die gesamte Einrichtung über ein Drittel billiger bekommen. In gleicher Qualität. Aber nein, die Möbel müssen aus Deutschland sein. Dieses Imponiergehabe finde ich einfach schrecklich.

Die Wohnung ist schließlich eingerichtet, und wir ziehen um.

Izmir

Mir verschlägt es immer wieder den Atem, wenn ich aus Omas kleinbürgerlicher Vorstadtatmosphäre nur wenige Busstationen weiter ins Zentrum der kleinasiatischen Metropole Izmir gelange. Es ist, als wenn man einen Korken aus einer Champagnerflasche knallen läßt. Hier flaniert die moderne Türkei, hier pulsiert europäisches Leben wie in jeder anderen italienischen, spanischen, französischen oder deutschen Großstadt auch. Vielleicht noch schneller, noch heißblütiger, noch intensiver, noch freier. Moderne Geschäfte, neueste Mode, elegante Männer, Frauen, die ihre Reize offen zur Schau stellen. Eda und ich tauchen ein, genießen die Wunder dieser neuen Welt in vollen Zügen.

Doch erst einmal brauchen wir andere Kleider. Nicht ein einziges Stück paßt hierher. Dabei haben wir alles aus Deutschland mitgebracht, das in der Türkei als das Land des Fortschritts schlechthin gilt. Hier aber wirken wir mit diesen braven Kleidchen wie altbackene Landpomeranzen. Dabei gelten sie in der Siedlung – dem türkischen Dorf in Deutschland – fast schon als gewagt. Mutter ist erstaunlich großzügig. Wir dürfen uns kaufen, was wir wollen.

Und sie gibt uns alle Freiheit, vielleicht, weil sie das gleiche von uns erwartet. Wir machen uns schick, gehen aus. Sitzen in chromblitzenden Cafés, streunen durch Einkaufsstraßen, den Basar. Wir flirten, lassen uns von Männern in teure Restaurants einladen, treffen sie wieder – versprechen jedoch nichts, halten noch weniger. Ab und zu einen Kuß, mehr lassen wir nie zu. Ich jedenfalls – bei Eda bin ich mir nicht sicher.

Unsere Wohnung ist hundertfünfzig Quadratmeter groß und liegt in einem vierstöckigen Haus. Eine große Terrasse geht nach vorne raus, eine nach hinten. Nie wieder sah ich eine Wohnung, die so verbaut war wie diese. In dem riesigen Wohnzimmer steht Ahmeds Couch, er hatte Sehnsucht nach seiner Mutter und will nun bei ihr wohnen. Oma ist in dem umgebauten Hühnerstall bei Asle geblieben. Es gibt noch eine Küche und zwei winzig kleine Kammern. In der einen schläft Mutter, in der anderen wir vier Kinder. Von der vorderen Terrasse aus kann ich auf der Straße das brodelnde Großstadtleben des Südens beobachten. Geschäft neben Geschäft, Autos, Motorräder, Mopeds, Taxis, Busse, fliegende Händler.

Fast täglich bekommen wir Besuch, wie in Deutschland. Es herrscht ein Durcheinander, in dem ich mich manchmal fast nicht mehr zurechtfinde.

Mustafa besucht Mutter einige Male und übernachtet auch bei ihr. Sami nicht, er wohnt wohl zu weit weg.

Tokat

»Ich werde mit dir zu Sami fahren«, sagt Mutter eines Morgens völlig unverhofft zu mir. Ich erschrecke zu Tode.
»Aber was ist mit den Kindern?« wende ich zaghaft ein.
»Oma ist ja da, die kann hier auf sie aufpassen.«
Ich bin entsetzt, daß sie meine Geschwister allein lassen will.
Kurz darauf sitzen wir im Bus. Allmählich dämmert mir, daß ich Teil eines Plans bin. Den hat Mutter schon gefaßt, als sie mir damals Papa hinterherschickte, um zu verhindern, daß ich Hüseyin treffe. Sie wollte mich in den Augen meiner Familie herabsetzen, um später leichtes Spiel zu haben. Noch durchschaue ich es nicht ganz. Hätte ich das alles schon gewußt, mir wäre das Blut in den Adern gefroren.

Um ein Uhr nachts steigen wir am Busdepot in Tokat in ein Taxi. Das Auto setzt uns in der Nähe von Samis Wohnung ab. Spätherbst, es nieselt, es ist kalt, es ist stockdunkel – und es ist unheimlich. Die Häuser stehen weit auseinander. Straßenbeleuchtung gibt es nicht. Wir waten durch den Schlamm unbefestigter Wege. Der Wind pfeift durch die Äste, Wolken treiben am Himmel. In jedem Vorgarten kläfft ein Hund. Ich habe Angst.

Mein Gott, wo bin ich gelandet, frage ich mich, als wir durchnäßt und mit Schlamm an den Füßen vor dem Eingang von Samis Haus stehen. Sema kommt heraus und öffnet uns die Gartentür. Samis Tochter ist siebzehn, mittelgroß, hat lange schwarze Haare und eine dunkle Haut. Sie trägt einen unmöglich geblümten dunklen Rock, eine giftgrüne Bluse – und ein Kopftuch. Ich habe noch nie eines getragen.

»Hallo, da seid ihr ja. Kommt rein«, begrüßt sie uns freundlich und führt uns – vorbei am obligatorischen Vorgartenhund – in den Windfang. Wir ziehen die Schuhe aus und gehen anschließend ins Wohnzimmer. Dort ist geheizt. Der Rest des Hauses ist kalt. Auch das Bad.

»Darf ich duschen?«

»Selbstverständlich, Inci. Warte, ich mach nur schnell den Boiler an.«

Aus dem kommt dann wenigstens warmes Wasser. Eine Brause gibt es nicht – man gießt sich das Wasser mit einer Tasse über den Körper.

Sema hat mittlerweile die Betten gemacht – meins in ihrem Zimmer.

»Kommt zum Essen«, ruft sie.

»Kann ich Messer und Gabel und einen eigenen Teller haben?«

Sie stellt mir das Gewünschte hin, lacht mich aus, als ich dann sehr langsam zu essen beginne: »Inci hier ist Tokat, nicht Deutschland.«

Wie recht sie hat, denke ich.

Sie nennt Mutter *Anne* – das türkische Wort dafür (man spricht es Ahne aus). Es läßt mich kalt.

»Hikmet, mein Bruder, ist nicht da«, sagt sie entschuldigend. Höflichkeitshalber frage ich nach, wo er ist.

»Wir haben noch Kühe in einem Landhaus. Er hütet sie während der Ferien und bleibt nachts bei ihnen draußen.«

»Geht er noch zur Schule?« fahre ich mit der Konversation fort.

»Er ist einundzwanzig und lernt gerade auf dem zweiten Bildungsweg Buchhalter und Steuerberater. Morgen wird er kommen und dich begrüßen.« Sema lacht unentwegt.

»Unsere Mutter ist vor drei Monaten gestorben. Wir sind sehr traurig, Hikmet und ich.« Mehr sagt sie dazu nicht. Lacht schon wieder.

Inci, paß auf, dies ist eine aufgesetzte Fröhlichkeit, sage ich mir – und fürchte mich zugleich.

Mutter schläft bei Sami. Ich hasse die Situation, würde am liebsten noch in der gleichen Nacht fortlaufen, um mich irgendwie nach Deutschland zu Hüseyin durchzuschlagen. Aber wie? Auf ein selbständiges Leben bin ich nicht vorbereitet. Ich sehe keine Möglichkeit, habe keine Chance, mich zu wehren. Ich habe nur Angst.

Am nächsten Morgen kommt Hikmet vorbei. Er ist kaum größer als ich. Schlank, schmales Gesicht, modisch geschnittene schwarze Locken, dunkle, stechende Augen, Schnurrbart. Seine schmalen Lippen umspielt ein arrogantes Lächeln. Mutter begrüßt er freundlich, zu mir hält er Abstand.

Sema und er zeigen mir die Stadt. Viel gibt es da nicht zu sehen, unser Ausflug ist schnell beschrieben: einmal die Hauptstraße rauf, einmal runter – fertig. Anschließend suchen wir ein Café auf.

»Ich hab' überhaupt nicht vor, dich zu heiraten«, erklärt Hikmet plötzlich, ohne jeden Anlaß.

Wie kommt er dazu, so einen Satz zu sagen?

»Ich auch nicht. Ich habe keinerlei Interesse«, antworte ich.

Sema redet wenig.

Wir gehen wieder zurück zu Samis Haus. Vom Windfang aus sehen wir Mutter und Sami in einer leidenschaftlichen Umarmung.

»Wie sie sich küssen«, kichert Sema.

Sicher hat sie selbst bei der Beerdigung ihrer Mutter gekichert, denke ich. Mir wird übel, als ich Mutter in den Armen ihres Liebhabers sehe. Ich muß an die Briefe denken, an Papa, der in Deutschland schuftet, ihr vertraut, für die ganze Familie sorgt.

Nach einer Woche fahren wir nach Izmir zurück. Ich erwache aus einem Alptraum.

Hin- und hergerissen

Sema kommt zu Besuch nach Izmir. Mutter steckt mir viel Geld zu – Papa schickt ja jeden Monat genug. Wir streifen durch die Innenstadt und kaufen ihr erst einmal ein paar modische Kleider.

Wie gewagt, denke ich, die darf sie in Tokat sicher nicht einmal im eigenen Haus tragen. Spöttisch schaue ich Sema an. Völlig aufgedreht trinken wir Alkohol, essen in teuren Restaurants, flirten in Diskos, verabreden uns mit Männern, kommen nach Hause, so spät wir wollen. Mutter läßt uns jede Freiheit. Nach zehn Tagen begleitet sie Sema zurück nach Tokat. Tufan kränkelt anschließend – wie immer.

Meinen jüngeren Geschwistern geht es allen nicht gut. Mutter hat sie in der Schule angemeldet, doch ihre Leistungen sind indiskutabel. Sie leiden unter den ungeordneten Verhältnissen und vermissen eine wirkliche Mutter.

Auch Ahmed durchschaut mittlerweile Mutters Spiel. Er hängt sehr an ihr, will ihr Doppelleben bis zuletzt nicht wahrhaben, schluckt alle ihre Ausreden. Jetzt ist er sehr unglücklich und enttäuscht, weint vor Wut, weil er ihr Verhalten nicht akzeptiert. Dabei sehnt er sich nach ihrer Liebe, ihrer Zärtlichkeit.

Oma kommt immer wieder, hilft im Haushalt, so gut sie kann. Sie kocht Tee, weckt uns, gibt uns das Gefühl, nicht völlig verlassen zu sein.

Tante Peri, die Frau meines Lieblingsonkels Cem, reist einmal aus Ankara an, um uns zu besuchen. Mit fünfunddreißig steht sie in der Blüte ihrer Jahre. Sie ist eine bildschöne Frau: groß, schlank, und hat geradezu eine Traumfigur, lange helle Haare, grüne Augen. Wir gehen zusammen in die Innenstadt und flirten mit zwei Männern, die uns gefallen. Sie sprechen uns an. Peri genießt das. Wie alle Frauen in meiner Verwandtschaft – und in fast allen Familien, die ich kenne – denkt sie nicht daran, ihrem Mann treu zu sein. Treue existiert für viele in der Türkei nur auf dem Papier.

Wir verabreden uns mit Nuri und Selim, die uns in ihrem Mercedes abholen.

»Wo gehen wir hin?« fragt Peri.

»In meinen Laden«, schlägt Nuri vor.

»Geht in Ordnung«, antwortet Peri.

»Einverstanden«, stimme ich scheinbar lässig zu.

Es ist ein piekfeines Geschäft in unserer Straße, genau gegenüber von unserem Haus. Wir fahren mit dem Auto direkt in die Garage – keiner soll uns sehen.

Peri verschwindet mit Selim im Erdgeschoß, Nuri geht mit mir nach oben. Ich frage mich, warum, ahne wirklich nichts, denke, es geht um eine romantische Unterhaltung. Ich liebe Hüseyin noch immer und sehe diese Begegnung als ein weiteres Abenteuer an. Mir fehlt jedoch jede Lebenserfahrung.

Nuri gibt mir ein Glas. »Trink das.«

»Was ist das?«

»Raki.«

Ich erschrecke. So etwas Starkes habe ich noch nie getrunken.

»Prost.«

Ich will mich nicht blamieren. Ich habe ein leichtes, buntes Kleid an. Nuri küßt mich. Dann schiebt er langsam seine Hand unter mein Kleid, streichelt meine Beine, immer höher. Zum ersten Mal berührt ein Mann meinen Körper. Ich lag zwar vielen im Arm, keinem aber erlaubte ich bisher, mich anzufassen. Sobald es ernst wurde, lief ich fort.

Und jetzt Nuri. Ein ganz neues Gefühl. Ich will nicht, daß es aufhört, halte es aber immer noch für ein Spiel, denke nicht daran, daß er wirklich mit mir schlafen will. Da nimmt er meine Hand, schiebt sie sich zwischen die Beine. Ich erschrecke, spüre seine Erregung und will anfangen, mich zu wehren.

»Nuri, komm schnell her.« Selim steht in der Tür. Nuri läuft zu ihm hin, Selim flüstert ihm etwas ins Ohr. Nuri taumelt förmlich rückwärts zur Couch, läßt sich darauf fallen, zieht die Luft zischend zwischen den Zähnen ein, streicht mit beiden Händen über die Stirn, die Haare, verschränkt sie im Nacken, bleibt regungslos sitzen.

»Was ist los?« frage ich verwirrt.

»Peri hat Selim gesagt, daß du noch Jungfrau bist. Stimmt das?«

»Ja. Was glaubst du denn?«

»Damit habe ich nicht gerechnet. Du bist von Deutschland gekommen – da achtet man doch nicht so darauf.« Fassungslos schaut er mich an.

»Was ihr euch so denkt. Ich bin erzogen worden wie jedes andere türkische Mädchen auch. Ich muß als Jungfrau in die Ehe gehen. Ich dachte, wir kuscheln ein wenig – mehr nicht. Und du hast das gewollt?«

Nach geltendem türkischen Recht muß ein Mann ein minderjähriges Mädchen heiraten, wenn er es entjungfert.

Nuri schüttelt den Kopf, vergräbt sein Gesicht zwischen den Händen, atmet tief durch. Dann unterhalten wir uns ganz normal. Ich gefalle ihm. Er ist verlobt. Mit einer Frau, die er liebt. Er zeigt mir Bilder von ihr. Zugegeben, sie ist hübsch. Bis zu ihrer Hochzeit muß auch sie Jungfrau bleiben.

Da zeigt sich die ganze Verlogenheit des Hymenkults: Die Braut bleibt bis zur Hochzeit unberührt. Der Bräutigam stillt jedoch seine Lust bis zur Hochzeit mit »gebrauchten« Frauen. Mit einer, die einmal nicht stark genug war. Oder mit einer lebenslustigen Ehefrau, die ein Ventil für den Frust ihrer Zwangsehe sucht.

Wie Peri im Erdgeschoß.

Auch Mutter ist nicht etwa die nymphomane Ausnahme – sie ist das Produkt dieser Moral. Was kann man von einer Frau erwarten, die als Mädchen – kaum in der Pubertät – einen

Mann »aufgezwungen« bekommt? Fast immer ohne ein wirkliches Kennenlernen, ohne jede Vorbereitung, ohne Aufklärung, ohne Hilfe? Und ist der fast öffentliche Akt in der Hochzeitsnacht etwa keine gesellschaftlich erzwungene Defloration? Ist er etwa keine Vergewaltigung – legalisiert, erpreßt, toleriert, ignoriert?

Und die Männer?

Wie sollen sie Zärtlichkeit finden und geben, Zuwendung erfahren und teilen, die Liebe einer Frau gewinnen, die ihnen auf diesem Weg »zugewiesen« wird? Wie sollen sie den Zauber der Erotik, den tiefempfundenen Gleichklang in der Vereinigung erkennen, wenn sie nichts anderes gelernt haben, als pure Triebbefriedigung, nackte Sexualität, die sie im Ehebett nach Belieben abrufen können?

Beide – Frau und Mann – werden um ihr Leben betrogen. Warum und wem sollten sie da treu sein?

Peri ruft mich herunter. Es ist früher Morgen. Wir gehen heim.

Der Brief

»Mein Motorrad ist kaputt, ich kann die Reparatur nicht bezahlen.« Ahmed steht in der Tür und schaut uns bittend an.

»Ich muß Mutter fragen«, gebe ich ihm zu bedenken.

»Ohne Motorrad kann ich keine Briefe austragen.« Er arbeitet bei der Post. Ich gebe ihm das Geld.

Er wendet sich an Oma: »Gib ihr den Brief!«

Sie holt einen Brief aus dem Schrank. Hüseyin hat ihn vor über einem Monat geschrieben.

»Ihr gebt ihn mir erst jetzt? Warum laßt ihr mich so lange warten? Warum, sagt doch, warum?« Ich kann nicht mehr klar denken.

»Welches Spiel spielt ihr mit mir?«
Sie geben keine Antwort.

Schon vor über zwei Monaten habe ich Hüseyin an die Adresse seines Freundes in Deutschland geschrieben. Daß ich ihn immer noch liebe, daß ich auf ihn warte. Ahmed steckte ihn in den Briefkasten, versprach mir, die Antwort sofort zu geben, sollte sie eintreffen. Tag für Tag wartete ich auf einen Brief von Hüseyin, sehnte mich nach seinen Worten.

Und da lassen die beiden seinen Brief so lange liegen. Eine ohnmächtige Wut befällt mich.

»Was habt ihr euch dabei gedacht?« Ahmed hasse ich in diesem Moment. Oma werde ich nie hassen können.

Hüseyin schreibt: »Papa ist gestorben, einen Monat nachdem du gegangen bist. Aus heiterem Himmel. Krebs, der sich rasend schnell ausbreitete. Papa war bisher immer kerngesund gewesen.«

Ich fühle mich schuldig, weil ich mich an den Fluch erinnere, mit dem ich Hüseyins Mutter zum Abschied belegt habe.

»Ich bin traurig, kann nur noch an dich denken. Du fehlst mir. Meinen Führerschein mache ich gerade wieder. Wenn ich die Prüfung bestanden habe, werde ich mir eine neue Arbeit suchen. Ich verdiene etwas Geld mit Fußballspielen, habe einen neuen Verein gefunden. Ich spare alles. Wenn ich genug gespart und Arbeit gefunden habe, dann komme ich zu dir und hole dich.«

Der Plan

Es ist Winter und Mutter kommt wieder einmal von einem ihrer vielen Besuche aus Tokat zurück. Doch dieses Mal spüre ich, daß sie etwas Bestimmtes vorhat. Sie spricht mit Oma und mir und läßt die Katze aus dem Sack:
»Inci, ich will, daß du und Hikmet heiraten.«
Mutter holt ein Foto aus der Tasche, gibt es Oma.
»Inci, das ist ein Mann mit Zukunft. Er geht auf die Schule, wird einen ordentlichen Beruf haben – nimm ihn.« Oma rät mir mit großem Ernst.
»Ich will nicht! Ich heirate Hüseyin!« Tränen laufen über mein Gesicht.
Mutter greift ein, macht ihn schlecht: »Inci, er hat dich belogen. Er taugt nichts. Er wird nie kommen. Und ich werde nie erlauben, daß du ihn heiratest.«
Das ist also ihr Plan. Damit Papa nicht mißtrauisch wird, braucht sie eine Erklärung, warum sie so oft nach Tokat fährt. Wenn sie mich mit dem Sohn ihres Liebhabers verheiratet, wird er mein Schwiegervater und gehört zur Familie. Sie kann ihn besuchen, so oft sie will, schießt es mir durch den Kopf. Wie Schuppen fällt es mir von den Augen.
Wie kann ich mich dagegen noch wehren?
Ich fahre wieder mit nach Tokat.

Wir stapfen durch den knietiefen Schnee. Unter grauem Himmel ducken sich die Häuser hinter schneebedeckten Bäumen. Alles wirkt kalt und feindselig. Trotz der Wärme in Samis Wohnzimmer zittere ich am ganzen Körper wie Espenlaub.
Raki steht auf dem Tisch. Wie immer. Mutter trinkt. Wenn sie genug getrunken hat, will sie zärtlich werden, mir übers Haar streichen. Sonst wehre ich sie ab. Jetzt bin ich nur noch müde. Mürbe geworden. Es geht alles sehr schnell. Ich bin verlobt.

Vielleicht ist es das beste und ich habe endlich meine Ruhe, resigniere ich. Weder Hikmet noch ich hegen Gefühle füreinander. Wir haben bisher noch nicht einmal miteinander geredet. Über unsere Pläne, über unsere gemeinsame Zukunft, wie wir eigentlich zueinander stehen.

Ich vermisse das auch nicht sonderlich. »Dein Mann wird für die Zukunft deiner künftigen Familie sorgen.« So ist es uns jahrelang eingetrichtert worden.

Zum Glück gibt es keine große Verlobungsfeier. Hikmet hütet am nächsten Tag wieder seine zwanzig Kühe. Nebenbei arbeitet er an seinem Fernkurs für seinen künftigen Beruf als Steuerberater. Mit Sema besuche ich ihn.

Im Stall treffen wir auch Hakki, Hikmets Knecht. Er ist leicht geistig behindert. Beim Lachen zeigt er seine Zahnlücken. Er sieht unglaublich häßlich aus. »Schwester« nennt er mich. Hakki ist verheiratet, Vater eines Sohnes und einer Tochter. Hikmet schlägt ihn, wenn er etwas nicht richtig versteht oder falsch macht.

»Sag mal Inci, ißt du gern *Küspe?*« fragt Hikmet. Er sieht verschlagen aus, Hakki schaut mich mit einem ganz eigenartigen Blick an.

»Ich esse alles, was mein Gastgeber auf den Tisch bringt.« Was hätte ich auch sagen sollen? *Küspe* kenne ich nicht.

»Was, du würdest Kuhfutter essen? Mein Gott, wie unsagbar blöd du bist.« Hikmets Stimme trieft vor Hohn. Hakki zeigt seine Zahnlücken. Beide lachen sich halb tot.

Hikmets Giftpfeil trifft meinen Stolz ins Mark: Ich kann nicht richtig Türkisch, dabei bin ich Türkin und fühle mich als Türkin. Deutsch verstehe ich zwar recht gut, aber Grammatik ist für mich ein Fremdwort. Überhaupt: Wo gehöre ich eigentlich hin?

Ständig findet Hikmet einen Anlaß, mich lächerlich zu machen. Immer wieder stellt er mich vor allen Leuten bloß.

Almanci gelin, deutsche Braut, nennen mich die Einheimischen bald, als wenn ich nicht in die Türkei gehörte. Das macht mich wütend und deprimiert zugleich.

Wie ein Bienenschwarm überfallen uns Besucher aus den umliegenden Dörfern. Sie kommen mit nackten, schmutzigen Füßen, mit dreißig Jahren Dreck in den Gesichtern. Sie riechen nach Schweiß, Schmutz und Tieren. Hikmet auch. Ich muß ihre Hände küssen. Sie küssen mich ins Gesicht. Speichel läuft meine Wangen herunter. Ich ekele mich, bekomme Ausschlag. Mit allen diesen Menschen werde ich nach der Hochzeit verwandt sein.

»Du mußt bei ihnen stehenbleiben, wenn die Besucher essen und trinken. Du mußt sie bedienen. Du darfst nicht laut reden. Du darfst nicht lachen. Du darfst keinen unterbrechen. Du darfst keinem widersprechen.« Jeder fühlt sich für mein Benehmen zuständig.

Und vor allem: »Du darfst keine Hosen tragen.« Die altbackenen Kleider – knöchellange Röcke, hochgeschlossene Blusen – sind genau das richtige. Die flirrende Mode aus Izmir wird weggeschlossen. Ich fühle mich nur noch erniedrigt.

Besonders von Hikmet. Der spricht nur im Befehlston mit mir: »Bring mir Tee. Koch das Essen. Putz meine Schuhe. Zieh was anderes an.«

Für ihn, der so mit mir umspringt, soll ich mich hübsch machen? Wenn nicht, für wen dann sonst? Ich finde keine Antwort auf meine Frage. Deshalb trifft mich die »anatolische Kleiderordnung« nicht sonderlich. Und mit dem Kopftuch, das hier alle Frauen tragen müssen, habe ich sowieso keine Probleme. Wahrscheinlich bin ich eine der wenigen Frauen, die sich aus religiösen Gründen damit identifizieren kann.

»Inci hat hier im Busdepot einen Jungen kennengelernt und mit ihm geschlafen.« Mutter telefoniert mit Papa. Er muß in

Deutschland die Einwilligung für meine Hochzeit unterschreiben, weil ich erst sechzehn bin.

»Du kannst beruhigt sein, er kommt aus einer guten Familie, ist Steuerberater. Sie lieben sich sehr«, lügt sie das Blaue vom Himmel herunter.

Ich höre mit. Am liebsten würde ich schreien, daß das alles nicht stimmt. Daß Mutter mich in die Ehe mit einem Wildfremden treibt. Daß ich noch Jungfrau bin. Daß ich Hüseyin will.

Du hast gegen Mutter nicht die Spur einer Chance, Papa wird dir nicht glauben, resigniere ich. Bis heute ist er überzeugt, daß Mutters Lügen Wahrheit sind.

Ausgeliefert

Im April, kurz nach meinem siebzehnten Geburtstag, heiraten Hikmet und ich vor dem Standesamt in Tokat.

Sie kaufen mir ein weißes Satinkleid mit langen Ärmeln und einem perlenbesetzten Dekolleté. Es ist das häßlichste Kleid, das ich je getragen habe. Während der Zeremonie trete ich Hikmet auf den Fuß und sage: »Die Frau führt den Haushalt.« Dies ist ein alter türkischer Brauch – wer schneller mit dem Treten ist, hat das Sagen.

»Was soll der Quatsch?« Hikmet stößt heftig gegen mein Schienbein. Nicht einmal den kleinsten Scherz gönnt er mir. Er läßt alle meine Träume zu Seifenblasen werden. Ich werde rot und schäme mich.

Eine Enttäuschung folgt der anderen. Allmählich durchschaue ich, mit was für einem Typ Mann ich es da zu tun habe. Gut, wir lieben uns nicht. Das akzeptiere ich. Aber Respekt erwarte ich.

Warum ich mich damals nicht gewehrt, das alles fast geduldig hingenommen habe? Wieder und wieder stelle ich mir bis heute diese Frage. Wieder und wieder finde ich nur die gleiche Antwort: Es war der Moment gekommen, auf den wir alle – meine Schwestern, meine Freundinnen und ich – jahrelang systematisch vorbereitet wurden. Die Gehirnwäsche zeitigte Erfolg.

Das Ziel der Erziehung türkischer Mädchen ist, dem Mann, der ihr zugewiesen wird, eine gute Ehefrau zu sein. Von Liebe hat keiner was gesagt.

Ist es da nicht schon eine Sünde, daß ich Hüseyin liebe und begehre, obwohl Mutter will, daß ich Hikmet heirate? Betrüge ich meinen künftigen Mann nicht schon vor der Ehe?

Ich weiß nicht mehr, was ich denken soll. Am liebsten würde ich mit einem Imam sprechen. Aber sie würden es mir niemals erlauben, allein in die Moschee zu gehen.

Jetzt geht es mir wie Yasemin, meiner Klassenkameradin, die so früh verheiratet wurde. Voller Zuversicht sprang sie in die Ehe – nur Wochen später folgte die Ernüchterung. Wie sagten wir damals? »Pech gehabt.«

Ich will kein Pech haben. Ich schwöre es mir und überlege: Ich muß es einfach akzeptieren und mich mit aller Kraft bemühen, das Beste daraus zu machen. Dann wird es mir nicht so ergehen wie Yasemin, hoffe ich wenigstens.

Und Zärtlichkeit? Zärtlichkeit zwischen Hikmet und mir? Wie kann ich zärtlich zu ihm sein? Er wird von mir bekommen, was sein Recht ist – ich werde meine Pflicht erfüllen. Er ist jetzt mein Mann, aber ich liebe ihn nicht.

Offen gestanden erwarte ich auch gar nichts. Nie war jemand zärtlich mit mir. Keiner hat mich je in den Arm genommen. Außer Omas unterkühlter Liebe habe ich nichts in dieser Richtung kennengelernt.

Einzig Hüseyin – und auch Nuri – haben in mir eine Vorahnung davon aufkommen lassen, was zwischen Mann und Frau sein kann, wenn es nicht ausschließlich um Sex geht.

Mir fällt eine alte türkische Geschichte ein: Ein betagter Wanderer kommt an einen Brunnen, an dem zwei hübsche Jungfrauen Wasser schöpfen. Beide ziehen den Eimer aus dem Brunnen.

»Junge Frau, kannst du mir einen Becher Wasser abgeben?« fragt der Greis das erste Mädchen.

»Da ist der Eimer! Hol's dir selbst, von mir bekommst du nichts«, antwortet sie schnippisch.

»Gott soll dir einen guten Mann geben, du sollst ein glückliches Leben mit ihm führen und eine gute Zukunft haben«, wünscht ihr der weißhaarige Alte.

»Komm Opa, trink aus meiner Kanne«, bietet ihm das andere Mädchen an.

»Gott soll dir einen schlechten Mann schenken«, lautet daraufhin die Antwort des Greises, nachdem er einen tiefen Schluck getrunken hatte.

»Warum wünschst du mir Schlechtes, ihr aber Gutes, obwohl sie dir kein Wasser abgegeben hat?« fragt das zweite Mädchen erschrocken.

»Ich hab' ihr einen guten Mann gewünscht, damit er sie auf den rechten Weg bringt. Für dich aber einen schlechten, damit du ihn zur Güte erziehst«, philosophiert der Weise.

An diese türkische Parabel denke ich während der Zeremonie auf dem Standesamt. Es ist mir mittlerweile klar, daß Hikmet ein schlechter Mann ist. Er behandelt mich wie eine Fremde, nicht wie seine künftige Frau.

Leben ist nur möglich, wo Hoffnung ist. Ich erlebe diesen Tag in der Hoffnung, daß ich sein hartes Herz erweichen kann.

Am Nachmittag kommt der Imam, vollzieht die religiöse Zeremonie. Einem Aberglauben zufolge sind wir mit ihm allein. Niemand darf wissen, wo und wann die Zeremonie stattfindet, sonst bringt das der Ehe Unglück. Auch müssen wir dabei still nebeneinander sitzen, die Hände ruhig auf den Knien, sonst steht uns eine schlechte Ehe bevor.

Wieder habe ich Hoffnung auf eine gute Zukunft: Ich werde mir alle Mühe geben, damit wir eine gute Familie sein können, mit Kindern, die eine bessere Kindheit und Jugend erleben dürfen als ich. Das nehme ich mir fest vor.

Später ist das Haus von Sami voller Menschen.
»Wenn ich meinen Fernkurs abgeschlossen habe, werde ich Bankleiter«, höre ich Hikmet einigen Besuchern erklären. Das stimmt mich zuversichtlich. Wenn wir wenigstens finanziell gesichert sind, können wir ja zu einer richtigen Familie zusammenwachsen, in einem eigenen Haus wohnen, unseren Kindern eine gute Ausbildung mit ins Leben geben. Ich muß nur Geduld haben, rede ich mir ein.

Entehrt

Die letzten Besucher verlassen uns, wir gehen schlafen. Sema, Hikmet und ich übernachten in einem Zimmer.
»Inci komm, ich möchte mit dir reden«, ruft mich Hikmet nach einiger Zeit. Leise gehe ich rüber an sein Bett, setze mich zu ihm.

Ich habe einen Pyjama an. Mein Mann zieht mich ins Bett.
»Hast du schon einmal Sex mit anderen Männern erlebt?«
»Bist du verrückt? Hätte ich dich dann geheiratet?«

Er fängt an, mich wie wild zu küssen. Er riecht nach Kuhstall. Den Geruch werde ich mein Leben lang in der Nase haben.

Auf einmal passiert es. Der Schock macht mich fast besinnungslos, ich bin unfähig, mich zu wehren. Plötzlich bin ich nackt. Er ist über mir, zwingt meine Beine auseinander.
»Halt Hikmet, tu's nicht.« Ein letzter, fast lautloser Hilfeschrei. Dann ist es passiert. Ich tauche in eine Woge von Schmerz. Noch heute fühle ich ihn, wenn ich nur daran zurückdenke.

»Ich mußte es einfach wissen.« Hikmet dreht sich um. Er schläft sofort ein. Ist Sema noch wach?

Ich streife den Pyjama wieder über. Mit weichen Knien wanke ich in die Küche. Besudelt, blutverschmiert, allein. Ich zittere wie im Fieber. Fast gelingt es mir nicht, eine Zigarette anzuzünden.

Er hat mich vergewaltigt, entehrt. Wir waren erst standesamtlich verheiratet. Formal war er im Recht. Nur die Tradition sagt, daß die frischgebackenen Ehepaare bis zum Ende der eigentlichen großen Hochzeitsfeier zu warten haben, die ja erst viel später ist. Gemeinsam gehen sie dann ins Schlafzimmer, vollziehen den Akt, während im Wohnzimmer die Hochzeitsgesellschaft gespannt auf das blutige Bettlaken wartet.

Ich werde nie mehr nachweisen können, daß er mein erster Mann war. Meine Gedanken rotieren im Kreis. Ich fühle mich beschmutzt, zertreten.

Allmählich steigt grenzenlose Wut in mir auf.

Er ist so primitiv, hat mir so weh getan. Und so einer nimmt mir mit Gewalt das, was ich jahrelang geschützt habe. Für diesen Mann hab' ich das alles also durchgemacht, hab' Hüseyin verloren, mich Nuri versagt.

Für diesen kurzen Moment seiner Lust, seine zynische Bemerkung – »Ich mußte es einfach wissen« –, habe ich das alles auf mich genommen. Ich bin am Boden zerstört, kann nicht einmal mehr weinen, sitze zusammengekrümmt und zitternd da, starre regungslos vor mich hin.

Er ist mein Ehemann. Ich kann mich nicht wehren. Es ist vorbei.

Am nächsten Morgen reisen wir nach Izmir ab. Wir müssen dort die erste große Hochzeitsfeier vorbereiten. Sie soll in etwa drei Monaten stattfinden – danach in Tokat die zweite. Da soll dann auch die Nacht des blutigen Lakens vollzogen werden.

Das Fest in Izmir organisieren und finanzieren wir, das in Tokat Hikmets Familie. Später erfahre ich, daß sie alle zwanzig Kühe verkauft haben, um unsere Hochzeit bezahlen zu können. Mittlerweile hat Hikmets Familie natürlich gemerkt, daß der sagenhafte Lottogewinn, mit dem meine Mutter Sami geködert hat, nur ihrer Phantasie entsprungen war.

Ich kann auf alle Feiern verzichten. Wozu dieser ganze Aufwand? Die Zeit vergeht wie in Trance. Ich bekomme gerade noch mit, daß Sema da ist, daß Oma, Mutter, die Geschwister und die Nachbarn hektisch bemüht sind, »meinen großen Tag« – wie sie sagen – zu organisieren. Was getan wird, wer es tut – ich weiß es nicht.

Ich weiß nur eins: Ich bin schwanger.

Kein Mensch hat mir bisher gesagt, daß die Regel unter extremen Streß auch mal ausbleiben kann.

Meine Gedanken wirbeln im Kreis: Wie soll ich rechtfertigen, daß ich nicht mehr Jungfrau bin?

Natürlich hat Hikmet vor dem Gesetz kein Unrecht begangen. Aber er hat gegen die Tradition verstoßen. Ganz abgesehen davon, daß er mich vergewaltigt hat.

Was mache ich, wenn Hikmet es einfach nicht zugibt? Ich habe doch in Tokat keine Chance, wenn er alles abstreitet.

Wird Sema hinter mir stehen, bestätigen, daß sie im Nachbarbett alles mitbekommen hat?

Was mache ich, wenn Hikmet zwar zugibt, mich als Jungfrau genommen zu haben, mein Blut aber nicht bemerkt haben will?

Ich telefoniere mit ihm, frage ihn, wie wir uns verhalten sollen.

»Das ist deine Sache. Sieh zu, wie du damit klarkommst.« Mehr ist ihm meine Angst nicht wert.

Die Frauen in Tokat sind erfahren. Sie wissen, wie Jungfernblut aussieht. Wenn sie das Bettuch prüfen, kann man sie nicht mit einem Schnitt in den Zeh betrügen.

Ich rufe Nuri an. Er hat keine Zeit, weil er gerade seine eigene Hochzeit vorbereitet. So ist keiner da, mit dem ich über mein Problem reden kann. Ich bin allein.

»Inci, komm doch mal her.« Meine Mutter ruft mich von der Terrasse ins Wohnzimmer. Oma sitzt neben ihr. Mir ist klar, jetzt kommt was Schlimmes. Kurz bevor sie brutal wird, klingt ihre Stimme immer ganz zärtlich und weich – ehe sie anfängt zu schreien.

Diesmal dauert es nicht lange, bis ihre Worte schrill klingen. »Hast du mit einem der Jungen hier geschlafen?«

»Nein. Immer wieder denkst du so was von mir – warum?« Ich schlage meine Augen nieder, kann sie nicht ansehen. Nie würde sie mir glauben, daß mein eigener Mann mich vergewaltigt hat, der Sohn ihres Liebhabers.

»Sag die Wahrheit, sonst wirst du uns alle blamieren. Sie werden dich zurückbringen. Wir werden alles bezahlen müssen.« Sie zetert und schreit, aber schlägt mich diesmal nicht. Oma ist ja dabei.

Ich halte es nicht mehr aus, renne auf die Terrasse. Oma folgt mir. Sie hat meine Augen gesehen, weiß, was mit mir los ist.

»Inci, als ich jung war, mit zwölf, dreizehn, war ich sehr, sehr verliebt. Er hat unter dem Baum vor unserem Haus Flöte gespielt, hat mir ein Lied gesungen. Es ging ungefähr so: ›Der Rand der Tasse ist grün. Junge Frau, ich liebe dich – ich werde sterben wegen dir.‹ Es hat mir fast das Herz zerbrochen, so tief und heftig war die Liebe in mir.«

Ich bin atemlos erstaunt. Nie hat sie so mit mir gesprochen. Schlagartig spüre ich: Sie ist der ruhende, der liebevolle Pol in meiner unmenschlichen und brutalen Welt. Wo wäre ich ohne sie?

»Eines Abends bin ich zu ihm gegangen und habe mit ihm geschlafen, war also von da an nicht mehr Jungfrau.«

Hätte ich das doch auch mit Hüseyin gemacht. Sie hätten uns verheiraten müssen. Nichts hätte mehr zwischen uns gestanden. All das hier wäre mir erspart geblieben.

»Aber er ist fortgegangen – nach Istanbul. Hat mich allein zurückgelassen.« Oma scheint Gedanken lesen zu können.

Hüseyin hätte das nie getan. Ich bin fest davon überzeugt.

»So mußte ich den alten Mann heiraten, der auch noch fast blind war.«

Ich schaue sie groß an, ahne, welches Leid sie erlebt haben muß, staune, wieviel Liebe sie trotzdem noch geben kann.

Sie kommt ganz nahe zu mir, flüstert fast: »Inci, wenn du so etwas gemacht hast, sag's mir. Es gibt Mittel und Wege. Ich regle das.«

Ich sage es ihr nicht, weil ich sie nicht enttäuschen will. Es wird also kein Ersatzhymen »eingebaut«. Und meine Angst wächst ins Unermeßliche.

Weißer Engel

Zum *kina gecesi* – dem Henna-Abend – treffen Freunde und Verwandte aus beiden Familien ein. Das Fest ist dem Polterabend in Deutschland ähnlich, aber Männer und Frauen feiern es getrennt.

Ein Zigeunerduo spielt die traditionellen Tänze auf der Terrasse hoch über Izmir. Die Braut beginnt mit einem Tanz, der ihren Abschiedsschmerz von der Mutter und der Jungfernschaft symbolisieren soll.

Ich trage ein knöchellanges blaues Kleid, ein schöner Kontrast zu dem knallroten, bunt bestickten Seidentuch, unter dem ich mein Haar verberge. Ich hätte Tränen in den Augen haben sollen – viele Mädchen weinen wirklich bei diesem Tanz, und ihre Mütter auch. Ich kann nur lachen. Um was hätte ich weinen sollen? Um meine Unschuld, die mir mein künftiger Mann bereits mit Gewalt genommen hat? Um Mutter?

Als ich das Tuch vom Kopf nehme, sehe ich, daß auch sie keine Träne um mich vergießt.

Später werden die Hände von Mutter und mir mit Henna rot eingefärbt, dann unter Stulpenhandschuhen versteckt. Die Männer feiern in einem anderen Zimmer, wobei die Hände des Bräutigams auch eingefärbt werden.

Der Morgen des Hochzeitstags beginnt für mich wie bei jeder anderen Braut auch: mit einem Besuch beim Friseur. Eine innere Unruhe steigt in mir auf. Ich ziehe das weiße Kleid an, das nur Jungfrauen tragen dürfen. Ich fühle mich beschmutzt, wie ein stinkender Mülleimer, der mit einem weißen Tuch bedeckt werden soll.

Meine Schwestern und Cousinen sind mir zum Friseur gefolgt. Es ist ein alter Salon – ich habe immer von einem hochmodernen geträumt, bei dem die Stühle aus blitzendem Chrom sind. Beschweren kann ich mich aber nicht. Bei der Organisation habe ich keinen Handgriff gemacht – ich war gelähmt, wie tot.

»Du bist die zweitschönste Braut, die ich in meinen zwanzig Berufsjahren gesehen habe.« Die Friseurin schlägt vor Entzücken die Hände zusammen, als sie mich fertig frisiert und geschmückt hat. Ich finde mich gar nicht hübsch.

»Mein Gott, warum hast du dich noch nicht vorbereitet?« Ich falle aus allen Wolken, Hikmet empfängt mich zu Hause noch im Pyjama.

»Ich gedenke meiner verstorbenen Mutter.«

Das ist ein Schlag ins Gesicht. Gezielt und gnadenlos. Meine Mutter war schon lange vor dem Tod seiner Mutter die Geliebte seines Vaters. Seit ein paar Tagen vermute ich, daß dieses Verhältnis der Grund für seine ablehnende Haltung mir gegenüber ist.

»Zieh dich an, wir gehen bald in den Hochzeitssalon«, fahre ich ihn an.

»Laß mich in Ruhe. Ich will nachdenken. Ich muß damit fertig werden, daß meine Mutter nicht dabei ist.«

»Na und! Mein Papa ist auch in Deutschland geblieben.«

In diesem Moment kommt Mutter ins Zimmer, betrachtet mich und schlägt mir ins Gesicht.

»Warum trägst du kein Brautband?«

Das Brautband entstammt einer alten türkischen Tradition. Es ist aus dem Stoff des Brautkleids geflochten und wird ins Haar gesteckt. Nach der Hochzeitsfeier schneiden sich die ledigen Mädchen davon ein Stück ab in der Hoffnung, auch bald verheiratet zu sein. In der modernen Türkei wird es nicht mehr so oft getragen. Die Friseurin wußte schlicht und einfach nicht, daß ich eines haben sollte.

Sie schlägt mich im Brautkleid, denke ich entsetzt. Ich weine aber nicht – die ganze Schminke wäre zerflossen. Aber ich verblute innerlich.

Dann fliehe ich ins Schlafzimmer, lege mein Lieblingslied auf und fange doch noch laut zu weinen an.

Später erneuere ich mein Make-up vor meinem runden Spiegel. Das hier ist doch keine Hochzeit, denke ich. Hier wird den Leuten nur etwas vorgespielt. Sie sollen vorgeführt bekommen, daß ich heirate.

Ich gehe ins Wohnzimmer. Immer mehr Besucher treffen ein. Das Telefon klingelt. Onkel Halil nimmt ab. Es ist Papa.

»Du mußt sie sehen. Ein weißer Engel steht vor mir«, schwärmt er ihm vor. »Es hat ihm die Sprache verschlagen«, zwinkert er mir zu.

Ich wünsche mir, Papa wäre hier.

Endlich zieht Hikmet sich an. Aber er kämmt sich nicht einmal richtig die Haare. Ahmed schlingt mir den roten Gürtel um die Taille, wie es ein alter Brauch befiehlt. Mutter denkt an alles.

Aber sie tut es nicht meinetwegen – es ist für die Leute. Sie sollen sehen, daß wir die Tradition wahren. In mir kocht Haß.

»Kopf hoch, mein kleiner Hennavogel. Bleib stark.« Ahmed macht mir Mut.

Wir gehen los. Der Hochzeitssalon ist nur etwa hundert Meter von uns entfernt in der gleichen Straße. Auf dem Weg dahin besuchen wir noch Kasim, den Fotografen, den ich früher oft auf einen Tee oder Kaffee besucht habe.

»Sei tapfer, Inci.« Kasim scheint außer Ahmed der einzige zu sein, der mitbekommt, wie es mir geht.

Die nahen Verwandten versammeln sich mit Hikmet und mir in einem Nebenraum, wir warten, bis alle Gäste im Salon angekommen sind.

Aus heiterem Himmel geht Mutter plötzlich auf mich los: »Was bist du nur für eine Tochter, ich hasse dich, du Hure, du Schlampe.« Sie belegt mich mit allen denkbaren Schimpfworten.

Hikmet und Sema stimmen in ihre Tirade ein.

Hikmet packt brutal meinen Arm: »Du bist meine Frau. Du hast mir zu gehorchen. Wenn ich sage ›Halt den Mund‹, dann hast du zu schweigen.«

Wir gehen in den Salon. Eine ohnmächtige Wut steigt in mir hoch. Im Saal – groß genug für zwei- bis dreihundert Menschen – verlieren sich gerade mal fünfzig Gäste.

Trotz allem wird es eine Feier, auf der Außenstehende nichts von dem schwelenden Hintergrund merken. Eine Kapelle spielt die traditionellen Melodien. Alle tanzen, sind fröhlich. Die Männer trinken, bis sie beim Tanzen umfallen. Die Fassade steht perfekt – keiner schaut dahinter.

Alle Gäste beschenken uns großzügig. Zum Schluß schmükken über dreißig Goldreifen meinen Arm – ich kann ihn fast nicht mehr heben.

Irgendwann sehe ich Nuri. Er ist betrunken. Selim steht an

seiner Seite. Nuri schaut mich pausenlos an. Mit einem Blick, der mir das Herz stehenläßt. Er schüttelt wieder und wieder den Kopf.

Da erst wird mir bewußt, wieviel Gefühl im Spiel ist. Bei ihm und bei mir. Hätten wir uns früher getroffen, hätte es vielleicht zwischen uns etwas werden können. So hatte es noch nicht einmal einen Anfang – und auch kein Ende. Für uns beide ist es zu spät. Er gehört einer anderen, wie ich einem anderen gehöre.

Das Fest ist zu Ende. Die unverheirateten Mädchen schneiden sich ein Stück vom Brautband ab, das Mutter noch besorgt hat. Sie wollen natürlich auch heiraten.

Meine Augen sind den ganzen Tag voller Tränen. Mutter setzt mich ständig unter Druck. Hinter ihr steht Sami. Irgend etwas ist im Gange – ich weiß nicht, was es ist.

Wir nehmen noch einen Abschiedstrunk in einem Lokal. Dann gehen wir heim. Eine Nachbarin ruft mich in ihre Wohnung. Ich soll bei ihr übernachten. Es bringt Unglück, wenn ich in dieser Nacht noch bei den Eltern schlafe.

Sema bleibt bei mir. So eine ruhige Nacht hatte ich schon lange nicht mehr.

Am nächsten Morgen reisen wir ab. Nuri steht vor seiner Ladentür. Sein Blick ist so traurig, daß ich weinen möchte. Verstohlen winken wir uns Lebewohl.

Verbannt

In zwei Autos fährt die Hochzeitsgesellschaft zwölf Stunden lang Richtung Osten. Es sind alles Verwandte von Hikmet, die sich die Feier in Izmir nicht entgehen lassen wollten – nur Oma ist aus meiner Familie dabei. Wir übernachten in Samis Haus.

Am nächsten Morgen die gleiche Prozedur wie schon in Izmir: Friseur, Hochzeitssalon, nur unglaublich mehr Leute.

Hikmet entstammt wirklich einer großen Familie. Alle wollen dabeisein. Sie kommen in Samt und Seide, in feinsten Anzügen oder schönen Kleidern. Hände sind zu küssen, spitze Münder platzen schmatzend auf Wangen. Geschenke und Geld prasseln über uns herein. Ich bin allein – trotz Oma.

Wir werden fotografiert. Oma setzt sich ganz stolz nach vorne.

Marsallah wünschen mir alle – es ist das Wort, das gegen den bösen Blick schützt. Viele hängen mir dabei das blaue Auge um, den Talisman, der den gleichen Zweck erfüllen soll.

Wieder verbirgt die Maske die Realität. Vor ihr herrscht Ordnung, jeder hat seine Aufgabe. Die Familien sitzen zusammen – Männer, Frauen, Kinder. Die Frauen tratschen unentwegt. Die Kapelle spielt. Alle tanzen. Die Männer trinken.

Eigentlich ist es eine wunderschöne Hochzeit – leider ist es meine. Ich lache bitter in mich hinein. Hikmet und ich sitzen nebeneinander. Wir sind stumm wie Puppen und reden kein Wort.

Es sind nur Verwandte von Hikmet da, keine Freunde, fällt mir unvermittelt auf. Nur ein einziges Mal hat er mir bisher jemanden als »Freund« vorgestellt. Einen Soldaten, der nicht in Tokat lebt. Seinen Namen habe ich vergessen.

So sieht nun die Erfüllung meiner Träume aus. Aber es ist das Schicksal Tausender türkischer Frauen, die sich Jahr für Jahr in in das ergeben, was ihre Familien beschließen. Meine Eltern haben mich zu der Heirat gezwungen – ich habe mich der Tradition ergeben. Was anderes hätte ich tun können? Was nützt hier in Anatolien die Freiheit, die in den Straßen der modernen türkischen Metropolen pulsiert? Aber selbst dort ist es eine scheinbare Freiheit. Müssen sich nicht selbst Nuri und seine Verlobte dieser gnadenlosen Tradition beugen? Dort, wo fern dieser Moral Ehefrauen das Abenteuer suchen und ohne zu zögern fremdgehen?

Ich gebe auf: Meine Neugier habe ich verloren, meine Träume vergessen. Wie unendlich leer liegt mein Leben vor mir. Es ist aus. Es ist vorbei. Ich fühle nichts mehr – absolut nichts.

Rote Seide

Wir fahren heim. Wir, das sind alle, die mit gefeiert haben. Eine ellenlange Autoschlange fährt hupend vom Hochzeitssalon quer durch Tokat bis zu Samis Haus. Anschließend versammeln sich die Gäste vor dem Eingang zum Garten. Sie wollen sehen, wie ich die Rituale bestehe, die hier in diesem Haus auf mich warten.

Auf dem Gartenweg steht eine Tasse mit Wasser. Die habe ich mit dem Fuß gegen die Haustür zu treten – das Wasser soll meine Stärke ins Haus bringen. Sie ist aus Plastik, damit sie bei diesem Akt nicht zerbricht.

Ich trete mit voller Wucht zu – die Tasse zerspringt in hundert Teile. Das hat es noch nie gegeben. Ein Raunen geht durch die Besucher.

Wenigstens die Wut ist mir geblieben. Wenn ich sie nicht aussprechen darf, kann ich sie wenigstens zeigen.

Übermächtig steigt sie auch beim zweiten Ritual in mir hoch: Vor der Haustür liegen ein Hammer und ein langer Nagel. Ich nehme beides in die Hand, hole mit dem Hammer aus und treibe den Nagel mit einem einzigen Schlag bis zum Kopf in den Türrahmen.

»Wie hat sie das nur geschafft. Das ist ja unglaublich«, zischelt es. Mit offenem Mündern stehen Hikmets Verwandte staunend da.

Flöte und Trommel spielen. Wir gehen ins Haus. Nur die engsten Verwandten folgen. Die anderen tanzen vor der Tür.

Ich lasse mich in einen Sessel fallen. Überall im Raum liegen Geschenke. Ich betrachte die Gesichter meiner neuen Anverwandten. Sie sind dunkel, wirken fast verbrannt. Meine Haut ist schneeweiß.

»Ist das eine schöne Braut«, flüstern die Kinder.

Unser Zimmer ist vorbereitet. Überall stapeln sich Kissen, Decken und Kopftücher. In jahrelanger Handarbeit habe ich sie für diesen Moment gehäkelt, bestickt, genäht. Auf dem Bett liegt ein weißes Laken, darauf ein rotes Kopftuch. Es ist das besondere Tuch für diese eine Nacht: Später, nach dem Beischlaf, wird das weiße Laken darin eingewickelt und den vor der Tür des Schlafzimmers wartenden Frauen zur Begutachtung übergeben.

Jetzt pilgern sie erst am Bett vorbei, nehmen die Handarbeiten und dekorieren damit auch das Wohnzimmer.

Es sieht bunt, fröhlich und festlich aus, stelle ich völlig unbeteiligt fest. Die Prüfungen habe ich bestanden – aber es berührt mich nicht.

Vor der Schlafzimmertür steht ein Tisch mit gekochtem Huhn, Reis und Helva, einer türkischen Süßspeise als Nachtisch. Alle essen davon und gehen anschließend wieder nach draußen zu den anderen. Nur einige Frauen bleiben da. Sie bringen mich ins Schlafzimmer, müssen Hikmet förmlich hinterherschubsen.

Die Tür wird geschlossen.

Wie ein Opferlamm stehe ich vor ihm. Kopf gesenkt, weißes Kleid, Schleier. Ich darf nicht mit ihm reden, ehe er mir ein Geschenk gemacht hat. So will es die Tradition. Er zieht eine Schachtel aus der Tasche, hebt den Schleier hoch, hängt mir wortlos eine goldene Kette um den Hals.

»Das war ein harter Tag. Ich bin sehr müde und werde jetzt schlafen gehen.« Hikmet dreht sich einfach um, läßt mich stehen, zieht sich aus, legt sich ins Bett und schläft sofort ein.

Das ist zu brutal, denke ich schockiert, bringe aber kein Wort heraus und verharre für einige Minuten in einer Art Erstarrung.

Was tue ich jetzt? Draußen warten die Frauen. Was kann ich

machen? Ich versuche einfach alles von mir Geforderte zu vergessen, ziehe mich aus, streife das weiße Seidennachthemd über.

Das hätte er tun müssen, schießt es mir durch den Kopf. Gern würde ich noch duschen. Ich kann aber nicht ins Bad, weil ich dann an den Frauen vorbeimüßte. Müde, fertig und völlig am Ende lege ich mich ins Bett und schlafe ein.

»Inci, wo bleibst du? Deine Mutter hat angerufen. Sie will wissen, was los ist. Wann bekommen wir das Tuch?« Die Frauen an der Tür trommeln mich nach etwa einer Stunde in die Realität zurück.

»Hikmet, wach auf – die Frauen.« Er reagiert nicht. In Panik laufe ich im Zimmer hin und her. Was mache ich jetzt? Was nur? Verzweifelt suche ich nach einem Messer, einer Schere. In einer Schublade finde ich schließlich einen Beutel mit Nähzeug, darin eine kleine Schere.

Wenn ich so nah wie möglich an der Scheide zusteche, dann sieht es vielleicht wie Jungfernblut aus, hoffe ich. Ich setze die Schere ganz weit oben am Schenkel an. Blut quillt hervor, tropft auf das weiße Laken. Ich wickle es in das rote Kopftuch, öffne die Tür einen Spalt und werfe es hinaus.

Den Hyänen zum Fraß, denke ich verbittert.

Es nützt nichts. Sie merken es.

»Ich habe ihnen erzählt, daß ich mitbekommen habe, wie mein Bruder dich in der ersten Nacht vergewaltigt hat. Ich denke, sie haben's geglaubt«, sagt mir Sema später.

Jubel klingt auf. Ich weiß: Die Frauen haben mein Blut präsentiert. Die Musik spielt lauter. Sie tanzen weiter vor dem Haus bis in den Morgen.

Ich habe Schmerzen. Mein Bein blutet, färbt die weiße Seide rot.

Schon als Kind träumte ich von einem weißen Schlafzimmer. Einem weißen Bett, einem weißen Schrank mit einem großen Spiegel. Ich wurde bei der Auswahl der Möbel gar nicht gefragt.

Sie haben ein häßliches, altmodisches Schlafzimmer aus Buche gekauft. Mit einem riesigen, dreiteiligen Schrank. Zwischen ihm und der Balkontür finde ich eine Nische, verkrieche mich und weine. Weine endlos, bis ich nach Stunden erschöpft einschlafe.

Gefangen

Die Ehe

Langsam holt mich die Morgendämmerung in mein neues Leben zurück. Ich bin allein. Hikmet ist fort. Wohin, weiß ich nicht. »Vor dir muß ich mich doch nicht rechtfertigen«, fährt er mich immer wieder an, wenn ich danach frage. Tatsächlich erfahre ich nur über Umwege etwas Näheres über seine Arbeit, wo er sich aufhält. Er selbst sagt kein Wort.

Für mich beginnt der Alltag – der einer devoten anatolischen Ehefrau. Ich fühle mich wie auf einem fremden Planeten, hier in Tokat bin ich eine Außenseiterin, fühle mich hineingedrängt in eine fremde Welt. Samis Familie, die ja jetzt auch meine geworden ist, und ihr Besuch aus den umliegenden Dörfern behandeln mich entsprechend.

Ich muß kochen für die Familie, für die Gäste; dabei kann ich nichts weniger als das. Vor mir liegen Zucchini, Kartoffeln, Auberginen und Bohnen. Mehr gibt es nicht. Ich stehe hilflos davor.

»Laß mal, ich übernehme das schon. Paß auf und merk dir, wie ich es mache!« Sema durchschaut meine Situation. Sie ist meine Rettung, bringt mir nach und nach das Nötigste bei. Aber Interesse fürs Kochen kann auch sie nicht in mir wecken.

Egal, was ich anfange, alle kritisieren mich: »Ist das alles, was du im Haus deines Vaters gelernt hast? Schämst du dich nicht? Was seid ihr nur für eine Familie?«

Täglich bekomme ich das zu hören. Mir wird klar, daß ich

tatsächlich nichts gelernt habe. Mutter hat immer nur befohlen: »Mach dies, mach jenes!« Wie es geht, hat sie mir nie gezeigt. Habe ich es nicht geschafft, hat sie es selbst in die Hand genommen. Sie hat alles versäumt, mir nichts von dem beigebracht, was ich in dem Leben benötige, in das sie mich förmlich hineingeprügelt hat. Ohne Sema wäre ich völlig hilflos. Zwei Monate lang versuche ich, mich an dieses abstumpfend eintönige Alltagsleben – kochen, putzen, zu Hause bleiben – zu gewöhnen, mich anzupassen.

Ich darf nicht einmal in den Garten. »Tante Elmas wohnt im Haus nebenan, wir sind verfeindet. Ich will nicht, daß du ihr begegnest«, gibt Sami vor.

Den Vorwand durchschaue ich schnell. In Wirklichkeit geht es um ihre drei Söhne. Sami und Hikmet haben Angst, daß sie mich vergewaltigen könnten, wenn ich allein im Garten bin. Nur bewacht von meinem Schwiegervater oder meinem Mann, darf ich vor die Tür – selten genug. Sie nehmen mich nicht einmal zum Einkaufen mit. Ich stehe unter Arrest. Ich bin eine Gefangene.

»Du weißt, wir müssen zu Mutter nach Izmir«, mahne ich Hikmet ständig. Es ist nach der Tradition unsere Pflicht. Innerhalb einer Woche nach der Hochzeit müssen wir zu Mutter kommen und ihr die Hand küssen. Hikmet ignoriert mich einfach, gibt mir nicht einmal eine Antwort. Das Laken mit meinem Jungfernblut hat übrigens Oma für sie mitgenommen. Mir geht es weder um die Tradition noch um Mutter, ich habe Sehnsucht nach meinen Geschwistern.

»Bist du schon schwanger?« Zwei Monate geben sie mir, dann verfolgt mich diese Frage Tag und Nacht. Sofort nach der Hochzeit schwanger zu werden, ist Pflicht einer türkischen Frau. Es klappt nicht. Ich habe Blutungen und Schmerzen. Die Blutungen dauern drei Wochen. Dann habe ich eine Woche nur Schmerzen, ehe es wieder zu bluten anfängt.

»Was bist du denn für eine? Was habe ich da abbekommen?« Hikmet nörgelt ständig an mir herum. Ob ich blute, ob ich Schmerzen habe, interessiert ihn überhaupt nicht. Wann immer er will, nimmt er in Anspruch, was sein Recht und meine Pflicht ist. So, wie man es ihm und mir das ganze bisherige Leben lang eingeschärft hat. Nur seine Begierde zählt. Meine Qualen gelten nicht.

Es dauert fast drei Monate, ehe Sami zu Mutter nach Izmir fährt und mich mitnimmt. Aus den Gesprächen mir ihr kann ich entnehmen, daß er sich nach gebrauchten Autos umsehen will; er und Hikmet beabsichtigen, in Tokat einen Autohandel mit angeschlossener Reparaturwerkstatt zu eröffnen.

Für Mutter ist es natürlich wichtig, wieder einmal mit ihrem Liebhaber zusammenzusein. Aber ich merke an ihrem Verhalten, daß die beiden noch etwas ganz anderes aushecken.

Sami geht früh am Morgen in die Innenstadt, Eda und ich brechen auch kurze Zeit später auf, um einen Einkaufsbummel zu machen. Wie in alten Zeiten. Ich aber habe Angst. Warum weiß ich nicht. Ich fühle mich wie eine geprügelte Katze, die in jeder Ecke Deckung sucht. Mit Kopftuch und dem bodenlangen geblümten Rock bin ich das Sinnbild türkischer Ehefrauen. Nuri dürfte ich nicht einmal grüßen, falls ich ihn sähe. Immerhin schaffe ich es, mit Eda beim Fotografen vorbeizugehen.

Nach zwei Tagen fahren wir wieder heim.

Eine Woche später trifft Mutter in Tokat ein und läßt die Katze aus dem Sack: »Sami und ich wollen, daß Bülent und Sema heiraten.«

Sema hat keine Chance, sich zu wehren. Sie wird nicht einmal gefragt, ob sie will oder nicht. Um Gefühle geht es nicht. Ruckzuck kommt Bülent aus Deutschland nach Tokat angereist.

Innerhalb von drei Tagen sind sie verlobt, in einer Woche schon soll die standesamtliche Trauung sein.

Gefühllos

»Ich bin verliebt.« Verlegen druckst Sema herum.
 Zu Tode erschrocken stoße ich hervor: »Du lieber Gott, in wen denn?«
 »In Mehmet.«
 »In welchen Mehmet? Kenne ich den?«
 »Nein. Er arbeitet in der Autowerkstatt in Tokat.«
 »Was weißt du noch?«
 »Er ist verheiratet, hat zwei Kinder.«
 »Na prima! Besser kannst du es ja nicht treffen. Du spinnst!«
 »Ich weiß.«
 »Und du heiratest noch in dieser Woche.«
 »Ich weiß.«
 »Was war bis jetzt, bist du noch Jungfrau?«
 »Ja. Bisher passierte nichts Schlimmes. Wir hatten kaum Zeit und Gelegenheit für ein Treffen gefunden. Wir haben uns ab und zu mal heimlich gesehen, uns geküßt – mehr nicht.«
 »Darüber kannst du ja heilfroh sein.«
 »Jetzt fang nicht an, mich zu verspotten.«
 »Tut mir leid, das wollte ich nicht.«
 Schweigen.
 »Inci, ich hab' nur noch heute die Möglichkeit, ihn vor der Hochzeit noch einmal zu sehen.«
 Blitzartig wird mir klar, was Sema vorhat. Sami, Bülent und Hikmet sind fort. Sie werden wegen ihrer Autogeschäfte auch am Abend nicht nach Hause kommen, sondern über Nacht wegbleiben. Wir sind allein im Haus. Sema braucht mich als Komplizin. Mir gefriert das Blut in den Adern. Wenn wir allein mit

ihrem Liebhaber erwischt werden, ist alles denkbar. Es kann tödlich für uns enden, egal, ob Mehmet auf ihre Jungfernschaft Rücksicht genommen hat oder nicht.

»Das kannst du nicht machen, es ist viel zu gefährlich.«

»Ich muß ihn sehen. Ihm sagen, daß ich diese Hochzeit nicht will, daß ich ihn liebe, mich für ihn aufbewahrt habe, nicht für einen anderen. Es geht nur noch heute. Bitte.«

»Wann will er hiersein?«

»Um acht.«

»Dann ist es wenigstens dunkel.«

»Er kommt von hinten, nimmt den Weg durch den Wald und den Obstgarten. Bitte laß ihn rein. Er muß durch dein Zimmer.«

»Hallo«, grüßt Mehmet freundlich, eine Flasche Wein unter dem Arm. Er ist ein stattlicher Mann, einsneunzig groß, schlank, schwarze Haare, Schnurrbart, scharf geschnittene Nase, markantes Gesicht. Jetzt steht er in meinem Zimmer, fragt mit blitzenden Augen: »Wo ist sie?«

»Im Wohnzimmer.« Ich zittere vor Angst, bemühe mich, ihn nichts merken zu lassen, nicht verlegen zu wirken und öffne ihm die Tür. Anschließend lege ich mich ins Bett, döse vor mich hin, bin aber im Grunde hellwach. Eine Stunde vergeht, vielleicht eineinhalb.

»Psst! Sie verträgt keinen Wein. Sie ist eingeschlafen.« Mehmet steht in der offenen Tür. Ich erschrecke mich zu Tode.

»Du bist eine wunderschöne Frau.« Mehmet kommt näher und legt sich zu mir ins Bett. Ich muß seine Erregung gar nicht erst spüren. Ich weiß sofort, was mir bevorsteht.

Sema ist die jungfräuliche Braut. Die darf er nicht berühren. Mich glaubt er nehmen zu können. Weil ich schon benutzt bin, muß ich für sie herhalten, schießt es mir durch den Kopf. Daß meine Hände noch rot vom Henna meiner Hochzeit sind, daß ich immer noch eine junge Braut bin, interessiert ihn überhaupt nicht. Meine Angst mischt sich mit hilfloser Wut.

»Sema, Sema, hilf mir!« Sie hört mich nicht. Oder vielleicht doch? Ich kann nur halblaut rufen. Wenn uns die Nachbarn hören, wenn sie Mehmet in meinem Bett finden, ist es unser Ende. Ich bin sicher, daß sie mich umbringen würden.

Er hält mir den Mund zu. Ich wehre mich verzweifelt, kämpfe verbissen. Es nützt nichts. Mehmet ist ein starker Mann. Türken wissen, wie man Schmerzen zufügt. Ich habe keine Chance. Es gelingt ihm, mich auszuziehen. Er liegt über mir, nimmt mich hart und brutal. Meine Schmerzen mischen sich in seiner Begierde, mein Blut in seiner Erregung.

Es ist vorbei. Er steht wortlos auf, zieht sich an, verschwindet zwischen den Bäumen im Obstgarten ins Dunkel der Nacht.

Zitternd am ganzen Körper, schleppe ich mich ins Badezimmer. Ich habe nicht mehr die Kraft, den Badeofen anzuzünden, stelle mich einfach so unter die Dusche – blutverschmiert, besudelt von seiner Gier, die roten Flecken seiner Gewalt überall an den Armen.

Jetzt ist alles aus, denke ich. Ich habe mit einem anderen Mann geschlafen. Jetzt bin ich wie Mutter – eine Nutte. Eiskalt prasselt das Wasser auf meinen mißbrauchten Körper. Hätte ich das verhindern können? Habe ich mich nicht genug gewehrt? Ich habe doch nur versucht, dem Schmerz auszuweichen, seiner Gewalt.

Ich trockne mich ab, die Blutungen sind stärker geworden, ich habe unsägliche Schmerzen. Badezimmer, Wohnzimmer, Schlafzimmer, Wohnzimmer, Badezimmer, Wohnzimmer, Schlafzimmer. Ziellos irre ich stundenlang durchs Haus, wie ein Vogel flattere ich umher, gefangen in seinem Käfig. Sema hört nichts, sie schläft. Oder doch nicht?

Genau genommen vergewaltigt mich Hikmet auch – und zwar jedes Mal, wenn er bei mir ist. So kann ich aber erst heute denken, im nachhinein.

In der gesamten Zeit unserer Ehe will ich nicht ein einziges Mal von mir aus mit ihm schlafen. Nie habe ich etwas davon – bestenfalls tut es nicht weh. Ich bin krank – er will es nicht wissen. Ich habe Schmerzen – er ignoriert es. Daß ich mich vor ihm ekle, zeige ich ihm nie.

Er quält mich, er erniedrigt mich, er ist mir zuwider. Aber er kann mir die Ehre nicht nehmen. Er kann meinen Körper vergewaltigen, aber nie meine Seele. Eines habe ich verstanden: Er ist Teil des Lebens, für das ich geboren und erzogen wurde.

Heiraten, Hochzeitsnacht, das ist die Bestimmung für uns Frauen – Kinder die Pflicht. Also müssen wir mit unseren Männern schlafen. Wie soll es sonst funktionieren? Wann immer Hikmet will, ich muß ihn lassen, auch wenn ich denke, »jetzt nicht schon wieder«. Ob es ihm außer purer Triebbefriedigung überhaupt etwas bedeutet, spüre ich nie. Zärtlichkeit ist ein Fremdwort. Sex ist sein Recht, und er nimmt es sich nach Belieben.

Gefühle? Ich fühle überhaupt nichts. Sex gehört eben zur Ehe dazu, es geht vorbei. Dann habe ich wenigstens Ruhe bis zum nächsten Mal. Ich konzentriere meine Wünsche auf andere Dinge. Kleider, eine saubere Wohnung, daß mein Mann einen guten Job bekommt, damit es uns bald bessergeht. Und daß wir endlich allein in eine schönere Wohnung ziehen können. Gemeinsam mit meinem Mann will ich unser Leben aufbauen, aus Samis Familie soll uns keiner mehr dreinreden. Ich freue mich auf den Moment, wo Sema mich besuchen wird und nicht wie selbstverständlich am Frühstückstisch sitzt.

Was soll ich an meinem Leben ändern wollen? Und warum? Und mit welchem Ziel? Und vor allem: wie?

Wozu soll ich an Ausbildung, Beruf, Arbeit denken, wenn jeder mir tagtäglich deutlich macht, daß ich zum Lernen sowieso zu dumm bin? Warum soll ich einen Beruf vermissen, da ich niemals im Leben würde arbeiten müssen, weil mein Mann ja für mich sorgt? Wie soll ich denken, daß an diesem Leben etwas verkehrt sein könnte, in das ich hineingepreßt wurde? Wie sollte ich widersprechen, wenn ausnahmslos jeder in meinem Umfeld der Meinung ist, es sei genau so richtig und von Gott gewollt? Woher soll ich den Mut zur Rebellion nehmen, wenn selbst Oma nicht anders denkt? Wohin soll ich fliehen, wenn ich mich durch ein solches Verhalten gegen alle stelle?

Sema scheint verlegen zu sein. Bestimmt hat sie die Vergewaltigung mitbekommen. Aber sicher ist es ihr egal. Hauptsache, sie ist Jungfrau geblieben, denke ich.

Am Abend kommen Sami, Bülent und Hikmet heim. Mit keinem Wort erwähnen sie, warum sie unterwegs waren. Hikmet will sofort Sex. Zum Glück kann ich im Schlafzimmer das Licht ausmachen. Im Dunkeln können mich die mittlerweile blauen Flecken an meinen Armen nicht verraten.

»Hikmet, ich kann nicht. Ich blute zu sehr, ich hab' furchtbare Schmerzen – so geht es nicht weiter.« Zum ersten Mal verweigere ich mich. Ich habe nach dem Sex immer Blutungen. Nach dem Erlebnis der letzten Nacht sind sie besonders stark.

»Ja, ja, ja«, brummt er mürrisch, läßt von mir ab.

Meine Schmerzen lassen ihn kalt. Wahrscheinlich stört ihn das Blut. Und er ist sauer, weil er jetzt Geld für mich ausgeben muß, wenn wir zum Arzt gehen. Nur wenige Menschen in der Türkei sind krankenversichert. Wir gehören nicht dazu. Ich weiß, daß Hikmet zuallererst ans Geld denkt und dann erst an mich. Ich spüre seine Gefühlskälte.

Drei Tage später heiraten Sema und Bülent vor dem Standesamt. Danach fliegt Bülent nach Deutschland zurück. Er wird erst zur großen Hochzeitsfeier wiederkommen.

Es dauert noch ein halbes Jahr, ehe Hikmet nicht mehr umhinkommt, mit mir ins Krankenhaus zu gehen. Ich bin abgemagert, blaß. Es geht mir von Tag zu Tag schlechter, kaum daß ich noch etwas esse, und wenn, kann ich es nur selten bei mir behalten.

Aber meine Gesundheit interessiert weder Hikmet noch sonst jemanden. Ob ich krank oder müde bin, ist egal. Alles dreht sich einzig und allein darum, ob ich schwanger werde oder nicht.

»Der Baum, der keine Früchte trägt, wird gefällt«, zischeln die Frauen. Immer häufiger kommen sie zu Besuch, behandeln mich wie den letzten Dreck – auch wegen Mutter. Der Geliebten Samis schlägt nichts als Verachtung entgegen. Jeder in der Verwandtschaft weiß von der Liaison. Die beiden zeigen sich ja auch in aller Offenheit.

Ich fühle mich wertlos. Immer noch bin ich eingesperrt und darf keinen Schritt allein vor die Tür gehen. Selbst im Supermarkt kaufen nach wie vor nur die Männer ein. Für Sema und mich bleibt der Weg dorthin ein Tabu.

Bülent ist wieder aus Deutschland eingetroffen. In wenigen Tagen soll die richtige Hochzeitsfeier sein. Danach will das Brautpaar in die Flitterwochen fahren, nach Antalya. Die Vorbereitungen laufen auf Hochtouren. Gäste geben sich bei uns die Türklinke in die Hand, wir fahren ständig zu irgendwelchen Verwandten. Alles muß organisiert und besprochen werden. An einem Nachmittag fahre ich mit Bülent und Hikmet zu einem Besuch ins Nachbardorf. Während der Fahrt über die holprige und mit Schlaglöchern übersäte Straße bringen mich die Schmerzen fast um. Später, in dem warmen Zimmer der Verwandten mit den vielen Leuten, wird mir schlecht. Ich merke, daß ich nicht mehr kann, und breche bewußtlos zusammen.

»Was man mit dir erleben muß, ist wirklich kaum zu glauben!« Die Männer machen mir Vorwürfe, ich höre sie wie durch einen Vorhang.

»Bülent, bitte, fahr langsam«, flehe ich. Von Schlagloch zu Schlagloch wachsen die Schmerzen ins Unerträgliche.
Die Nacht werde ich nie vergessen. Die Schmerzen quälen mich, ich krümme mich, verliere ständig Blut, bin leichenblaß. Sie bringen mich nicht zum Arzt. Geld hätten sie dafür.
Ich bin ihnen weniger wert als Tomy, unsere Hündin. Als die trächtig wurde, sind sie sofort zum Tierarzt gerannt, haben ihr eine Spritze geben lassen. Aus Vorsorge, damit den ungeborenen Welpen nichts passiert.

»Ich kann nicht mehr, es geht nicht mehr. Geh mit mir zum Arzt, bitte. Es muß sein, sonst werde ich sterben – das fühle ich.« Laut weine ich am nächsten Morgen, und endlich fährt Hikmet mit mir ins Krankenhaus. Wir gehen in den Warteraum. Die Kleider schlottern um meinen Körper, so abgemagert bin ich. Dort ist es brechend voll.
Still schluchze ich vor mich hin. »Benimm dich nicht wie ein Kind«, raunzt Hikmet mich an. Reden darf ich sowieso nicht – kein Wort.
Nach langem Warten sind wir dran. Eine Krankenschwester empfängt uns. Ihre sichtlich schlechte Laune trägt sie wie eine Fahne vor sich her und herrscht mich an: »Was hast du für Probleme?« Ein Arzt ist weit und breit nicht zu sehen.
»Ich habe furchtbare Schmerzen im Unterleib, seit Tagen, Wochen. Und Blutungen.« Wieder muß ich weinen. Sie untersucht mich nicht, zieht eine Spritze auf, will sie mir verabreichen. Aber die Nadel fällt ab. Die Krankenschwester hat sie nicht richtig aufgesteckt. Der Inhalt spritzt gegen die Wand.
»Verdammt noch mal! Kannst du nicht stillhalten?« Sie schiebt mir die Schuld für ihren Fehler in die Schuhe, gibt mir aber wenigstens eine neue Spritze und schickt uns heim.
Die Schmerzen werden etwas besser, kommen aber wieder.

Ungeachtet dessen muß ich den ganzen Trubel, die Hektik, die unendlich vielen Besuche vor der Hochzeit aushalten. Keiner fragt, wie es mir geht, niemand beachtet mich, keiner kümmert sich um mich. Ich bestehe nur noch aus Minderwertigkeitsgefühlen.

Schließlich, noch vor der Hochzeit, gehen Sema und Hikmet mit mir zu einer Frauenärztin. Sie untersucht mich.

»Ihre Frau muß operiert werden. Sie hat ein faustgroßes Myom außen an der Gebärmutter«, sagt sie zu Hikmet und wendet sich an mich: »Deine Gebärmutter ist so groß wie die von einem elfjährigen Kind. Sie muß erst wachsen. Ich werde dir eine Spritze geben, damit du ein Kind haben kannst.« Mehr sagt sie nicht zu mir. Nicht, was ein Myom ist, nichts zu meiner Hauptfrage, die ich, da Hikmet danebensteht, natürlich nicht zu stellen wage: Warum habe ich immer Schmerzen beim Sex?

Natürlich spricht sich der Befund der Ärztin in Windeseile in der Verwandtschaft herum. »Die bekommt keine Kinder mehr.« Alle tratschen, mischen sich ein, treten es breit. Das Myom wird belassen. Die Operation erlaubt Hikmet nicht. Dafür bekomme ich täglich Spritzen von einer Nachbarin.

Schwanger

Oma, Oma! Endlich sehe ich Oma wieder. Sie kommt drei Tage vor der Hochzeit nach Tokat. Die Feier erlebe ich wie in Trance, sie geht völlig an mir vorbei. Sema und Bülent nehmen Oma mit auf ihre einwöchige Hochzeitsreise, bringen sie wieder nach Izmir und kommen anschließend zurück nach Tokat. Bülent fliegt gleich weiter nach Deutschland. Er soll sich um die Aufenthaltserlaubnis für Sema kümmern.

Ich atme auf: Wir bekommen nicht mehr ständig Besuch.

»Wohin gehst du?« Sema will sich aus dem Haus schleichen.
»Zu Mehmet.«
»Bist du wahnsinnig?«
»Ich muß ihn sehen.«
»Wo geht ihr hin?«
»Wir sind in seinem Auto.«
»Schläfst du mit ihm?«
»Ja.«
»Und Bülent?«
»Weißt du, in den Flitterwochen war nicht viel. Er ist fast impotent.« Sie verschwindet zwischen den Bäumen. Immer öfter ist sie bei Mehmet.

Wenn sie wüßte, wie froh ich wäre, wenn ich das gleiche über Hikmet sagen könnte. Nur bräuchte ich dann keinen Ersatz. Wozu? Ich weiß nicht, was sie am Sex schön findet, warum sie sich dafür in derartige Gefahr begibt. Im Grunde genommen ist es mir aber egal. Ich habe nur furchtbare Angst um sie. Wenn sie dabei erwischt wird, könnte es schlimm für sie ausgehen.

»Ich bin schwanger.« Kurz nach Bülents Abreise erzählt Sema es jedem und jeder erzählt es weiter. Nur sie, Mehmet und ich wissen, wer wahrscheinlich der Vater dieses Kindes ist.

Tag für Tag gibt sie damit an – und alle schauen auf mich: »Sema hat's geschafft. Gleich beim ersten Mal. Und was ist mit Inci?«

Nach sechs Wochen, ich bin achtzehn Jahre alt, da verkündet mir die Frauenärztin die frohe Botschaft:

»Inci, du bist schwanger.«

Für mich ist es ein Geschenk Gottes, und ich fühle eine große Dankbarkeit. Nicht darüber, daß ich jetzt dem Frauentratsch entkommen bin. Das ist für mich in diesem Augenblick unwichtig. Ich bekomme ein Baby. Ich werde Mutter sein. Monatelang hatte ich Angst, daß mir dieses Geschenk versagt bleiben würde.

Opas Dorf

Es ist Januar. Eiskalt fegt der Wind von den umliegenden Bergen, treibt tanzende Flocken über die Straßen. Ich liebe es, durch den knietiefen Schnee zu spazieren und dann ins warme Wohnzimmer zu kommen. Der Ofen strahlt wohlige Wärme aus. Ich fühle mich geborgen. Es gibt nichts Schöneres als einen flackernden Ofen im Winter. Geheizt wird allerdings nur das eine Zimmer – in den Schlafräumen und im Bad ist es so kalt wie draußen.

Ab und zu fährt Sami mit mir in »Opas Dorf«. Opa, der Vater von Samis verstorbener Frau, ist das Oberhaupt unserer Familie, und alle Menschen in diesem Dorf sind Verwandte von ihm – und damit auch von uns. Opa empfängt mich immer mit freundlicher Aufmerksamkeit. Er interessiert sich als Mensch für mich, nicht mit der Begehrlichkeit, die ich in den Augen anderer Männer immer wieder aufblitzen sehe. Das tut gut.

Ich habe nie einen anderen Ort kennengelernt, der diesem Dorf gleicht. Im Sommer ist kein Grün zu sehen – abgesehen von drei Kastanienbäumen. Nicht ein Haus leistet sich den Luxus eines Gartens. Braune Erde so weit das Auge reicht, bis hin zu den Gipfeln der nahen Berge. Wie weiße Tupfen stehen die typisch anatolischen, meist einstöckigen Häuser dazwischen. Im Winter verschwinden sie unter einer Tarnkappe aus Schnee. Nur der Rauch aus den Kaminen verrät warme Wohnzimmer.

Die Moschee und den Friedhof – mehr hat Gott ihnen nicht gegeben, schießt es mir immer wieder durch den Kopf, wenn wir in das Dorf hineinfahren. Die Kinder lernen nichts, nur das, was ihnen die Eltern beibringen können. Die verstehen sich hauptsächlich auf Ackerbau und Viehzucht. Die Schule, untergebracht in einem kleinen Gebäude, endet nach der fünften Klasse. Möglichkeiten zur Weiterbildung gibt es nicht. In Tokat werden zwar Nähkurse für Frauen angeboten, aber die Männer aus dem

Dorf erlauben nicht, daß sie dort hingehen. Statt Ausbildung werden die Mädchen verheiratet – meist mit vierzehn, fünfzehn, spätestens, wie ich, mit sechzehn, oft mit vierzig- oder fünfzigjährigen Männern.

Da wir hier ja mit allen verwandt sind, darf ich besuchen, wen ich will – in Samis Begleitung versteht sich. Aber ich kann wenigstens wünschen, zu wem ich gern möchte. Er begleitet mich dann. Für wenige Stunden gibt mir das das Gefühl, frei zu sein. Deshalb liebe ich die Ausflüge in dieses Dorf.

Oft wasche ich die alten Frauen. Mehr als einen Eimer heißes Wasser benötige ich nicht dazu. Mit einer Tasse gieße ich es über ihre Köpfe. Das ist meine Art, Zuneigung zu zeigen. Es macht mir Spaß, anderen Menschen zu helfen. Meist entlohnen sie mich mit einem in letzter Zeit selten gehörten Wort: »Danke.«

»Da Kind! Rauch eine mit mir.« Opa hat Zigaretten gedreht, eine für mich, eine für sich. Gemeinsam genießen wir den Rauch. Kein anderer zeigt mir soviel Aufmerksamkeit wie er. Ich besuche ihn gern. Er ist ein lustiger Mann. Wir haben viel Spaß, lachen oft miteinander. Opas behagliches Wohnzimmer ist der einzige Ort, an dem ich mich ohne Sami aufhalten darf – allerdings nur dann, wenn er im Obergeschoß seine Schwester Marye besucht.

Ich bin überrascht, wie ich mich auf jede Situation einstellen kann. Bald verhalte ich mich wie die Frauen, die dort, in Anatolien, geboren wurden. In nichts unterscheide ich mich mittlerweile von ihnen, trage Kopftuch und einen Rock, der knöchellang und geblümt ist. Der schwere Stoff verbirgt die letzte Spur Weiblichkeit. Der Lebensinhalt dieser Frauen: der übliche Tratsch. Ich teile ihn. Hätte ich mich dümmer als sie gestellt, hätten sie mich unterdrückt. Hätte ich mehr Intelligenz gezeigt, hätten sie mich nicht akzeptiert. So schwimme ich mit dem Strom, passe mich an. Eine eigene Identität habe ich noch nicht gefunden.

In stillen Augenblicken denke ich oft an Deutschland. Zur Sehnsucht nach Hüseyin kommt die Erinnerung an fröhliche Stunden mit Klassenkameradinnen, wenn wir ab und zu der Eintönigkeit unseres »türkisch-deutschen Dorfs« entrinnen konnten. Immer noch träume ich davon, daß mein Geliebter mich befreit, daß wir in einem ganz normalen deutschen Wohnviertel ohne türkische Nachbarn leben.

Doch das sind Träume. Ich habe die Hoffnung verloren, daß sie eines Tages in Erfüllung gehen könnten. So bleiben mir die Stunden in diesem Dorf. Sie machen mich glücklich. Für kurze Zeit entkomme ich dem Gefängnis Tokat. Hier riecht die Luft nach Freiheit. Langsam gewöhne ich mich daran: kein Geschrei von Mutter. Sie ist weit entfernt in Izmir. Keine Gemeinheiten von Hikmet.

Die Kinder werden in den Dörfern zwar auch geschlagen, oft kommen sie mit einem blauen Auge in die Schule. Aber so willkürlich und brutal, wie ich es in Deutschland erlebt habe, geht es hier nicht zu.

Wenn sie unter sich sind, unterhalten sich die Frauen auch mal über Politik. Die einzigen Informationen erhalten wir über den staatlichen Rundfunk- und Fernsehsender. Mehr als das eine Programm kann hier nicht empfangen werden. Zeitungen gibt es im Dorf nicht. Die Männer gehen nach Tokat ins Café, um sie dort zu lesen. Den Frauen steht diese Möglichkeit nicht offen. Die älteren unter ihnen, aber auch erschreckend viele junge sind sowieso Analphabeten – wie Mutter. Sie reden zwar über ihre Wünsche, aber sie fordern sie nicht ein. So verändern sie nichts.

Langsam werde ich im Dorf akzeptiert und lerne, mich selbst in diese Rolle einzufinden.

Sema ist mittlerweile im sechsten Monat schwanger. Sie kriecht immer noch zu Mehmet ins Auto. Schließlich erhält sie ihre Aufenthaltsgenehmigung und fliegt zu ihrem Mann nach Deutschland. Hikmet und ich sind nun mit Sami allein im Haus.

Langsam merke auch ich Veränderungen in meinem Körper. Immer wieder wird mir übel, Schmerzen habe ich ständig, mal heftiger, mal schwächer. Mit allem muß ich alleine fertig werden. Kein Mensch klärt mich auf, sagt mir, was auf mich zukommen wird. Nicht ein einziges Mal während der gesamten Schwangerschaft untersucht mich ein Arzt. Ich merke nur, wie mein Bauch immer weiterwächst und habe Angst vor dem, was in mir passiert.

Plötzlich überfällt mich ein Heißhunger nach gegrillten Hähnchen, und zwar nach solchen, die es in Deutschland im Wienerwald gab. Nachts träume ich schon davon. »Bringt mir wenigstens einmal eins mit«, flehe ich die Männer an, wenn ich ihnen die Einkaufsliste gebe. »Zu teuer«, bekomme ich zu hören.

Ich bin unendlich müde und gehe früh ins Bett. Nicht nur deshalb nörgelt Hikmet ständig an mir herum. Eine gute Seite hat die Schwangerschaft allerdings: Ab dem fünften Monat habe ich im Bett vor Hikmet meine Ruhe.

Familienehre

Unter allen ist Sami noch derjenige in der Familie, mit dem ich einigermaßen auskomme. Zwar verhält auch er sich herrisch, besonders wenn andere dabei sind. So sagt er: »Halt den Mund, davon verstehst du ja sowieso nichts«, wenn ich mich einmal in ein Gespräch einmische. Aber ihm kann ich wenigstens sagen, wenn ich etwas benötige. Er bringt es mit – sogar Zigaretten. Einmal stehle ich Geld aus seinem Portemonnaie, denn ich verfüge nicht über eine einzige Lira. Statt böse zu werden, gibt er mir von diesem Zeitpunkt an ein kleines Taschengeld. So kann ich bei den fliegenden Händlern auf der Straße auch mal selbst etwas kaufen.

Wenn Sami sagt, daß wir in die Dörfer der Umgebung fahren werden, nehme ich ihn auch mal dankbar in den Arm, denn ohne ihn würde ich das Haus überhaupt nicht verlassen können. Obwohl er ja gleichzeitig mein Schwiegervater und der Liebhaber meiner Mutter ist – was ich ihm nie verzeihen werde –, herrscht zur Zeit eine Art Waffenstillstand zwischen uns.

Sein Laster: Er springt hinter den Frauen her wie ein streunender Kater. Selbst in der Familie wildert er und sorgt so für einen riesigen Eklat: Unverholen macht er sich an Sati heran, die junge Frau seines Onkels Ömer. Sie erhört ihn. Wir sind schockiert.

Mustafa, Samis Bruder, schaltet sich ein. Er ist ein lustiger Mann, nur einen Meter fünfzig groß, energisch bis in die Haarspitzen, verheiratet, fünf Kinder. Er wohnt etwa 350 Kilometer entfernt in Urfa. Mit ihm verstehe ich mich gut. Sami spricht jetzt oft mit ihm – die Situation scheint sich zu entspannen.

Unter Mustafas Leitung tagt der Familienrat mit Hikmet und den wichtigsten Verwandten aus dem Dorf. Sogar Mutter ist eigens aus Izmir angereist. Ich darf auch dabeisitzen, habe aber zu schweigen. Mustafa präsentiert die Lösung: »Ich kenne eine geschiedene Frau. Sie ist dreiunddreißig, wohnt in Erzinkan und heißt Hurie. Ihre beiden Kinder leben bei ihrem Mann. Mit ihm hat sie keinen Kontakt mehr.«

»Ihr wollt mich doch nicht etwa verheiraten, da spiele ich nicht mit.« Sami wehrt sich.

Es hilft nichts. Wir überzeugen ihn mit sanfter Gewalt von dieser Ehe. Die Pikanterie an dieser Geschichte: Auf diese Weise sorgt Mutter mit ihrer Stimme dafür, daß ihrem Liebhaber eine Frau zur Seite gestellt wird – gleichsam als »Beruhigungsmittel für den Alltagsgebrauch«. Schon am nächsten Morgen brechen wir – Mutter, Mustafa, Sami und ich – auf zu einer sechsstündigen Fahrt nach Erzinkan.

Zunächst empfängt uns in dem Ort eine mit Mustafa befreundete Familie. Ihren Namen habe ich vergessen. Mit *merhaba*, willkommen, werden wir freundlich begrüßt. Wir setzen uns zum Essen, wie es in der Türkei, wenn Gäste erwartet werden, üblich ist. Danach lassen wir uns im Kreis auf Sitzkissen im Wohnzimmer nieder. Würziger Tee macht die Runde. Der Hausherr kommt zur Sache:

»Mustafa, dein Bruder ist Witwer und möchte um Huries Hand anhalten?«

»Sehr richtig, du hast mir ja von ihr erzählt. Samis Frau ist jetzt fast drei Jahre tot. Er sollte wieder heiraten. Erzähl uns doch ein wenig von Hurie.«

»Nun, sie ist Ende Dreißig, hat ein sehr hübsches Gesicht. Ihr Mann hat sie verlassen und die beiden Kinder mitgenommen. Sie hat keinen Kontakt mehr mit ihm.«

»Wohnt sie alleine?«

»Nein, sie ist wieder bei ihrer Familie.«

Es werden noch ein paar Höflichkeitssätze ausgetauscht, dann fahren wir zu Huries Familie. Sie erwartet uns vollzählig. Da es um eine Brautwerbung geht, sind auch sämtliche Frauen dabei. Wieder sitzen wir im Kreis auf Sitzkissen im Wohnzimmer. Wieder trinken wir Tee.

Hurie hat wirklich ein hübsches Gesicht, aber gelinde gesagt eine etwas starke Figur. Genau genommen ist ihr Körper rechteckig – ohne Taille und Hüften. Und sie redet unglaublich langsam.

Nach den üblichen Höflichkeiten eröffnet Mustafa das Gespräch: »Mein Bruder Sami ist seit fast drei Jahren Witwer und würde gern wieder heiraten. Wir haben von Hurie und ihrem Schicksal gehört und fragen, ob sie ihn heiraten würde?«

»Wo wohnt Sami? Was treibt er?«, fragt ihr Vater.

Mutter sieht sich in ihrem Element und preist ihn an: »Gemeinsam mit seinem Sohn Hikmet gehört ihm eine Autohandlung mit Werkstatt in Tokat. Sie betreiben das Geschäft alleine. Hurie wird mit ihm im eigenen Haus wohnen. Es ist Vermögen vorhanden – Gold, Deutsche Mark auf deutschen Banken.« Wieder einmal lügt Mutter das Blaue vom Himmel herunter.

Sami hat sich mit der neuen Situation überhaupt noch nicht abgefunden. Ich sehe den Zweifel in seinen Augen: »Das soll meine Frau sein?« Ich habe Angst, daß er einfach aufsteht und das Haus verläßt. Doch hier geht es um die Familienehre. Da will und muß er sich fügen. Also macht er schließlich gute Miene zum bösen Spiel und gibt seinen Widerstand auf:

»Ich würde mich auch freuen, wenn wieder eine Frau an meiner Seite leben würde.«

Dann erzählen Huries Eltern: »Als unsere Tochter geboren wurde, hatten wir noch Gaslampen im Haus. Sie war ein so winziges Baby, daß wir eigens eine Leitung für eine Lampe über ihrem Bett haben legen lassen, damit wir sie besser sehen konnten.«

Da sieht man mal wieder, was aus einem Winzling werden kann, denke ich und betrachte das Rechteck gegenüber. Ich mag sie nicht, will sie auch nicht bei uns im Haus haben. Bin ich etwa eifersüchtig? Auf wen um Gottes willen? Ich kann meine Gefühle nicht verstehen.

»Lassen Sie uns und Hurie ein wenig Zeit, um das alles zu überdenken«, schlägt der Hausherr vor und lädt uns ein: »Wir könnten ja jetzt alle miteinander zu meinem Bruder in die Berge fahren, die haben dort einen Bauernhof.«

Hurra, aufs Land! Fast hätte ich völlig unpassend laut gejubelt. Seit den Streifzügen mit Sami in die Dörfer rund um Tokat liebe ich die Ruhe auf dem Land, die Freundlichkeit der Menschen gegenüber ihren Gästen. Die Aussicht, gleich in die Berge zu fahren, einen Bauernhof zu sehen, die Leute dort kennenzulernen, begeistert mich.

Wir steigen alle miteinander ins Auto. Sami hat sich hinter dem Steuer plaziert, da ich bin schwanger bin, darf ich neben ihm sitzen. Auf dem Rücksitz drängen sich zu fünft Mutter, Mustafa, Hurie und ihre Eltern.

Schon die Fahrt in die Berge übertrifft alle meine Erwartungen. Die Wiesen, Hügel und Bäume tragen das saftige Grün des Frühlings. Nirgends beleidigt tristes Tokatbraun das Auge. Je weiter wir hinauf fahren, desto frischer und klarer wird die Luft. Nach einer letzten Haarnadelkurve gelangen wir in ein Hochtal.

Wie schön, denke ich überwältigt. Nie zuvor habe ich einen so schönen Ort gesehen. Wie in dem Aquarell einer Sonntagsmalerin breitet sich ein Blumenmeer vor unseren Augen aus. Purpurrote Mohnblumen wetteifern mit dem Violett der Anemonen, dazwischen schwarzblaue Farbtupfer wilder Orchideen, Inseln unschuldig weißer Gänseblümchen, hellblauer Kornblumen. Der Ginster am Wegesrand treibt gelbe Knospen, und zwischen den Felsen an den Berghängen zeigt sich schüchtern das erste strahlende Blau des Thymians.

Unten im Tal erstreckt sich ein Wald bis auf die gegenüberliegenden Hügel. Auf einer Lichtung stehen verschiedene Häuser, es ist das Gehöft von Huries Onkel. Ziegen, Schafe, Kühe und Esel zeugen von einem soliden Wohlstand der Familie.

Merhaba. Freundlich werden wir auch hier empfangen. Die

Männer folgen dem Hausherrn in eines der Häuser, die Frauen gehen in ein anderes. Frischgebackenes Brot duftet von einem Tisch herüber. Käse, Tomaten, Oliven, Zitronen, gerade erst geschlagene Butter, alle Herrlichkeiten, die der Bauernhof hergibt, laden zum Essen ein.

Weil ich schwanger bin, behandeln mich die Frauen besonders aufmerksam. Ich darf zuschauen, wie sie Butter schlagen, Joghurt und Käse ansetzen. Alles das ist aufregend und interessant, und ich fühle mich wohl.

Aber nur für den Augenblick. Schon wieder spüre ich eine undefinierbare Unruhe in mir aufsteigen. Sie treibt mich um, seit ich in Tokat lebe. Die Leute hier auf dem Bauernhof behandeln mich unglaublich zuvorkommend. Ich genieße das, empfinde es als wunderschön. Aber es überdeckt nur die Last, die auf meiner Seele ruht. Bleiben könnte ich hier nicht, denn ich gehöre nicht hierher. Ich fühle mich wie am Ende eines Urlaubs – wenn man gleichzeitig merkt, daß die Zeit reif ist, in das eigene Heim zurückzukehren. Nur, daß ich nicht weiß, wo ich dieses »Heim« finden kann. Ich fühle mich nirgendwo zu Hause, lebe wie auf einem fremden Stern.

Am Nachmittag sagt Hurie ja. Daß sie einen Mann heiraten wird, den sie gerade erst wenige Stunden kennt, spielt für sie keine Rolle. Wir sind dazu erzogen, nicht lange zu fragen und unsere eigenen Gedanken und Wünsche hintenanzustellen. Anschließend fahren wir in Richtung Tokat zurück. Hurie und ihre Familie bleiben noch auf dem Bauernhof.

Kaum sind wir abgefahren, lamentiert Sami lautstark, sträubt sich mit Händen und Füßen: »Um Gottes willen, was soll ich denn mit der. Ich habe noch nie einen Menschen gesehen, der sich so langsam bewegt. Wenn die vor einer Treppe steht, kratzt sie sich erst mal am Kopf, fragt sich minutenlang, soll ich da raufgehen oder nicht? Mit der will ich nichts zu tun haben, geschweige denn verheiratet sein.«

Da kommt er bei Mutter an die Richtige. Voll in ihrem Element, staucht sie den Geliebten zusammen: »Was soll das Gejammer? Diese Frau ist ehrlich, anständig und stammt aus einer nicht unvermögenden Familie. So etwas hast du eigentlich überhaupt nicht verdient. Und das Alter stimmt: Sie ist achtunddreißig und du bist vierundvierzig. Was willst du denn? Zwei Sechzehnjährige? Oder besser noch drei? Du solltest dich schämen. Erst recht darüber, daß du uns überhaupt in eine solche Situation gebracht hast.«

Sami wird hinter dem Steuer ganz klein.

Ich kann es kaum fassen: Mutter schafft mit ihrer grenzenlosen Autorität jeden. Sie erreicht immer, was sie will. Insgeheim vermute ich ja, daß sie wieder einen Plan ausheckt und Sami deshalb ruhigstellen muß.

Eine Woche später zieht Hurie bei uns ein und bringt ihren gesamten Hausstand mit. Sie redet wenig und wenn, dann unendlich langsam – man versteht sie kaum. Ihre Bewegungen wirken einschläfernd auf mich.

»Wenn wir erst verheiratet sind, will ich sofort ein Kind«, erklärt sie mir.

»Nimm doch eins von deinen«, antworte ich.

»Nein, ich will ein eigenes mit Sami. So, wie es sein muß.«

Die Tradition ist wirklich tief im Denken türkischer Frauen verwurzelt: Sofort nach der Hochzeit muß ein Kind kommen.

In den ersten zwei Jahren meiner Ehe war ich verschüchtert und habe mich völlig zurückgenommen. Aber langsam beginne ich, meine Umgebung mehr zu kontrollieren. Immer noch sage ich wenig, doch wenn ich etwas sage, beginnen die Menschen in Samis Familie, mir zuzuhören. Zu Anfang nahm mich niemand ernst, aber mit der Zeit erhielt meine Meinung Gewicht. Ohne daß sie es gemerkt haben, rede ich nun im Haushalt ein Wort mit. Selbst in den Garten darf ich ab und zu alleine gehen.

Hikmet verkraftet diese Veränderung nicht. Ich glaube, er fühlt sich mir allmählich unterlegen. Ob er sein Fernstudium noch betreibt, weiß ich nicht. Ich sehe ihn nie lernen.

Mit Sami versucht er gerade den Autohandel zu eröffnen, von dem meine Mutter Huries Eltern in blühenden Farben vorschwärmte. Allerdings beschränkt sich das Unternehmen bisher darauf, daß sie den einen oder anderen PKW gebraucht kaufen, reparieren, aufpolieren und wieder verkaufen. Sami gibt die Befehle, Hikmet arbeitet.

Abends kommt Hikmet heim, will nur noch essen, schlafen. Und er mäkelt an allem rum:

»Was hast du da gekocht?«

»Warum sitzt du schief da?«

»Was suchst du jetzt im Garten?«

»Warum redest du so einen Quatsch, wenn du keine Ahnung hast?«

Ich versuche, mit ihm ein Gespräch anzufangen: »Du reparierst und verkaufst Autos. Erzähl mir doch mal, wie du das machst?«

Er fährt mir sofort über den Mund: »Warum mischst du dich ein, wenn du sowieso nichts kapierst?«

Abends, wenn im Fernsehen Nachrichten oder politische Sendungen laufen, habe ich nicht einmal das Recht zu reden.

Es ist Nachmittag. Ich liege auf dem Bett, döse vor mich hin. Völlig unerwartet spüre ich zum ersten Mal, wie sich das Baby in mir bewegt. Welch ein schönes Gefühl! Ein neues Licht ist in mein Leben gekommen. Ich wußte zwar, daß ich es irgendwann einmal bemerken würde, aber jetzt bin ich überhaupt nicht darauf vorbereitet. Viermal strampelt es ganz deutlich. Dann ist es wieder ruhig.

Ich warte und warte, bekomme auf einmal furchtbare Panik: Ist es jetzt tot? Ist es gerade gestorben? Ist es deshalb so ruhig?

Bewegungslos bleibe ich liegen, lausche atemlos in mich hinein. Mein Herz klopft zum Zerspringen. Nach unendlich langer Zeit fühle ich wieder vier, fünf ganz zaghafte Regungen. Es lebt. Gott sei Dank, es lebt! Von da an sterbe ich fast jedesmal aus Angst, es könnte tot sein, wenn es sich nicht bewegt. Es dauert Wochen, ehe ich verstanden habe, daß auch Babys im Mutterleib Ruhepausen einlegen, sogar ganz normal schlafen.

Jetzt, nachdem mein Baby für mich wahrhaftig ist, schießen mir so viele Fragen durch den Kopf. Ganz einfache, praktische Fragen – bisher habe ich sie einfach verdrängt:

»Muß man das Baby gleich baden, wenn es auf die Welt gekommen ist?«

»Wie bekommt es Luft in meinem Bauch?«

»Wovon lebt es, ich kann es ja nicht füttern?«

»Warum wird mein Bauch derart dick, wenn da nur so ein kleines Baby rauskommt?«

Von Nabelschnur und Plazenta habe ich bis dahin nichts gehört. Im Fernsehen halte ich Ausschau nach Sendungen über Schwangerschaft und Geburt – natürlich nur dann, wenn die Männer außer Haus sind. Ich entdecke nur eine einzige in den ganzen Monaten. Sie zeigen eine Geburt. Ich sehe den Kopf kommen, den Körper.

Sofort wirbeln meine Gedanken durcheinander: »Mein Gott, wie weit sich der Geburtskanal gedehnt hat. Wie soll man danach wieder Kinder empfangen?« Ich kann mir wirklich nicht vorstellen, daß sich alles wieder ganz normal zurückbilden wird.

Ich will über all das reden, habe aber niemanden. Wer in Tokat könnte mir schon helfen? Mein Mann? Ich glaube nicht, daß der auch nur einen blassen Schimmer vom Kinderkriegen hat. Sami? Er weiß bestimmt mehr, aber ihn würde ich niemals ansprechen. Und Hurie? Ich mag sie nicht. Auch sie kommt nicht in Frage.

Die Verbindung zu Oma oder zu Eda hat Sami sperren lassen.

Von unserem Telefon aus sind nur noch Ortsgespräche möglich. Sami ruft Mutter sicher von einem anderen Telefon aus an.

Jetzt bin ich wirklich allein.

Das Arrangement

Eda meldet sich: »Mutter ist seit gestern in Ankara. Weißt du, was sie in der Stadt will?«

»Nein. Aber auch Sami ist heute früh dort hingefahren.«

»Dann brüten sie sicher wieder was aus.«

»Weiß Hurie, daß sie sich treffen?«

»Was denkst du? Sie hat doch keine Ahnung, was sich zwischen den beiden abspielt.«

Vier Tage später kommt Sami nach Tokat zurück. Mit Cemil. Ich erkenne den bekannten Sportler auf den ersten Blick. Vor einiger Zeit haben wir ihn im Fernsehen gesehen.

Sami selbst hat mir damals gesagt: »Wir sind verwandt. Cemil ist ein ganz großes Tier bei der Mafia, ein Auftragskiller.«

Cemil gibt sich als Architekt aus. Ich begrüße ihn freundlich und sage nichts. Hurie kocht, ich bediene, stelle mich dumm, tue so, als sei ich an dem, was sie besprechen, völlig desinteressiert. So nehmen sie mich nicht ernst.

Cemil erläutert sein Vorhaben: »Wir werden einen großen Bauernhof bauen. Die Planung hab' ich schon fertig, als Architekt kann ich das ja. Damit haben wir einen großen Kostenfaktor vom Tisch.«

»Cemil, wie sollen wir das überhaupt finanzieren?«

»Geld spielt für mich die geringste Rolle. Schwieriger wird's mit den Mitarbeitern. Das mußt du übernehmen, Sami. Du wirst der Betriebsleiter.«

Bis in den späten Abend wälzen sie ihre Pläne.

Ich richte im Wohnzimmer auf dem Boden ein Matratzenlager für Cemil. Als erstes muß ich danach alle Gardinen zuziehen. Ich habe das Gefühl, ersticken zu müssen. Den ganzen Tag verbringe ich gezwungenermaßen in den engen Räumen – und jetzt kann ich nicht einmal mehr zu den Fenstern hinausschauen.

Beim geringsten Geräusch, das von draußen hereindringt, steht er mit gezogener Pistole hinter der Gardine. Schließlich legt er die Waffe unters Kopfkissen, besteht darauf, daß ich ihm ein Nachtlicht bringe.

»Wie lange wohnst du schon hier? Du stammst nicht aus Tokat – das hab' ich auf den ersten Blick gesehen.«

»Ich bin in Deutschland geboren, lebte als Kind im Kurdenviertel von Ankara, bin dann in Deutschland in die Schule gegangen.«

»Und was hat dich hierher verschlagen?«

»Meine Mutter hat mich mit Hikmet verheiratet.«

Zischend zieht er die Luft zwischen den Zähnen ein. Seltsamerweise habe ich überhaupt keine Angst vor ihm. Im Gegenteil, ich habe das Gefühl, wir verstehen uns gut, sprechen die gleiche Sprache, obwohl wir nur diese wenigen Sätze wechseln. Er will noch etwas sagen.

»Inci, komm her«, ruft Hikmet mich ins Schlafzimmer. Sami steht neben ihm. Sie schließen die Tür.

»Wie kannst du es wagen, mit einem Gast zu reden?« Beide sprechen gleichzeitig. Halblaut, damit man im Wohnzimmer nichts hört.

»Entschuldigt, er hat mich angesprochen«, antworte ich und denke: Ihr seid ja nur eifersüchtig, ihr traurigen Figuren. Ich stelle mit vor, wie sie reagiert hätten, wenn ich das laut gesagt hätte. Still lache ich in mich hinein.

Am Morgen fahren die drei Männer nach Tokat.

Mutter ruft aus Izmir an: »Ist der Besuch schon da?«

»Ja, Sami ist gestern Nachmittag mit Cemil angekommen.«

»Weißt du, wir haben vereinbart, daß wir Eda mit ihm verheiraten. Es wird ja langsam Zeit, daß wir einen für sie finden.«

Der Boden unter mir schwankt. Ich fühle mich wie im freien Fall. Eda ist mein Kind. Ich habe sie großgezogen. Ich habe sie gewaschen, angezogen, gefüttert, mit ihr gespielt. Und jetzt soll sie diesem Verbrecher vor die Füße geworfen werden? Ich werde fast wahnsinnig bei diesem Gedanken, denn ich fühle mich für sie verantwortlich.

»Weißt du, was du da tust? Weißt du, wer er ist? Ein Mafiakiller mit einer Akte von zwanzig Ordnern beim Staatsanwalt, mit Verbündeten bei der Polizei. Er ist einer, der mit der Pistole unter dem Kopfkissen schläft, der mordet, der betrügt, der Rauschgift schmuggelt, der vorbestraft ist. Und dem willst du Eda verkaufen, meine Schwester Eda, deine Tochter?« Nie zuvor habe ich so mit Mutter geredet. Ich bebe am ganzen Körper.

»Was erzählst du da? Das ist doch absoluter Quatsch. Wo willst du das herhaben?«

»Sami hat es mir selbst erzählt. Schon vor Wochen, als Cemil in einer Sportsendung im Fernsehen auftrat. Stell dir vor, er läuft selbst hier mit gezogener Pistole im Haus herum. Die Vorhänge müssen zugezogen sein, das Licht muß nachts brennen.«

»Du übertreibst. Ich werde das klären.«

Am frühen Nachmittag sind die drei Männer wieder da. Kaum sitzen sie am Tisch, ruft Mutter an. Sami spricht aufgeregt mit ihr, Ich merke, daß sie mich verrät.

Sami legt auf, dreht sich langsam zu mir um und fragt mit fast tonloser Stimme: »Was hast du ihr erzählt?«

Alle drei stehen auf, kommen langsam auf mich zu.

Jetzt hat meine letzte Stunde geschlagen, denke ich, stehe ebenfalls auf und bleibe kerzengerade vor ihnen stehen.

»Was hast du erzählt?« Die Adern an Samis Hals schwellen daumendick an.

»Das, was du mir selbst gesagt hast, als wir Cemil im Fernsehen gesehen haben. Daß er zwanzig Ordner beim Staatsanwalt hat, Mafiakiller ist und Menschen tötet.«

»Mußtest du das deiner Mutter weitertratschen?« zischt Cemil.

Da gehe ich einen Schritt direkt auf ihn zu, schaue ihm fest in die Augen: »Wer bist du? Soll ich dich schützen, den ich seit einem Tag kenne – oder meine Schwester?«

Totenstille. Fast wagen wir nicht zu atmen. Ich halte Cemil mit den Augen fest. Auch noch, als sie sich wieder setzen.

»Das stimmt doch alles nicht. Es ist erfunden und erlogen. Ich bin Architekt.«

Cemil fängt an sich zu rechtfertigen. Ich lasse seinen Blick nicht los. Er weiß, ich glaube ihm kein Wort. Schließlich weicht er aus, schaut zur Seite und sagt keinen Ton mehr.

Fassungslos sehen mich Sami und Hikmet an. Noch nie habe ich mich verteidigt. Daß ich jemals so hart und selbstbewußt reagieren und angreifen könnte, lag bisher außerhalb ihrer Vorstellung.

Ich aber erfahre zum ersten Mal, daß eine aufflammende Wut ungeahnte Kräfte in mir freisetzen kann – wenn auch nur für Sekunden. Natürlich zeige ich keinem, wie erschrocken ich über meinen Mut bin.

Cemil verabschiedet sich kurze Zeit später, drückt lange meine Hand und gibt mir seine Karte: »Wenn du irgend etwas brauchst, komm nach Ankara. Nenne dort meinen Namen – jeder führt dich zu mir.«

Jetzt wird sein Blick fest, zeigt so etwas wie Hochachtung. Er dreht sich um, geht hinaus, die Hand an der Pistole in der Jackentasche.

Er ist ein Horrortyp. Sami und Hikmet haben Angst vor ihm. Ich habe Cemil standgehalten – mein erster Schritt heraus aus der Bedeutungslosigkeit.

Sila

Es ist das Jahr 1989, ich bin neunzehn geworden. Im Sommer kommen die Verwandten aus den Städten, aus Deutschland und aus all den anderen Ländern, in denen Türken leben. Sie suchen Bräute für die Söhne, Söhne für die Töchter. Überall in Tokat laufen Hochzeitsvorbereitungen.

Ende August ruft Mutter aus Izmir an und sagt, sie sei schwerkrank.

»Bitte, laß uns hinfahren, ich möchte jetzt bei Mutter sein«, bitte ich Hikmet.

»Das kommt überhaupt nicht in Frage. In deinem Zustand ist es viel zu gefährlich.«

Ich fange an zu weinen. Seit ich im achten Monat bin, weine ich oft. Ich möchte so gerne meine Geschwister wiedersehen – und Izmir. Zum ersten Mal hört Hikmet mir zu, zum ersten Mal setze ich mich durch, kann ihn schließlich überzeugen: »Gut, fahren wir morgen früh.«

Nach langer Busfahrt sind wir in Izmir. Wie mir vorher schon klar war, fehlt Mutter überhaupt nichts. Sie ist nur sichtlich enttäuscht, hat Sami erwartet, nicht uns. So ist sie: Wenn sie ihren Liebhaber sehen will, schützt sie sogar eine Krankheit vor, ohne sich über das Gedanken zu machen, was sie damit auslösen kann.

In Mutters Wohnung überfällt mich plötzlich eine innere Unruhe. Schmerzen treten auf. Daß eine Schwangerschaft neun Monate dauert, weiß ich – sonst aber nichts. Die Schmerzen werden stärker. Ich lege mich hin, es ändert sich nichts. Ich sage keinem etwas – wie immer. Es kommt mir überhaupt nicht in den Sinn, daß dies schon Vorboten der Wehen sein könnten. Es ist ja viel zu früh.

»Steh auf, wir gehen in die Stadt.« Es ist Eda, die mich dazu auffordert. Sie ist fröhlich und ausgelassen, weiß ja nicht, wie mir zumute ist. Mühsam erhebe ich mich aus dem Bett und ziehe mich an.

»Du hast ja meinen Verlobten kennengelernt. Wie findest du ihn?« Meine jüngere Schwester hat sich bei mir eingehakt, tänzelt neben mir her.

»Er ist fünfunddreißig Jahre älter als du. Stört dich das nicht?«

»Überhaupt nicht. Ich finde ihn toll.«

Ich bleibe ruhig, sage nichts von Polizei und Revolver. Was hätte ich damit auch bewirkt?

Wir schlendern durch die Straßen, lassen uns fotografieren. Ich sehe Nuri vor seinem Laden, aber verheiratet und hochschwanger darf ich ihn nicht einmal anschauen.

Gegen Abend kommen wir heim und gehen gleich ins Bett. Alle schlafen schon. Ich stehe nach kurzer Zeit aber wieder auf und laufe in der Wohnung umher. Die Schmerzen kommen, gehen aber auch wieder. Nach zwei Stunden befürchte ich, daß etwas nicht stimmt.

»Hikmet, steh auf. Ich glaube, wir müssen ins Krankenhaus.« Er reagiert nicht, er hat am Abend zuviel getrunken. Ich nehme ihn an den Händen, schüttle ihn. Vergeblich.

»Ich vermute, es ist soweit. Das Baby kommt.« Mutter ist sofort wach, springt aus dem Bett und ruft ein Taxi. Sie liebt Abenteuer.

»Siebeneinhalb Monate? Für eine Risikoentbindung sind wir nicht eingerichtet.« Alle weisen mich ab. Wir fahren von Krankenhaus zu Krankenhaus. Beim letzten – es ist eine der großen Kliniken in Izmir – wenden wir fast Gewalt an, damit sie mich aufnehmen. Schließlich darf ich bleiben.

»Gut, aber bei erst siebeneinhalb Monaten Schwangerschaft können wir nicht für das Leben des Kindes garantieren.« Wie ein Keulenschlag trifft mich die Vorstellung, mein Baby könnte sterben.

»Wie oft kommen die Schmerzen?« Die Schwester in der Aufnahme ist ungeduldig.

»Sie kommen und gehen.« Ich habe keine Ahnung, daß ich die Abstände messen muß.

Sie schreit mich auch sofort an: »Kannst du das nicht richtig beschreiben? Wie sollen wir dich behandeln? Warum warst du nicht beim Arzt?«

Ich kann nicht antworten. Was wird mit mir passieren?

Endlich liege ich in einem Krankenbett. Das Zimmer müssen sich zehn Frauen teilen. Ich höre Weinen und Stöhnen, kann aber zunächst nichts weiter wahrnehmen. Zu sehr bin ich mit mir beschäftigt.

Alles, was ich für diesen Augenblick vorbereitet habe, liegt in Tokat. Ich wollte doch mein Kind dort zur Welt bringen. Jetzt bin ich hier in Izmir und habe nichts dabei. Ich mache mir Vorwürfe. Wenn die Wehen kommen, ist es am besten, ich liege völlig still. Sechs Tage quäle ich mich.

»Bleib im Bett!« schreit mich eine der Schwestern an, die nächste brüllt: »Du mußt aufstehen und herumlaufen!« Gemeinsam ist ihnen nur eines: Keine kann in einem normalen Tonfall mit den Patienten reden.

Jeden Morgen geht es zur Untersuchung. So muß es auf einem Schlachthof zugehen, denke ich. Fünfundzwanzig, dreißig hochschwangere Frauen sitzen, kauern oder stehen in dem Vorzimmer. Die Tür zum Untersuchungsraum steht weit offen. Zwei Untersuchungsstühle kann ich erkennen, die nebeneinanderstehen. Paarweise müssen wir uns hinlegen. Die nächsten beiden Frauen stehen schon in der Tür.

»Mach deine Beine richtig auseinander, ich kann ja nichts sehen!« Der Arzt schreit mich an. Ich schäme mich vor ihm und vor den vielen Frauen, die mich direkt ansehen.

Es gibt nur diesen einen Untersuchungsraum in der gesamten Klinik, dazu zwei Ärzte – zu wenig für die vielen Frauen. Aggressionen bauen sich auf. Die Folge ist Streit. Zwischen den Schwestern und den Frauen, zwischen den Frauen untereinander. Alle sind völlig überfordert. So vergeht ein Tag nach dem anderen. Ich lerne Ayla kennen, sie liegt drei Betten weiter in den Wehen. Da sie schon Mutter ist, kann sie mir wenigstens einiges erklären. Sie hat Hähnchenfleisch gekauft und bringt es mit aufs Zimmer – wir essen es gemeinsam, während sie mir von ihrer ersten Geburt erzählt.

Einmal am Tag rennt die Visite im Laufschritt durch das Zimmer.

»Wie ist ihr Name?« fragt der Chefarzt.

»Inci«, antwortet die Schwester.

»Welche Abstände zwischen den Wehen?«

»Dreißig Minuten.«

»Komplikationen?«

»Achter Monat.«

Sorgenfalten auf der Stirn des Gottes in Weiß. Sonst nichts. Weiter zum nächsten Bett: »Wie ist ihr Name?«

Am fünften Tag setzt er das Stethoskop auf den Bauch meiner Nachbarin. Für die Untersuchung braucht er ungewöhnlich lange.

»Ich höre nichts mehr. Dein Kind ist tot.« Er sagt es schonungslos. Jeder im Raum kann es hören.

Eine große Stille im Saal. Wir fühlen uns alle wie nach der Verkündung unseres eigenen Todesurteils. Meine Nachbarin weint laut. Ich verkrieche mich tief unter meine Bettdecke, lege die Hand auf meinen Bauch, spüre einer Bewegung nach, hoffe auf ein einziges winziges Zucken meines Babys. Aber neben den Schmerzen kann ich überhaupt nichts mehr fühlen.

Am nächsten Morgen werde ich zum Ultraschall gerufen. Ich gehe allein zur Untersuchung, obwohl ich mich kaum auf den Beinen halten kann.

»Dein Kind ist sieben Monate und zwei Wochen alt. Es

kommt zu früh. Bereite dich darauf vor, daß es sterben wird.«
Mit diesen dürren Worten schlagen sie mir die Diagnose um die Ohren. Schon werde ich hinausgebeten, höre, wie gesagt wird: »Die nächste, bitte.«

»Ist es ein Junge oder ein Mädchen?« Mit tränenerstickter Stimme kann ich dies gerade noch fragen.

»Das dürfen wir nicht sagen. Du mußt jetzt viel umhergehen, dann wird das Baby von selbst kommen. Du wirst es ja sehen.« Keine Aufklärung, kein Medikament, keine Spritze.

Ich schleppe mich zurück in mein Zimmer. Über drei Stunden hangle ich mich anschließend an dem Handlauf entlang, der um den Gang unserer Station verläuft.

»Mein Baby, mein Baby«, schluchze ich.

»Beruhige dich, du wirst wieder Kinder bekommen.« Ayla geht tröstend neben mir her. Dabei weint sie gleichzeitig über ihre eigene Situation. Sie weiß nicht, wie es um ihr Baby steht, da sie zehn Tage über der Zeit ist.

Die Wehen werden stärker und stärker, folgen in immer kürzeren Abständen. Wir gehen zum Kreißsaal.

»Ich muß aufs Klo«, stammle ich.

Sie erlauben es mir nicht, sondern legen mich sogleich auf den Geburtsstuhl. Es ist genau halb drei: Sila kommt auf die Welt. Ich höre erste Laute, sie putzen ihr Nase und Mund, damit sie atmen kann. Und dann der erste Schrei. Mein Kind lebt.

Ich bin müde. Fast eine Woche lang habe ich wegen der zermürbenden Schmerzen nicht geschlafen. Nur mit Mühe dringt das Glück in mein Bewußtsein.

Keine Sekunde lasse ich mein Kind aus den Augen, obwohl ich sie kaum noch offenhalten kann. Unentwegt sage ich:

»Sie dürfen Sie mir nicht wegnehmen. Sie dürfen sie bei dem Chaos, das hier herrscht, nicht verwechseln.«

Die Hebamme versorgt Silas Nabel, Krankenschwestern wickeln sie, heben mich auf mein Bett, legen mir meine Tochter zwischen die Beine. Das alles in höchster Eile. Die Nächste muß auf den Stuhl. Jetzt gilt ihr die Aufmerksamkeit der Hebammen. Sila und mich schieben sie auf die Station im zweiten Stock.

»Mein Gott, sie lebt! Ich hab' gehört, sie lebt. Herzlichen Glückwunsch!« Ayla wartet vor der Station.

»Gib mir mein Baby in meine Arme«, bitte ich sie. Und dann sehe ich Sila zum ersten Mal in die Augen, ins Gesicht, suche ihre Hände, ihre Füße, zähle jeden Finger, jede Zehe. Alle Schmerzen sind bei diesem Glücksgefühl vergessen.

Sobald wir im Zimmer sind, überfallen mich schlagartig Schmerzen – und zwar mit großer Heftigkeit. Mir wird schwindlig. Wie durch einen Schleier nehme ich die anderen Frauen wahr. Eine weint, weil ihr Kind tot ist, eine zweite, weil man ihren Säugling in die Kinderklinik gebracht hat.

Ich habe das Gefühl, daß ich noch ein zweites Kind im Bauch trage, das raus will. Gerade noch schaffe ich es auf die Toilette. Mir wird schwarz vor Augen. Ich kann nichts sehen, merke nur, daß etwas aus mir herausrutscht. Und mit einem Mal habe ich diesen großen blutigen Klumpen in der Hand.

Mein Gott, was ist das? Von einer Nachgeburt hatte ich nie etwas gehört. Meine Gedanken überschlagen sich. Ich muß zurück. Sila ist allein. Die vielen Frauen, deren Babys gestorben sind – vielleicht nehmen sie mir meins weg. Oder es wird verwechselt. Oder es fällt aus dem Bett. Ich muß zurück, gleich, sofort, ganz schnell. Überall ist Blut. Ich wasche die Hände, wanke in den Flur und breche dort zusammen.

»Warum stehst du nicht auf?« höre ich jemanden rufen.

Ich versuche zu antworten, kann aber nicht sprechen. »Irgend etwas ist runtergefallen«, kann ich gerade noch hauchen. Sie verstehen mich nicht, bringen mich ins Bett.

Sila liegt am Fußende. Die Schwestern dürfen die Kinder nicht mehr neben die Frauen legen, nachdem eine ihr Baby im

Schlaf erstickt hat. Mühsam drehe ich mich mit dem Kopf zum Fußende. Endlich kann ich sie sehen, ihren Atem spüren, ihre kleine Hand nehmen. Endlich kann ich ruhig schlafen.

»Ich will hier raus, ich will hier weg – sofort.« Hikmet und Mutter sind am nächsten Morgen da. Sila wiegt fast viereinhalb Pfund, es ist alles in Ordnung. Die leichten Atemschwierigkeiten am Anfang haben sich schnell gelegt.
Ich darf gehen. Wir fahren in die Wohnung meiner Mutter. Sie trennt mich sofort von Sila.
»Laß am besten die Finger davon, das kannst du ja sowieso nicht.« Ich darf meine Tochter gerade mal stillen. Meine Mutter versucht erst gar nicht, mir beizubringen, wie ich meine Tochter zu behandeln habe. Daran, daß ich alles alleine bewerkstelligen muß, wenn wir erst wieder in Tokat sind, scheint sie nicht einmal zu denken.
Als sie und Hikmet einmal die Wohnung verlassen, ruft Nuri an. »Herzlichen Glückwunsch!« Bis heute gratuliert er mir an jedem Muttertag. Von seinem Laden aus konnte er sehen, daß kein anderer zu Hause war als Sila und ich.

Zwei Wochen später kehren wir nach Tokat zurück. Kaum angekommen, versetzt mir Hurie einen Schlag: »Alle deine Babysachen hab' ich nach Izmir geschickt. Hast du sie nicht erhalten?«
»Das darf doch nicht wahr sein. Was mache ich jetzt?« Ich weiß nicht, ob ihre Behauptung stimmt, jedenfalls kommen sie dort nie an. Monatelange Handarbeit umsonst. Ich bin traurig. Die Männer gehen in den Supermarkt und kaufen dort das Nötigste ein.
Jetzt, da Sila den Haushalt auf Trab hält, wird es immer schwieriger für Sami, Hurie, Hikmet und mich, miteinander auszukommen. Es gibt keinen offenen Streit, vielmehr ist ein lautloser Krieg entbrannt. Jeder geht jedem auf die Nerven, nie-

mand ist mit dem anderen zufrieden. Immer deutlicher fühle ich, daß Hikmet und ich in diesem Haus unerwünscht sind.

Der Streit

Frühling 1990. Sila krabbelt mit ihren acht Monaten munter durch die Wohnung. Sie entwickelt sich prächtig und ist kerngesund. Keine Minute lasse ich sie aus den Augen. Morgens hole ich sie aus dem Bett, abends singe ich sie mit Liedern, die ich selbst erdacht habe, in den Schlaf.

»Mama ist immer bei dir«, schwöre ich ihr Tag für Tag aufs neue.

Ich blicke in den Spiegel und sehe genau das, was ich nie werden wollte: eine anatolische Hausfrau mit Kopftuch und einem langen Blümchenrock. Nun bin ich eine. Ich habe mein Kind zu erziehen, den Haushalt zu führen, die Wünsche meines Mannes zu erfüllen, den Mund zu halten, brav sitzen zu bleiben.

Und du hast immer gehofft, du würdest mehr im Leben erreichen, geht es mir durch den Kopf.

In einem aber unterscheide ich mich von den hiesigen Frauen. Bald nach der Geburt habe ich schnell meine schlanke Figur wieder. Sehr zu meinem Nachteil. Man stempelt mich als Außenseiterin ab, verleiht mir das Prädikat: »Für Tokat viel zu schön.«

»Ich will hier weg. Es geht nicht mehr. Ich halte es hier nicht länger aus. Laß uns nach Izmir ziehen.« Jede Nacht beschwöre ich meinen Mann. Endlich habe ich ihn so weit: Wir rufen Mutter an.

»Inci, gut, daß du anrufst. Komm her. Es gibt Probleme mit Eda.« Sie duldet keine Widerrede. Hikmet fährt mit Sila und mir nach Izmir. Gleich nach unserer Ankunft, sprudelt es aus Mutter heraus: »Wir waren vor einigen Wochen bei Cemil in

Ankara. Er hatte gerade wieder einen Fernsehauftritt. Danach ist er mit Eda spazierengegangen, hat sie mit nach Hause genommen. Sie haben miteinander geschlafen, und er hat bemerkt, daß sie keine Jungfrau mehr ist.«

Ich fühle, wie aus meinem Gesicht jede Farbe verschwunden ist. »Was hat er gesagt?«

»Er wollte fünf Wochen Bedenkzeit. Sie ist morgen abgelaufen.«

Am nächsten Abend erwarten wir Cemil. Wir begrüßen uns kurz und knapp.

»Warst du noch Jungfrau, als du in Ankara mit zu mir gegangen bist?« Er fragt Eda vor der versammelten Familie.

»Ja, ich war noch Jungfrau.« Sie ist verlegen, wird rot.

»Lüg' mich nicht an. Erzähl' allen hier, was du mir erzählt hast.« Cemil holt eine Kassette aus der Tasche, legt sie auf den Tisch. »Als wir miteinander geschlafen haben, haben wir da zuvor zusammen gesessen und Wein getrunken?«

»Ja, das stimmt.« Meine kleine Schwester kann keinem mehr in die Augen schauen.

Wortlos geht Cemil zur Stereoanlage, legt die Kassette in den Rekorder und läßt sie laufen. Wir alle hören mit.

Auf dem Band sind Edas und seine Stimme zu hören. Sie beichtet. Beichtet ihm alles. Von der Nacht im Fünf-Sterne-Hotel an den Dardanellen, wo sie ihre Unschuld verlor. Von dem Inhaber eines Goldgeschäfts in Izmir, dem sie in seinem Laden zu Willen war.

»Ich habe für Eda Geschenke zur Verlobung gekauft, die will ich zurück«, fordert er eiskalt.

Mutter steht auf, holt die Kleider, den Schmuck aus dem Schrank und wirft Cemil die Sachen vor die Füße: »Du hast mein Kind für eine Nacht mißbraucht. Hau ab und laß dich hier nie wieder sehen!«

Schlagartig wird mir die Bedeutung eines Satzes bewußt, den

ich in Tokat bei dem Gespräch zwischen Sami und Cemil aufgeschnappt habe. Damals versicherte Cemil meinem Schwiegervater: »Wenn das klappt, bekommst du von mir das Grundstück für den Bauernhof.«

Die beiden hatten zwar vorher über Eda gesprochen, ich hatte das aber nicht miteinander in Verbindung gebracht. Jetzt ist mir klar: Wäre meine Schwester noch Jungfrau gewesen, könnte Sami jetzt die »Provision« einstecken.

Daraus wird nun nichts. Er hat Eda verkauft, konnte aber die Ware nur in gebrauchtem Zustand liefern. Also macht Cemil jetzt von seinem »Rückgaberecht« Gebrauch.

Eda ist gerade mal fünfzehn.

Der Anfang vom Ende

»Wen hast du da angeschleppt? Wen wolltest du in meine Familie einschleusen? Wie kommst du auf die Idee, Eda einem Verbrecher auszuliefern, der nur darauf aus ist, sie in einer Nacht zu mißbrauchen?« So aufgebracht habe ich Mutter noch nie mit ihrem Geliebten reden hören.

»Ich hab' das doch alles nicht geahnt«, versucht Sami sich zu verteidigen.

»Komm mir nicht mit einer derartigen Ausrede. Inci hat mich gewarnt. Hikmet und du, ihr mußtet diesen Verbrecher reinwaschen. Ihr habt genau gewußt, um was es geht, aber mir weisgemacht, daß das alles nur Incis Phantasie entsprungen ist. Und ich habe euch geglaubt. Und was ist mit der Ehe von Hikmet und Inci – das sieht doch ein Blinder, daß die beiden nicht glücklich sind. An wen hab' ich nur meine Töchter gegeben?«

Selbst jetzt habe ich das Gefühl, als ziehe sie erneut eines ihrer üblichen Ränkespiele auf, um dem Ziel ihrer grausamen Pläne näherzukommen.

Sami fährt zurück nach Tokat, ohne sich weiter zu verteidigen. Ich bleibe vorläufig mit Sila und Hikmet in Izmir.

Vom Regen in die Traufe. Jetzt kommandiert mich nicht nur Hikmet herum, sondern auch noch Mutter – wie in alten Tagen in Deutschland. Und das schlimmste: Sie schreit ohne Grund Sila an, die darauf völlig verängstigt reagiert. Ich habe keinen sehnlicheren Wunsch als fort von Samis Familie in Tokat und fort von Mutter in Izmir. Ich würde mit Hikmet überall hinziehen, ob nach Urfa oder Samsun an der Schwarzmeerküste. Meinetwegen auch nach Ankara oder Istanbul. Ich will einfach nur alleine sein mit meiner Familie, mit meiner Tochter, mit meinem Mann.

Doch Mutter hat andere Pläne.

Sie ruft eines Tages Papa in Deutschland an: »Du mußt sofort kommen. Inci ist in Schwierigkeiten, sie kann mit Hikmet nicht mehr bei Sami in Tokat wohnen.«

Zwei Tage später ist Papa da. Wenn es um mich geht, reagiert er sofort. Ich bin seine Lieblingstochter. Ich weiß, daß Mutter ihm erzählt hat, ich hätte in Deutschland schon mit Hüseyin geschlafen – und in Tokat Hikmet verführt, damit er mich heiraten muß. Das Schlimme ist, daß Papa ihr all das geglaubt hat. Wahrscheinlich ist er deshalb nicht zu meiner Hochzeit gekommen. Und sicher hat ihm das genauso weh getan wie mir. Aber die Lügengeschichten von Mutter können unser Verhältnis nur stören, nicht endgültig zerstören.

Schon oft habe ich versucht, gegen Mutters Einfluß anzugehen. Bis heute ist es mir nicht gelungen. Papa liebt Mutter und vertraut ihr blind. Sie hat ihn völlig in der Hand. Er lebt und arbeitet nur für sie und seine Familie. Mutter dagegen handelt – wie sonst auch – über unsere Köpfe hinweg. Sie bringt Papa jetzt so weit, ihr ein Haus zu kaufen. Für Sila, Hikmet und mich mietet er eine Terrassenwohnung an der Peripherie von Izmir. Ein schwacher Trost bleibt mir: Ein Berg trennt den Stadtteil, in dem Mutter wohnt, von dem unsrigen.

Für Hikmet besorgt Papa einen Job bei einem Makler. Um uns einen sicheren Start zu ermöglichen, bezahlt er auch noch die ersten drei Monatsmieten.

Jetzt bin ich genau da gelandet, wo ich keinesfalls mehr leben wollte, in Izmir, nahe bei Mutter. Aber ich habe meine Familie für mich, und Hikmet verdient Geld. Wir sind jetzt krankenversichert. Das ist alles besser als Tokat. Ich füge mich in mein Schicksal und nähre eine Hoffnung: Es liegt ja der Berg zwischen Mutter und uns.

Am Abend vor Papas Rückreise stehen wir beide im Flur unseres neuen Domizils. Sila spielt im Garten.

»Ich habe noch einen Kredit von sechzigtausend Mark in Deutschland zurückzuzahlen, habe hier Geld für das Haus deiner Mutter und für dich aufgenommen. Jetzt stecke ich bis über den Hals in Schulden. Und das alles wegen dir.«

Seine Worte treffen mich tief. Was soll ich dazu sagen? Ich liebe ihn. Ich schaue in seine Augen. Sie sind von schwarzen Ringen umrahmt, die Wangen darunter eingefallen.

Hikmet und ich fahren nach Tokat, um unsere Möbel zu holen. Nun habe ich das, wovon ich immer träumte: mein Kind, meine Wohnung, meinen Mann. Für alles hat Papa bezahlt.

In Izmir darf ich sogar allein das Haus verlassen. Allerdings nur mit Hikmets ausdrücklicher Genehmigung. Und nur, um zu Mutter zu gehen. Er schreibt mir genau festgelegte Zeiten vor, die ich einzuhalten habe: eine Stunde Fußweg, zwei Stunden Aufenthalt ergibt einschließlich Rückweg vier Stunden.

Oma darf ich nur in seiner Begleitung besuchen. Zwei Stunden dauert der Fußmarsch bis zu ihrem Haus. So weit darf ich nicht ohne Kontrolle gehen. Immer schleppe ich Sila im Tragetuch mit. Einen Kinderwagen können wir uns nicht leisten, den Bus auch nicht. Trotz allem bin ich zufrieden. Ich sage mir, daß wir auf dem Errungenen etwas aufbauen können. Ich hoffe auf bessere Zeiten. Schritt für Schritt würde ich statt dessen das wahre Gesicht des Lebens kennenlernen.

»Meine Firma hat keine Aufträge mehr, sie kann mich nicht mehr bezahlen.« Ohne sichtbare Regung stellt mich Hikmet vor diese Tatsache. Er bekommt gerade noch ein dürftiges Taschengeld. Es reicht nicht vorn, nicht hinten. Schließlich geht er überhaupt nicht mehr zur Arbeit, lungert fast nur noch zu Hause herum.

Ohne die Solidarität der Familie würden wir verhungern. Oma bringt soviel sie kann bei uns vorbei, Mutter kauft ab und zu im Supermarkt für uns ein. Papa schickt ihr Geld aus Deutschland. Auch andere Verwandte helfen uns. Sevcan, Onkel Halils älteste Tochter, wohnt mittlerweile in Izmir. Sie kommt zu Besuch, wenn sie etwas übrig hat. Ebenso unterstützen uns mein Bruder Ahmed und meine Schwägerin Ayla, wo es ihnen möglich ist. Oft kann ich ihnen nicht einmal einen Tee anbieten, die Basis der türkischen Gastfreundschaft. Ich schäme mich zu Tode.

Elf lange Monate stille ich Sila jetzt schon. Außer meiner Milch habe ich nichts für sie. Andere Babynahrung bleibt ein Traum – unerfüllbar.

Über Verhütung weiß ich überhaupt nichts. Von dem, was in meinem Körper passiert, dem Eisprung, dem Ablauf der Befruchtung, dem Einnisten des befruchteten Eies in der Gebärmutter, habe ich nie gehört. Ich weiß, daß es die Regel gibt, daß sie mit unserer Fähigkeit, Kinder zu bekommen, zusammenhängt, daß wir Frauen deshalb als unrein gelten. Mehr aber nicht.

Dafür leben die jungen türkischen Mütter mit einem Märchen: »Während der Stillzeit kann die Frau keine Kinder bekommen.« Fast täglich habe ich Hikmets Langeweile und Frustration über mich ergehen zu lassen. Oft sogar mehrmals am

Tag. Der Erfolg: Ich strafe das Märchen Lüge, werde wieder schwanger.

Als ich es nach vier Wochen merke, versiegt gerade meine Milch für Sila. Keinen Tropfen gibt mein ausgemergelter Körper mehr her. Ich habe das Gefühl, meine Tochter hat mein Leben ausgesaugt.

Die Kleine kriecht durch die Wohnung, weint vor Hunger, schreit nach Essen. Mit dem Wenigen, das die Verwandten bringen, versuche ich, sie am Leben zu erhalten. Ich kaue Gemüse, Obst, Nudeln, Kartoffeln vor, füttere sie damit. Manches behält sie bei sich, manches spuckt sie wieder aus. Der Strom ist abgeschaltet, das Wasser, die Miete sind auch nicht bezahlt. Hikmet arbeitet überhaupt nichts mehr, gibt sich seinen Depressionen hin, fühlt sich dem Leben in der großen Stadt nicht gewachsen.

Abtreibung

Die erste zaghafte Freude über ein weiteres Baby weicht schnell ernüchterter Verzweiflung: Noch eine Schwangerschaft werde ich in dieser Situation und bei dieser schlechten Gesundheit nicht überleben. Sila wird sterben. Ich werde sterben. Es bleibt nur ein Ausweg: Abtreibung.

Wer keinen privaten Eingriff finanzieren kann, der erlebt das Trauma einer jeden Frau unter mitteleuropäischen Bedingungen. Für mich als Kassenpatienten bleibt die öffentliche Abtreibungsklinik. Ich bin heilfroh, daß Papa die Beiträge bezahlt hat.

Dicht aneinandergedrängt, stehen wir im Vorzimmer – wie eine verängstigte Schafherde. Zwanzig, dreißig Frauen. Viele von ihnen sind blutjung. Fast alle zittern, manche weinen. Andere beten. Eine nach der anderen wird aufgerufen.

Dann stehe ich im Behandlungszimmer direkt vor dem Behandlungsstuhl, auf dem meine Vorgängerin noch angeschnallt liegt. Sie schreit, das Gesicht ist schmerzverzerrt. Tief ist die Sonde in sie eingeführt. Ich muß zusehen, wie durch das Glasrohr ihr Baby abgesaugt wird – zerstückelt wie Hackfleisch. Alles ist mit Blut verspritzt. Ich fange wieder an zu zittern, meine Knie werden weich.

»Stell dich nicht so an, daran hättest du denken sollen, als du dir das Baby hast machen lassen.« Die Schwester gebraucht die übelsten Ausdrücke.

Dann liege ich auf dem Stuhl. Ein stechender, alles verbrennender Schmerz raubt mir fast die Sinne. Der Arzt führt die Sonde mit heftig drehenden Bewegungen ein, als gelte es, einen schweren Lastwagen zu lenken. Nur nicht schreien, nur nicht schreien. Mit beiden Händen klammere ich mich so fest an den Haltegriffen, daß ich glaube, meine Finger brechen ab. Gott vergib mir. Wie eine Endlosschleife rast dieser Satz ungezählte Male durch meinen Kopf. Dann ist es vorbei. Erst jetzt »gönnen« sie mir eine Spritze gegen die Schmerzen. Eine halbe Stunde darf ich auf einer schmierigen Liege ausruhen. Dann muß ich gehen. Ein Fußweg von über einer Stunde liegt vor mir.

Symbolische Trennung

Eda feiert ihren sechzehnten Geburtstag. Wenig später fliegt Mutter zu Papa nach Deutschland. Meine Schwester überläßt sie Oma. Die schärft ihr ein, das Haus nicht zu verlassen, wenn sie nicht daheim ist. Obwohl Oma die Tür abschließt, hindert das Eda nicht daran, aus dem Fenster zu klettern. Sie trifft sich dann mit Orkan, ihrem Nachbarn. Er ist fünfundzwanzig und geschieden – wegen Alkoholmißbrauchs. Es kommt, wie es kommen muß: Meine Schwester wird schwanger. Die beiden müssen heiraten.

»Auf die Feier dieses Alkoholikers bringen mich keine zehn

Pferde. Und du bleibst auch da.« Hikmet läßt überhaupt nicht mit sich reden, schreit mich an und verläßt wütend das Haus.

Mittlerweile lasse ich mir nicht mehr alles gefallen. »Bin auf der Hochzeit meiner Schwester«, hinterlasse ich auf einem Zettel, und gehe mit Sila allein zu Eda.

Mit gezücktem Messer platzt Hikmet mitten in die Feier.

»Dich bring' ich um, wo bist du, du Dreckstück?« Er sieht mich, stürzt auf mich zu, hebt den Arm und will zustechen. Einige Männer springen dazwischen, halten ihn fest und entwinden ihm die Waffe. Schlagartig wird er ruhig. Regungslos und schweigend sitzt er bis zum Ende der Feier neben mir.

Auch auf dem Heimweg redet er kein Wort. Aber ich merke, er wird von teuflischen Gedanken beherrscht. Zu Hause angekommen, wirft er mich wortlos aufs Bett, reißt mir die Kleider vom Leib und vergewaltigt mich roh und brutal. Kaum ist er fertig, steht er auf, läßt mich liegen, wie er mich benutzt hat, zieht die Hosen hoch und zischt verächtlich: »Genau dafür bist du gut. Keine Lira bist du mehr wert, du minderwertige, widerliche Hure.«

Er nimmt sein Bettzeug und schläft von diesem Moment an im Wohnzimmer auf der Gästecouch. Es ist eine symbolische Trennung. Zunächst bin ich erleichtert, von jetzt an gerät mein Leben aber zur Hölle.

Zwei Tage später klopft es an die Tür. Ich bin mit Sila allein. Wir haben nur Suppe und Reis zu essen. Zwei Zigeunerkinder stehen vor mir: »Wir haben Durst, wir haben Hunger, wir haben unser Pferd verloren«, klagen sie. Ich teile das Wenige mit ihnen. Hikmet kommt in diesem Moment nach Hause.

»Vielen Dank, wir gehen jetzt«, sagen die beiden Kleinen und drücken sich schnell an ihm vorbei. Ich sehe sie nie wieder.

»Wie kannst du dieses Pack hereinlassen, die spionieren die Wohnung aus, wollen wissen, wie sie am besten einbrechen und was sie stehlen können. Mach das ja nie wieder!« schreit er mich an. Ich gebe keine Antwort.

Noch zwei Tage später herrscht eisiges Schweigen zwischen uns. Am dritten Tag überschüttet Hikmet mich nach dem Mittagessen mit einer endlosen Tirade. Ich kenne das. Tausendmal habe ich gehört, wie dumm ich bin, daß ich von nichts eine Ahnung habe und froh sein muß, ihn zu haben. Ihn, der mich mit seiner überlegenen Intelligenz durchs Leben leitet.

Ich nehme die Demutshaltung ein – den Kopf gesenkt, den Blick niedergeschlagen, die Hände parallel auf den Oberschenkeln – und sage kein Wort. Er steigert sich in eine endlose Wut, steht auf, läuft im Zimmer hin und her, stürzt schließlich nach draußen, knallt die Tür hinter sich zu, verschwindet Richtung Stadt. Was er dort treibt, weiß ich nicht. Ich will es auch nicht mehr wissen.

Mit diesen Szenen lenkt er vom eigenen Versagen ab. Ein türkischer Mann hat für seine Familie zu sorgen. Mehr als Reis habe ich nicht mehr im Haus. Den kann ich auch alleine besorgen. Dafür brauche ich ihn nicht.

Sila schreit wie am Spieß. Nach solchen Ausbrüchen ist sie immer völlig durcheinander. Ich nehme sie ins Tragetuch und gehe zu Mutter – zum ersten Mal ohne seine ausdrückliche Genehmigung.

»Mutter, du hast recht. Es geht nicht mehr, ich werde mich scheiden lassen.«

»Kommt rein. Gut, daß du das eingesehen hast.« Seit Wochen liegt sie mir schon in den Ohren, ich soll mich von Hikmet trennen.

Am Nachmittag rede ich mit Fahriye, Mutters Nachbarin. »Ist es schwer, sich in der Türkei scheiden zu lassen?« frage ich sie.

»Du brauchst einen guten Anwalt. Viele Richter urteilen automatisch zugunsten des Mannes.«

»Ich habe Angst vor diesem Schritt. Schließlich nehme ich damit meiner Tochter den Vater weg.«

»Glaube mir, wenn eine Beziehung nicht von Anfang an gutgeht, wird sie durch nichts besser. Wenn sich etwas ändert, dann wird es nur noch schlimmer. Reparieren kann man eine zerstörte Ehe fast nie. Jetzt hast du erst ein Kind. Das läßt dir noch eine gewisse Chance. Wenn du zurückgehst und das zweite kommt, wird's schwer.«

Fahriye weiß, wovon sie redet. Selbst geschieden, hat sie drei Kinder großgezogen. Jedes von ihnen hat seine Ausbildung bekommen, steht im Beruf. Keines ist mehr von ihr abhängig. Ich liebe die Gespräche mit dieser Frau. Ihr verdanke ich Antworten auf viele Fragen, die ich sonst nirgends stellen kann. Ein halbes Jahr später stirbt sie völlig überraschend innerhalb einer Woche an Krebs.

»Du hast hier nichts verloren. Du kommst hier nicht mehr rein. Zwischen euch ist's aus. Inci läßt sich scheiden.« Hikmet will mich zurückholen, aber Mutter fertigt ihn an der Tür ab. Er zieht sich wie ein geprügelter Hund zurück. Alle zittern vor Mutter. Sie setzt immer durch, was sie will. In Augenblicken wie diesen gefällt sie mir. Sie ist stark und selbstbewußt, läßt sich von niemanden was sagen. Woher nimmt sie nur ihren eisernen Willen?

Hikmet kriecht bei Mustafa, dem Bruder von Sami, in Urfa unter. Ich wohne vorläufig bei Mutter, in meine Wohnung traue ich mich nicht, ehe nicht mein Verhältnis zu Hikmet geklärt ist.

»Ich habe Arbeit. Ich habe Geld. Ich habe eingekauft. Jetzt nehme ich meine Frau und mein Kind mit nach Hause.« Hikmet steht wieder vor der Tür, eine großen Einkaufstüte unter dem Arm. Sie ist prall gefüllt.

Mutter läßt ihn abblitzen: »Was glaubst du, wer du bist?

Meinst du wirklich, mit einer solchen Tüte kannst du eine Familie ernähren?« Kompromisse kennt sie nicht.

Wortlos stellt er die Tüte ab, dreht sich um und geht.

Als er fort ist, hole ich sie in die Küche und packe sie aus. Nie werde ich das Gefühl vergessen, das mich dabei überfiel. Der Tisch füllt sich. Käse, Oliven, Margarine, Suppen, Obst, Gemüse, Spülmittel, Süßigkeiten. Als ich schließlich ein Brot in der Hand halte, tut mir mein Mann mit einem Mal leid. Ich weiß, was dieser Einkauf für ihn bedeutet.

Mustafa ruft an: »Hikmet ist bei mir. Ich muß mit euch reden.«

»Nein, das kommt überhaupt nicht in Frage«, Mutter bleibt hart.

Am nächsten Tag will ich ein paar Sachen aus unserer Wohnung holen. Etwas Eigenartiges ist geschehen: Alle Wohnungen in der Umgebung wurden ausgeraubt. Nur unsere blieb verschont, obwohl an der Tür ein Schloß fehlt. Alles steht noch an seinem Platz – nicht ein einziges Stück ist weg. Ob mich wohl die beiden Zigeunerkinder, die ich bewirtet habe, beschützt haben?

»Was bist du für ein unehrliches und ungezogenes Kind!« Mutter schreit Sila an, schlägt sie, wie sie früher mich geschlagen hat. Wegen eines wirklich nichtigen Anlasses. Ich will dazwischengehen.

»Hier ist meine Wohnung. Hier geschieht das, was ich sage, und du hältst dich raus«, fährt sie mich an und kann nicht aufhören: »Du läßt den Haushalt völlig verludern. Kümmere dich mehr darum – und um dein Kind.«

Es ist wieder wie in Deutschland: Sie macht uns das Leben zur Hölle. Wenn ich mir es recht überlege, sehe ich keinen Unterschied, ob ich bei ihr oder bei Hikmet wohne. Dann wäge ich ganz pragmatisch ab: Bei Mutter haben wir keine finanziellen Sorgen, genug zu essen und eine sichere Wohnung. Ich muß aber unter ihrer Fuchtel leben. Bei Hikmet leben wir zwar am Existenzminimum, führen aber ein anständiges Leben. Keine Trennung, der Schmach der Scheidung entgangen, die Familie bleibt zusammen, die Ehre erhalten – ganz nach den Regeln der türkischen Gesellschaft.

Ich entscheide mich für die Ehre, gehe mit Sila in unsere Wohnung zurück und rufe Mustafa an: »Hikmet kann kommen.«

Erwachen aus dem Winterschlaf

Elend

»Kann es noch weiter abwärts gehen?« Mir bleiben nur wenige Monate, um das zu erfahren. Die Miete können wir nicht bezahlen, wir müssen die Wohnung verlassen, die uns Papa eingerichtet hat. Dann viermal das gleiche Spiel: Umzug in eine neue Wohnung, kein Geld für die Miete, Rauswurf. Schließlich landen wir auf einem ehemaligen Bauernhof am äußersten Stadtrand von Izmir. Eine massive Steinmauer umschließt das Grundstück. Rechts vom grün lackierten schmiedeeisernen Eingangstor steht das ehemalige Bauernhaus. Links davon haben die Besitzer einen zweistöckigen Neubau errichtet.

Büsche und Bäume verbergen unsere armselige Behausung, den an der rechten hinteren Ecke an die Mauer gebauten ehemaligen Schafstall. Es ist ein Schlauch, etwa zehn Meter lang und gerade mal drei Meter tief. Der Eingang führt in einen winzig kleinen Raum, eine Tür in den nächsten. Ihn haben wir mit einem quer gestellten Schrank in Wohn- und Schlafzimmer geteilt. Das Schlauchende bilden Küche und Toilette, beide sind auf neun Quadratmetern untergebracht und werden nur durch eine dünne Holzwand abgetrennt.

Die Mauern des Schafstalls – sonnengebrannte Ziegel aus Lehm und Stroh – stehen auf fest gestampftem Erdboden. Einen Fußboden gibt es nicht. Wenigstens sind die Wände innen verputzt. An den Stirnseiten lassen nur zwei Fenster etwas Licht und frische Luft in die Räume. Da sie dem ehemaligen Stall offenbar zu Lüftungszwecken dienten, sind sie ganz oben, direkt unterhalb der Decke, eingebaut. Um hinauszuschauen, muß man auf einen Stuhl steigen.

Einen Vorteil gibt es: Ich wohne in Omas Nähe und darf sie aus diesem Grund nun auch allein besuchen – nach einem von Hikmet genehmigten Stundenplan.

Genau genommen hat Hikmet erreicht, was er will: Ich suche nicht mehr die Freiheit, möchte nicht mehr ausbrechen. Ich suche Brot, Obst, Gemüse – Lebensmittel für mein Kind und für uns. Der Wille zu überleben bestimmt meine Wünsche, nicht mehr der Widerstand. Von meiner Kampfeslust ist mir in dieser Zeit nichts geblieben. Ob es besser gewesen wäre, bei Mutter zu bleiben, überlege ich nicht einmal. Ich habe mich entschieden; jetzt fehlt mir die Kraft, erneut etwas zu ändern.

Tage, Wochen, Monate verstreichen in einem immer gleichen Rhythmus. Mal arbeitet Hikmet ein, zwei Wochen, dann wieder nicht. Das Geld reicht nie, die Sorgen immer.

Noch ein Kind

Kurz nach der Abtreibung erfahre ich von einem Gesundheitszentrum, bei dem man Informationen über Empfängnis, Schwangerschaft und Verhütung erhalten kann. Ich gehe hin und bekomme einige Broschüren, aus denen ich das Nötigste über die natürlichen Vorgänge erfahre.

Auch sagt man mir in diesem Zentrum, daß die Stadtverwaltung Izmir Müttern anbietet, gegen eine geringe Gebühr die Spirale zur Geburtenverhütung einzusetzen. Diese Möglichkeit nehme ich sofort wahr. Jetzt kann ich Hikmets Ansprüchen wenigstens ohne Angst vor einer erneuten Schwangerschaft und Abtreibung nachkommen.

Im Juni 1992 lasse ich mich von einer Frauenärztin untersuchen, weil ich wieder sehr starke Unterleibschmerzen habe.

»Das Myom an deiner Gebärmutter ist weiter gewachsen. Wir werden operieren und beides entfernen müssen. Du wirst dann keine Kinder mehr bekommen.«

»Ich will aber unbedingt noch ein zweites Kind, nur nicht schon jetzt. Erst dann, wenn es uns bessergeht.«

»Dazu hast du keine Zeit. Entweder jetzt oder nie mehr. Ich halte es aber für ein sehr großes Risiko. Wenn du es dennoch willst, werde ich dir die Spirale herausnehmen.«

Ich entscheide allein, für mich, für niemanden sonst. Und ich entscheide blitzschnell: »Tun Sie es.«

Hikmet sage ich nichts davon.

Ich habe etwas entschieden, obwohl ich eigentlich dazu erzogen worden bin, fremdbestimmt zu leben. Zweifel zerren in den nächsten Wochen an mir: Unsere Situation ist momentan ja noch schlechter, als sie es vor der Antreibung war. Wie soll ich einen Säugling am Leben erhalten? Was wird aus Sila? Wie wird Hikmet reagieren, wenn ich ihm sage, daß ich doch wieder schwanger geworden bin?

Wie sehr ich mir auch den Kopf zermartere, ich lande immer wieder am gleichen Punkt: Ich will noch ein Kind.

»Ich bin schwanger«, gestehe ich Hikmet.

Er reagiert entsetzt: »Nein, um Gottes willen, nein. Ich will kein Kind mehr. Laß es abtreiben.« Mein Mann vereinbart hinter meinen Rücken einen Termin und schleppt mich in die Abtreibungsklinik. Zum Glück darf er nicht mit in den Behandlungsraum.

Eine Krankenschwester untersucht mich: »Willst du dieses Kind abtreiben?«

»Nein, ich habe es bewußt empfangen. Ich will es zur Welt bringen.«

»Was suchst du dann hier? Geh nach Hause.«
»Wie ist es gelaufen?« will Hikmet wissen.
»Ich will dieses Kind haben. Ich habe es nicht abtreiben lassen.«
»Bist du nicht mehr ganz normal? Wie sollen wir das machen? Hab' ich nicht schon genug Probleme mit euch beiden?«
Noch im Krankenhaus macht er eine Szene – wohl wissend, daß er ohne meine Zustimmung nichts erreichen kann.
»Das Kind behalte ich«, sage ich entschlossen.
»Gehen wir.« Hikmet weiß mittlerweile, daß ein Nein von mir auch ein Nein ist.

Das Zusammenleben mit ihm wird von Tag zu Tag schwerer. Als ich ihm einmal sein »eheliches Recht« verweigere, holt er Insektenspray und sprüht mich im Bett an wie eine lästige Fliege. Er leert dabei die ganze Dose. Er will mich tatsächlich vergiften, fürchte ich. In panischer Angst fliehe ich aus unserer Schlafecke und schließe mich in der Toilette ein.

Wenn Hikmet nicht da ist, darf ich das Haus nicht verlassen. Oft fällt in Izmir der Strom aus. Kein Lichtstrahl dringt dann in den fensterlosen Raum. Frische Luft sowieso nicht. Angstzustände und Erstickungsanfälle überfallen mich im Bett. Wie oft stehe ich naßgeschwitzt auf der Toilette, atme heimlich durch einen Fensterspalt die Luft tief ein, suche die Sterne am Himmel.

Eines Tages steht mein Mann mit flackernden Augen vor mir: »Du bist so unsagbar schön. Ich werde dein Gesicht mit kochendem Wasser zerstören, damit ich deine Schönheit mit keinem anderen teilen muß.«

Mir wird schlecht vor Angst. Ich halte ihn durchaus für fähig, die Drohung in die Tat umzusetzen. Seitdem habe ich keine Ruhe mehr. Jeden Tag läßt er sich etwas Neues einfallen, um mich zu quälen.

Wenn Hikmet den Stall verläßt, setze ich mich zu den Nachbarinnen. Meistens halten wir uns draußen auf, schwatzen bei

Handarbeiten. Mittlerweile habe ich auch meine Methoden, rechtzeitig im Haus zurück zu sein, sollte er unerwartet kommen.

Manchmal, wenn ich mir sicher bin, daß er länger fortbleibt, besuche ich meine Nachbarinnen auch heimlich in ihren Wohnungen. Ich fühle mich sehr wohl bei ihnen. Mir tut nur weh, daß ich niemanden zu mir nach Hause einladen kann. Dabei geht es gar nicht um unsere Armut, um unsere fast menschenunwürdige Behausung. Hikmet würde es einfach nicht gestatten. Er hat Angst, daß mir die Nachbarinnen die Augen öffnen und sein »Wie dumm du bist« dann bald auf tönernen Füßen stünde.

Wir pflegen die üblichen Gespräche, reden über Kinder, Religion, Haushaltsfragen, über Schwangerschaft und Geburt. Und natürlich über unsere Männer und Sex. Auf meine zweite Geburt fühle ich mich gut vorbereitet. Wohl versorgt mit den Ratschlägen erfahrener Frauen.

Einen Tag vor Silas viertem Geburtstag, bringe ich 1993 Umut zur Welt. Ich habe immer gewußt, daß es ein Sohn sein würde. Die Brutalität in der städtischen Kassenklinik ist dieselbe wie vor vier Jahren. Nur bin ich diesmal darauf vorbereitet, weiß, wie ich mich verhalten muß. Deshalb bleibe ich nur einen Tag dort. Am nächsten Morgen sind wir zu Hause.

Gefühle darf und will Hikmet nicht zeigen. Es könnte seine Männlichkeit untergraben. Seit einiger Zeit arbeitet er in einem Geschäft im Basar. Zur Feier der Geburt seines Sohnes verteilt er unter seinen Kollegen Süßigkeiten. Also ist er doch stolz, auch wenn er mir gegenüber so tut, als berühre es ihn nicht im geringsten. Ich freue mich darüber.

Die Zeit der ersten Schwangerschaft in Tokat war in einer vergleichsweise ruhigen Atmosphäre verlaufen. Spannungen blieben unter der Oberfläche, ohne sich auf das werdende Kind zu übertragen. Ich konnte viel schlafen, mich ausruhen. Hikmet hatte mich ab dem fünften Monat in Ruhe gelassen, und die Stunden in Opas Dorf sorgten für Erholung und Entspannung. Sila kam folglich als ruhiges, ausgeglichenes Kind zur Welt.

Anders Umut. Schon im Bauch spürte ich seine nervösen Zuckungen – Reaktionen auf den Wahnsinn der Szenen im Schafstall. Ich fühlte, wie sich Streß, Streit, Angst, Not und meine Depression auf ihn übertrugen. Ohne daß ich ihn schützen konnte.

Als er auf die Welt kam, war er am ganzen Körper blau, weinte und schrie unentwegt. Auch in den nächsten neun Monaten brüllt und weint Umut fast ohne Unterbrechung. Eine Stunde Schlaf, drei Stunden Geschrei. Eine halbe Stunde Schlaf, vier Stunden Geschrei. Nicht ein einziges Mal ist er wach und gleichzeitig ruhig. Manchmal werden seine Brüllkrämpfe so heftig, daß er am ganzen Körper blau anläuft und bewußtlos wird.

Gott sei Dank kann ich ihn stillen, die Milch versiegt selbst unter diesem Streß nicht. Denn neun Monate kann auch ich nicht regelmäßig schlafen. Sowie er zu weinen anfängt, bin ich bei ihm, tröste ihn, rede mit ihm, bis er für zehn Minuten, eine halbe Stunde, manchmal auch ein wenig länger schläft.

Mutters Entscheidungen

Edas Ehe mit Orkan ist eine einzige Katastrophe. Kaum endet die Flitterzeit, zeigt er sein wahres Gesicht: das eines hochgradigen Alkoholikers. Wahllos und ohne Grund verprügelt er Eda fast täglich. Als sie im fünften Monat schwanger ist, schlägt er sie derart brutal zusammen, daß sie ihr Kind verliert.

Zwei Monate später bestätigt ein Test eine erneute Schwangerschaft. Mutter entscheidet, daß das Kind abgetrieben wird, und reicht die Scheidung ein. Orkan droht damit, seine Frau umzubringen, wenn er sie in die Hände bekommt. Kurz entschlossen nimmt Mutter Eda, Tufan und Songül mit nach Ankara und zieht dort mit ihnen in die Wohnung eines neuen Geliebten. Von solchen Eskapaden erfährt Papa nichts. Wir Kinder haben Angst vor Mutter, wir würden sie nie verraten. Auch wenn Papa uns leid tut.

Nach neun Monaten Dauer wird Edas Ehe geschieden. Da keine Kinder aus dieser Verbindung hervorgegangen sind und Orkans erste Ehe schon wegen seiner amtlich festgestellten Alkoholabhängigkeit geschieden wurde, gibt es keine Probleme.

Wieder bestimmt Mutter, was weiterhin geschehen soll. Dieses Mal zieht sie ihre Schwester Sultan, die in Deutschland wohnt, in ihre Pläne hinein. Bekir, Sultans Sohn – also Edas Cousin – sucht eine Frau.

Sultan fliegt mit Bekir nach Izmir. Dort heiraten die beiden vor dem Standesamt, die anschließende Feier ist schlicht. Da Orkan meine Schwester immer noch bedroht, mietet Mutter vorübergehend eine Wohnung in Ankara, in der alle unterkommen können. Papa schickt ihr weiterhin das Geld, das sie benötigt. Fragen stellt er keine.

Nur wenig später ist Eda erneut schwanger. Danach kehrt Bekir zunächst allein nach Deutschland zurück. Er wohnt zunächst bei meinem Vater, der ihm bei seiner Firma einen Arbeitsplatz besorgt hat.

Mittlerweile hat sich Orkan beruhigt. Die ganze Familie siedelt im Winter wieder nach Izmir um.

Im April kommt Bekir für zwei Wochen nach Izmir. Eda ist mit ihrem Baby im achten Monat.

»Der Vater soll nicht heimfahren, ohne das Kind gesehen zu haben«, beschließt Mutter. In einer Privatklinik wird kurzerhand die Geburt eingeleitet – Sibel kommt auf die Welt.

Die Gefahren einer Risikogeburt im achten Monat nimmt Mutter in Kauf, ohne Notwendigkeit, nur um ihre Vorstellung durchzusetzen. Und für Geld findet man in Izmir immer einen Arzt, der sich für so etwas hergibt.

Abhängigkeit

Längst hat Hikmet seine Fortbildung an den Nagel gehängt. Sie dient ihm nur noch als Vorwand, dem Militär zu entgehen. Er bezahlt die Anmeldegebühr und schickt die Bestätigung an die zuständige Dienststelle. Danach rührt er keinen Finger mehr. Natürlich fällt er durch jede Prüfung. So platzt meine Hoffnung, wenigstens durch einen soliden Beruf meines Mannes unsere Familie in einer gesicherten Existenz zu wissen, wie eine Seifenblase. Als Umut knapp neun Monate alt ist, funktioniert Hikmets System nicht mehr: Er wird einberufen.

Fast gleichzeitig zieht Mutter mit Songül und Tufan zu Papa nach Deutschland. Sie nimmt Eda und Sibel mit. Bekir hat sich dort mittlerweile eine Wohnung für seine Familie erarbeitet.

Ich bleibe zurück und fühle mich wie ein Fisch auf dem trockenen. Zum ersten Mal in meinem Leben bin ich völlig allein mit meinen beiden Kindern – wie soll ich klarkommen? Zunächst finde ich keine Antwort. Tag für Tag haben mir Mutter und Hikmet eingehämmert: »Du bist unfähig, dumm und niemals in der Lage, ohne uns zu existieren.«

Will ich widersprechen, stoße ich schnell an meine Grenzen: Was kann ich schon? Einkaufen, den Haushalt führen, gut mit Kindern umgehen, mit Nachbarsfrauen über Belangloses reden, meinen Mann befriedigen, wann immer er will – im Grunde genommen ist das alles.

Immer wenn ich über Freiheit nachdenke, lautet die bittere Bilanz: Ich kann nichts, ich weiß nichts. Wenn jemand über Geschichte, über Politik, Kultur, die täglichen Nachrichten spricht, stehe ich hilflos daneben. Auf Menschen zuzugehen ist mir unmöglich.

Ich lese viel. Zum einen Bücher über unsere Religion, zum anderen Abenteuerromane. Da ich selbst nichts erleben kann, schaffen sie meiner Phantasie ein Ventil.

Eines kann ich doch: die dreihundert Mark verwalten, die Papa jeden Monat aus Deutschland an mich schickt. Es reicht. Wir leben bescheiden. Ich weiß, wo ich günstig einkaufen kann und komme gut damit aus.

Papa tut mir leid. Er lebt und arbeitet für seine Familie. Als einfacher Fabrikarbeiter in Deutschland muß er uns alle ernähren, gleichzeitig die hohen Schulden abbezahlen, in die ihn meine Mutter hineingetrieben hat.

Aber wie sollte ich das ändern? Ich zermartere mir wieder und wieder den Kopf: Wo willst du wohnen? Wovon willst du leben? Und vor allem: Was willst du arbeiten? Auf alle diese Fragen finde ich keine Antwort. An Ausbildung, Beruf und Arbeitsplatz habe ich bisher nicht einmal denken dürfen.

Freiheit

Mutter kommt aus Deutschland, sie hat einige Formalitäten bei verschiedenen Behörden zu erledigen. Sie besucht Sila und mich im Schafstall. »Das geht so nicht weiter«, bestimmt sie. »Jetzt, wo Hikmet beim Militär ist, werde ich dir eine vernünftige Wohnung besorgen. Die zahlt Papa.«

Schon wieder Papa! Was soll der denn noch alles bezahlen, denke ich und würde gern widersprechen. Aber Widerspruch läßt Mutter nicht zu.

Einige Tage später fährt sie mit mir in ein Neubaugebiet, das an einem der Berghänge Izmirs entstanden ist. Fast alle Häuser stehen noch leer.

»Wo willst du wohnen? Noch hast du die freie Wahl«, fragt mich der Beauftragte der Verwaltungsgesellschaft.

»Ganz oben«, antworte ich ohne große Überlegung. Wir fahren zum Haus, das am höchsten gelegen ist, und mit dem Fahrstuhl in den achten Stock.

Auf der Terrasse verschlägt es mir den Atem. »Das ist ein Traum«, hauche ich überwältigt. Unter mir liegt die Bucht von Izmir – ich sehe die weißen Häuser, zwischen denen das Leben brodelt, das blaue Meer, auf dem unzählige Boote und Schiffe ihre weiße Spur hinterlassen. Am liebsten würde ich gleich hierbleiben – mit Sila und Umut, den ich im Tragetuch bei mir habe. Noch denke ich nicht so weit, was es bedeutet, im achten Stockwerk zu wohnen und einkaufen zu müssen, wenn der Fahrstuhl ausgefallen ist.

Fünf Jahre werde ich hier leben.

Die wenigen Möbel, die im Schafstall stehen, sind alt, morsch und riechen modrig. Ich lasse sie dort, ziehe in die leere Wohnung, kaufe Stück für Stück neu, zahle alles auf Raten ab. Das Geld von Papa reicht immer noch für ein einfaches Leben.

Auf einen Tag freue ich mich immer besonders, er wird zum schönsten des Monats: Es ist der Tag, wenn ich in die Stadt zur Bank fahre, um Miete, Strom, Wasser und Raten zu bezahlen. Izmir ist eine wunderschöne Stadt, die auch mit wenig Geld viel Vergnügen bietet: beim Spaziergang am Strand mit den Kindern Sonnenblumenkerne knacken, mit Fähren quer über die Bucht von Stadtteil zu Stadtteil fahren, im Basar Lebensmittel, Obst, Gemüse und Gewürze einkaufen. Und Kleider – in Geschäften, die dem Stil der europäisch geprägten Metropole Izmir entsprechen.

Solange Hikmet nicht da ist, will ich ein wenig mithalten können, denn langsam beziehen rund um mich herum die neuen Mieter ihre Wohnungen. Es sind Lehrer, Kaufleute, Ladenbesitzer, Krankenschwestern, Ärzte. Alle stehen im Beruf, denken europäisch und modern, sind nett, freundlich, aufgeschlossen.

Eifersucht

Hikmet hat Urlaub bekommen und besucht uns in der neuen, schönen Wohnung.
»Wie bezahlst du das?«
»Papa hat sie gemietet.«
Mehr weiß er nicht zu sagen.
Umut wird wieder krank. Er klagt über Bauchschmerzen.
»Warum schreist du hier so rum?« fährt Hikmet ihn an.
»Meinst du, damit hilfst du dem Kind?« frage ich.
»Halt dich da raus«, befiehlt er und herrscht die Kinder an: »Ich muß mit eurer Mutter reden. Geht raus!«
Die Wohnung ist zum Glück groß, jeder hat sein eigenes Zimmer.
»Ich habe Urlaub und will mit dir alleine sein. Und jetzt das«, meckert Hikmet, als Sila und Umut draußen sind.
»Hast du beim Militär vergessen, daß wir Kinder haben? Wo soll ich sie lassen? Sie können sich doch nicht in Luft auflösen!«
Er würdigt mich keiner Antwort.
Ich weiß nicht, was ich denken soll, ich weiß nicht, ob er mich liebt oder haßt. Seine Gefühle sind mir ein Rätsel. Manchmal kommt es mit so vor, als ob er an mir Rache nimmt. Warum? Und wofür? Was für eine Art Haß kann die Triebfeder dafür sein, daß mein Mann mich so behandelt, frage ich mich immer wieder.
Ich liebe ihn nicht, da bin ich mir hundertprozentig sicher. Ich kann aber auch nicht mit Bestimmtheit sagen, daß ich ihn hasse. Wahrscheinlich habe mich in den neun Jahren unserer

Ehe einfach an ihn gewöhnt – und er hat mich abhängig gemacht. Bisher bin ich fast allen Auseinandersetzungen aus dem Weg gegangen, denn ich brauche ihn. Ich habe immer noch Angst vor den Menschen auf der Straße, fürchte mich, alleine Schritte zu unternehmen, alleine zu leben.

»Ich traue keinem. Dir aber vertraue ich. Dir glaube ich, daß du nichts Schlimmes machen wirst«, gesteht Hikmet mir in einem schwachen Moment, um mich bei nächster Gelegenheit unvermittelt anzuschreien: »Wo warst du, was hast du getrieben, als ich fort war, du Hure?« Seine Eifersucht und sein Mißtrauen werden immer schlimmer.

Als Hikmet drei Tage bei uns ist, kommen Eda, Bekir und Sibel aus Deutschland zu Besuch. Sie wohnen bei uns. Gleich nach ihrer Ankunft laden sie uns ein, mit ihnen in den Urlaub zu fahren.

Am Morgen der Abfahrt koche ich für die Männer eine große Portion Nudeln mit Tomatensoße. Eda und ich gehen anschließend zum Friseur. Sila und Sibel nehmen wir mit. Wir brauchen etwas länger – auch unsere beiden Mädchen wollen wir mit neuer Frisur präsentieren. Die Männer werden Augen machen!

»Wo kommt ihr so spät her? Wo habt ihr euch rumgetrieben?« Hikmet macht uns schon in der Tür eine riesige Szene. Im Wohnzimmer sehen wir, was er angerichtet hat. Vor lauter Wut hat er die Töpfe mit der Tomatensoße und den Nudeln mit voller Wucht ins Zimmer geknallt. Auf den teuren Teppichen, die ich in Raten abbezahle, an den Wänden, selbst an der Decke – überall klebt die rot-weiße Masse. Mitten in diesem Chaos kniet Umut und hält einen Lappen in seinen kleinen Fingern. Verzweifelt versucht er, den Schaden zu beheben.

»Laß mal, ich bring' das in Ordnung.« Eda schickt mich mit Umut ins Bad und macht sich daran, die Folgen von Hikmets Wutausbruch zu beseitigen.

Der gemeinsame Urlaub ist furchtbar. Hikmet verdirbt uns jede Freude, nörgelt an allem rum, hat zu nichts Lust, macht eine Szene nach der anderen.

Ich fliehe mit Eda an den Strand, um mit ihr alleine zu sein. Minutenlang laufen wir schweigend durch den weichen Sand, sehen ins Flimmern der tiefstehenden Sonne.

»Ich werde mich scheiden lassen.«

Abrupt bleiben wir stehen, schauen uns erschrocken an.

Verlegen lacht Eda: »Wie willst du das machen?« Sie bekommt alles mit, was in meiner Ehe geschieht.

»Diesmal ist es mein eigener Entschluß – nicht einer von Mutters Plänen, denen ich mich fügen muß. Ich habe es entschieden. Ich will es. Ich werde es durchsetzen, egal, was passiert.«

Schweigend stehen wir uns eine Weile gegenüber, schauen uns in die Augen. Ohne ein weiteres Wort gehen wir schließlich zurück ins Hotel. Eda, Bekir und Sibel fliegen direkt nach dem Urlaub zurück nach Deutschland. Hikmet habe ich noch einige Tage zu ertragen.

Zurück in Izmir, gehe ich zum Basar, um dort einzukaufen. Vorher suche ich noch den Friseursalon auf der anderen Straßenseite auf. Er gehört einer Freundin, der ich unlängst Geld geliehen habe. Jetzt zahlt sie es mir zurück. Als ich wieder unsere Wohnung betrete, sitzt Hikmet im Wohnzimmer auf einem Stuhl. Die Kinder stehen hinter ihm.

»Komm her, ich muß mit dir reden.« Seine Stimme klingt schneidend, stahlhart.

Schlagartig schwindet meine gute Laune.

»Was hast du mit dem Bäckerjungen? Ich habe alles gesehen.« Seine Zornesader schwillt an.

Ich weiß überhaupt nicht, um was es geht. Ich erfahre es erst hinterher von meiner Freundin:

»Als du in den Salon gekommen bist, ließ sich gerade eine bekannte Bauchtänzerin bei mir frisieren. Der Bäckerlehrling von nebenan hat sich vor dem Laden herumgedrückt, wollte einen Blick von ihr erhaschen.«

Hikmet dachte natürlich in seiner schon wahnhaften Eifersucht, diese Aufmerksamkeit habe mir gegolten. Er holt zu einer beispiellosen Szene aus:

»Du hast ein Verhältnis mit ihm! Gib's doch zu.«

»Überlegst du dir noch, was du sagst? Denkst du noch nach? Mein Gott, das ist ein sechzehnjähriger Junge! Was läuft da in deiner schmutzigen Phantasie ab? Woher nimmst du das Recht, vor den Kindern eine solche Show abzuziehen?«

Widerspruch ist das letzte, mit dem er gerechnet hat. Wenn er über mich richtet, habe ich meine Demutshaltung anzunehmen.

Er schreit so laut, daß man es in der Nachbarschaft hören kann: »Du hast es mit ihm getrieben, als ich nicht da war, du Nutte, du Hure.«

Sila und Umut drücken sich ängstlich in eine Ecke des Wohnzimmers. Die Sechsjährige umklammert ihren kleinen Bruder, der immer unruhiger wird. Wie von Peitschenhieben getroffen, zucken die beiden unter Hikmets Wortschwall zusammen.

Als er mir das Wort »Hure« entgegenschleudert, sehe ich in den Augen meiner Tochter den Schmerz ihrer jungen Seele. Dieser Blick schnürt mir das Herz zusammen, er bringt das Faß zum Überlaufen.

Ich renne in die Küche, greife das nächstbeste Messer – es ist nur ein kleines Obstmesser – und stürze auf meinen Mann los.

»Du Schwein, du dreckiger Mistkerl, du Sadist. Ich werde dich umbringen. Mir vor den Augen meiner Kinder ein solches Wort zu sagen.« Wild entschlossen, versuche ich, ihm das Messer in den Bauch zu rammen.

»Was tust du? Komm zu dir! Laß das Messer! Du bist nicht bei Sinnen!«

»Nie war ich bei so klarem Bewußtsein wie jetzt.«

Alles spielt sich in Bruchteilen von Sekunden ab, und schlagartig begreift er, daß es mir bitterer Ernst ist. Er weicht zurück wie ein verängstigter Hund. Ich setze nach.

Nun greift er sich Umut, hält ihn wie einen Schild vor sich.

»Laß meinen Sohn, du erbärmlicher Feigling! Du versteckst dich hinter deinem Kind? Ich werde dich umbringen. Du bist so gut wie tot.«

Er schleudert Umut zur Seite, achtlos wie ein Stück Holz, greift mich an, entwindet mir das Messer, hat jetzt Oberwasser.

Zitternd stehe ich vor ihm: »Wenn du das noch einmal machst, werde ich dich im Schlaf töten.«

Im Schock sehe ich ihn wie durch einen Nebel. Wie es weitergeht, weiß ich nicht mehr. Es ist aus meiner Erinnerung gelöscht.

Zwei, drei Tage später kehrt Hikmet zu seiner Einheit zurück. Ich scheine ihn beeindruckt zu haben, denn ganz gegen seine sonstige Gewohnheit erwähnt er den Vorfall bis zu seiner Abreise mit keinem Wort.

Als ich wieder alleine bin, habe ich viel Zeit zum Nachdenken. Tagelang grübele ich über die Ursachen von Hikmets Verhalten. Allmählich erwache ich aus dem Alptraum meiner Ehe, in der ich nur Haß und Gewalt kennengelernt habe.

Vielleicht stand Mutter mit ihrem schamlosen Verhalten von Anfang an zwischen Hikmet und mir. Er hat doch mitbekommen, wie sie, ohne mit der Wimper zu zucken, fremdgeht. Mir, als ihrer Tochter, hat er nie vertraut, hat Angst gehabt, daß ich ihn genauso betrügen und hintergehen würde wie Mutter Papa in Deutschland.

Vielleicht ist er so verliebt in mich, überlege ich weiter, daß er sein Verhalten nicht steuern kann. Oder er haßt mich, sucht immer wieder Selbstbestätigung auf meine Kosten? Ich weiß es nicht, finde keine Antwort. Wie auch? Nicht ein einziges Mal hat er mir bisher seine Gefühle gezeigt.

Vielleicht haßt und liebt er mich ja gleichzeitig, hat immer Angst, daß ich ihn betrügen werde, und er mich letztlich verlieren wird. Damit sitzt er in der Falle, hat er doch nie etwas anderes kennengelernt, als den konservativen türkischen Männlichkeitswahn. In dem wurde er erzogen. Der zeigt ihm keinen anderen Ausweg als Brutalität und Gewalt. Das Karussell in meinem Kopf dreht sich weiter und weiter.

Zukunftsangst

Ich suche Rat bei Zuhal und Burhan, einem pensionierten Ehepaar. Die beiden ehemaligen Architekten leben in der Nähe von Mutters Wohnung. Sie zu kennen bedeutet etwas Besonderes für mich.

»Ich lasse mich scheiden«, erkläre ich nach der Begrüßung beim obligatorischen Tee.

»Du spielst Hasard mit deinem Leben. Du hast keinen Beruf erlernt. Du wirst keine Arbeit finden.« Burhan redet eindringlich auf mich ein. Ich habe das Gefühl, gegen eine Wand zu laufen. »Siehst du eine Möglichkeit, nach Deutschland zu kommen? Dort könnte es vielleicht gehen. In der Türkei hast du als Frau keine Chance – allein, geschieden, mit zwei Kindern und mit deiner Lebenserfahrung.« Jedes seiner Worte ist ein Schock.

Ich blicke zu Zuhal. Sie nickt, stimmt ihrem Mann zu: »Das Leben in der Türkei ist hart für eine Frau, die aus den üblichen Formen ausbrechen will. Ich hatte das Glück, daß meine Eltern bei mir für eine gute Ausbildung gesorgt haben. Trotzdem weiß ich nicht, ob ich es ohne Burhan geschafft hätte. Er stand immer an meiner Seite. Du aber bist allein und hast keinerlei Grundlage für ein selbstbestimmtes Leben, hast keinen Schulabschluß, keine Ausbildung und zwei Kinder, die einmal anders leben sollen als du.«

Das habe ich nicht erwartet. Ich gebe viel auf das Urteil der beiden. Die Erkenntnis, daß ich keine Ahnung habe, nur den Haushalt führen und Kinder betreuen kann, ist mir ja nicht neu. Zum ersten Mal aber sehe ich die Konsequenzen in aller Klarheit vor mir. Bin ich deshalb für immer an Hikmet gebunden? Habe ich wirklich keine Chance auf ein eigenes Leben? Eine Antwort kann ich nicht finden.

Wie in Trance gehe ich zurück nach Hause. Wie in Trance verbringe ich die nächsten drei Monate, vernachlässige die Kinder und besuche nicht einmal mehr Oma. Die Vorhänge bleiben zugezogen. In tiefer Depression sitze ich stundenlang mit verschränkten Armen regungslos im Sessel und starre vor mich hin.

Sila holt das Nötige im Tante-Emma-Laden um die Ecke. Oma kommt ab und zu für einen Tag, bringt etwas Ordnung in den Haushalt und kocht für uns. Ihre traurigen Augen fragen: »Was ist los mit dir, Kind?«

Stundenlang laufe ich Kreise durch die Wohnung.

Ich weiß nicht, wie es gehen soll.

Ich habe nichts gelernt.

Papa wird mich nur so lange unterstützen, bis Hikmet seinen Militärdienst absolviert hat.

Es wird nicht klappen.

Ich werde es nicht schaffen.

Wie soll ich unser Leben nach der Scheidung bewältigen? Die Kinder sind so hilflos und so klein.

Ganz allmählich aber fange ich im Unterbewußtsein an, den Satz »Wie soll es gehen?« ersatzlos zu streichen, bis nur noch übrigbleibt: »Ich will die Scheidung, auch, wenn ich die Folgen jetzt noch nicht überblicken kann.«

Langsam erwache ich aus der Erstarrung. Umut wird in diesem Jahr drei. Ich bringe ihn in die Vorschule, die in Izmir vor allem berufstätigen Müttern angeboten wird. Seine Hyperaktivität macht mir große Sorgen. Seit ich von seiner Krankheit weiß, habe ich jedes Buch, jeden Artikel darüber gesammelt. Umut kann nicht mit anderen Kindern spielen, weil er sie beißt und schlägt. Ich hoffe, daß ihm die Vorschule hilft.

Sila wird zur selben Zeit eingeschult. Sie ist sechs. Neun Jahre dauert mein Martyrium jetzt schon, überlege ich. Es wird Zeit, es zu beenden. Ich rede mir Zuversicht ein.

Wenn die Kinder aus dem Haus sind, mache ich mich auf die Suche nach mir selbst. Ich will herausfinden, wohin ich gehöre. Fast täglich durchstreife ich Karsiyaka, jenen Stadtteil von Izmir, in dem das kulturelle Leben der Stadt stattfindet. In den Büchereien suche ich nach Fachliteratur zum Thema Hyperaktivität, melde mich bei einem Malkurs an, schlage das Angebot, mich als Aktmodell zur Verfügung zu stellen, aus, verliere die Lust am Kurs, fühle mich eingeengt von den Regeln, die dort vorgegeben werden. Ich will auf meine eigene Art malen. Ich versuche alles nachzuholen, was ich bisher verpaßt habe.

»Stell dir vor, ich habe Bervins Vater auf dem Basar getroffen.« Onkel Halil berichtet es mir ganz aufgeregt, er weiß, wie eng einst mein Verhältnis zu meiner Schulfreundin war. Ich bin überrascht, voller Freude. Wie schön war doch die Zeit, als wir gemeinsam mit Suna als unzertrennliches Trio durch die Umgebung von Ankara streiften. Mein Onkel gibt mir ihre Telefonnummer. Ich rufe Bervin an. Sie freut sich auf mein Kommen.

»Hallo Schwester.« Wir liegen uns in den Armen. Mit einem Blick erkenne ich ihre Situation: Auch sie wurde verheiratet, hat drei Kinder, lebt in ärmlichsten Verhältnissen. Wir werden kaum eine Minute allein gelassen, aber sie muß mir nichts erklären: Ich sehe die Spuren der Prügel in ihrem Gesicht, erkenne

den Hunger in ihren Augen. Mager und ausgezehrt sitzt sie in der Runde, die Augen niedergeschlagen. Nur ab und zu traut sie sich den Blick zu heben, schickt mir mit den Augen die stumme Botschaft:
»Was ist von unseren Träumen geblieben?«
Ein dicker Kloß verschnürt meinen Hals. Ich kann kaum die Höflichkeitsfloskeln herunterbeten.
Es geht ihr noch viel schlechter als mir. Bei aller sonstigen Brutalität – Hikmet hat mich nie geschlagen. Ich bin zutiefst aufgewühlt. Was ist bloß aus diesem stolzen Kurdenmädchen geworden?
Dreimal darf ich sie besuchen. Dann ruft sie an. Sie flüstert, weil sie Angst hat, gehört zu werden: »Inci, ich darf dich nicht mehr sehen. Bitte komm nicht mehr. Sie denken, ich könnte dir Familiengeheimnisse verraten.«

Blindheit

Immer wenn ich glaube, ich hätte alles im Griff, trifft mich der nächste Schlag – und ich stürze wieder ab. Aus heiterem Himmel kann ich plötzlich kein Licht mehr vertragen. Selbst bei geschlossenen Vorhängen sitze ich mit dick verquollenen Augen da. Sowie ein Lichtstrahl hereindringt, schießen mir Tränen in die Augen. Es wird immer schlimmer. Ich sehe nur noch verschwommen, die Augen fangen an zu bluten. Die Schmerzen kann ich kaum ertragen. Ich kapituliere und binde mir die Augen zu. Ich bin wie eine Blinde.

Oma wacht dauernd bei mir. Sie weint ständig. Ohne sie wäre ich völlig hilflos. Mein Gott, was wird jetzt aus Sila und Umut, wie soll ich sie großziehen, wenn die Krankheit unheilbar ist? Panik überfällt mich – vor allen auch wenn ich mir vorstelle, daß Hikmet mich in diesem Zustand vorfinden würde.

Mit Onkel Halil irre ich von Arzt zu Arzt. Diagnosen, Spritzen, Medikamente – alles ist wirkungslos. Keiner findet heraus, um was es sich handelt. Onkel Halil führt mich zum Einkaufen, begleitet mich in die Stadt zur Bank. Er gibt nicht auf und sucht weiter nach einer Erklärung: bei Ärzten, bei Naturheilern, beim Imam in der Moschee. Sechs Monate dauert der Zustand schon an, bis er einen Professor ausfindig macht, der sich auf diese Krankheit spezialisiert hat.

Onkel Halil fährt mich täglich zur Behandlung. Ich erhalte Spritzen im Augenbereich, und endlich bessert sich der Zustand von Tag zu Tag. Bald sehe ich wieder fast normal. Geblieben ist mir die Sonnenbrille, die ich trage, um meine Augen vor grellem Licht zu schützen. Und die Angst, die Lichtunverträglichkeit könnte wiederkommen.

Die letzte Chance

Kurz nach der Heilung kommt Hikmet vom Militär zurück. Ich gebe ihm eine letzte Chance. Hat er etwas verstanden? Setzt er ein Zeichen, damit wir eine bessere Beziehung aufbauen können? Mir geht es um die Kinder, nicht um mich. Für sie möchte ich die Familie zusammenhalten. Sie sollen nicht ohne Vater aufwachsen.

Als wenn ich es geahnt hätte, er bittet um Frieden: »Ich habe Arbeit gefunden. Du kannst deinen Verwandten sagen, daß sie uns künftig kein Geld mehr schicken müssen. Wir benötigen keine fremde Hilfe mehr.«

Tatsächlich. Hikmet arbeitet. Aber nur einen Monat lang, dann ist es vorbei. Das in dieser Zeit verdiente Geld sehe ich nie.

Wieder erwartet uns gähnende Leere im Kühlschrank und in der Vorratskammer. Während der Militärzeit meines Mannes hatte ich jede noch so kleine Summe, die am Monatsende übrig war, als eiserne Reserve in Goldschmuck angelegt. Als die letzte Lira ausgegeben ist, verkaufe ich nun das Gold bei einem Juwelier, den ich flüchtig kenne.

»Wo hast du das Geld her?« Hikmet hat den Ton in der Stimme, den ich so gut kenne.

»Ich habe unser letztes Gold verkauft, damit wir etwas zu essen haben.« Ich zeige ihm, was ich für die Reifen erhalten habe.

»So viel? Du kannst doch niemals so viel bekommen haben? Hast du's mit dem Juwelier getrieben? Tust du's jetzt schon für Geld?«

Er ist mir nicht einmal mehr eine Antwort wert. Auf dem Weg zum Basar habe ich das Schild einer Rechtsanwältin gesehen. Ich verlasse ohne weitere Worte die Wohnung und begebe mich zu dieser Kanzlei.

Als ich vor Büsras Schreibtisch sitze, fange ich hemmungslos zu weinen an. Sie beruhigt mich, hört sich geduldig meine Geschichte an und erklärt mir, welche Schritte sie für die Scheidung einleiten wird. Und was ich zu tun habe. Ich gebe ihr die Vollmacht.

Die Würfel sind gefallen. Endgültig.

Allein

Die Scheidung

Als ich von dem Termin bei Büsra heimkomme, bin ich heiter, fast beschwingt. Ich habe mich entschieden. Unser Leben wird sich ändern. Hikmet treffe ich nicht zu Hause an. Wie schön, denke ich. Bald werde ich ihn überhaupt nicht mehr ertragen müssen.

Ich rufe Papa in Deutschland an: »Es geht nicht mehr weiter. Ich habe mich entschieden und werde mich scheiden lassen.«

»Wenn du die Kinder bei ihrem Vater läßt, bin ich einverstanden. Dich allein kann ich weiter finanzieren. Für die Kinder soll der Vater die Verantwortung übernehmen.«

»Ich werde meine Kinder niemals hergeben. Beide wollen bei mir bleiben. Papa, du weißt, daß Umut krank ist, schreit und ohnmächtig wird, sowie ich nicht bei ihm bin. Ich werde ihn nie im Stich lassen.«

»Dann bleib mit ihnen bei Hikmet. Warum willst du dich unbedingt scheiden lasen? Sicher ist da ein anderer Mann mit im Spiel?«

Ich merke Mutters Einflüsterungen und reagiere ganz ruhig: »Es gibt keinen anderen Mann, Papa. Du kannst dich entscheiden, entweder du unterstützt mich weiter, und zwar mit meinen Kindern, oder ich gehe ins Bordell. Ich werde auch ohne dich zurechtkommen.«

Es ist mir in diesem Moment egal, was Papa denkt. Ich habe aufgehört, das »gute Kind« zu sein. Und ich habe gewonnen.

Als Hikmet wieder auftaucht, geht alles blitzschnell. Ich lasse ihm keine Zeit, sich hinzusetzen, sondern gehe direkt auf ihn zu:
»Bei mir ist Schluß. Aus. Ende. Dies ist meine Wohnung, und es sind meine Kinder, die ich zur Welt gebracht habe. Hier gehört dir nichts. Geh! Hau ab! Verschwinde! Und zwar sofort. Ich war bei meiner Anwältin und habe die Scheidung eingereicht. Ich will dich nicht eine einzige Nacht mehr in meinem Bett riechen müssen.«

»Du weißt nicht, was du sagst, du bist nicht bei dir.« Er schaut mich an, als käme ich von einem anderen Stern.

Da sich Mutter und mein Bruder Ali gerade in Izmir aufhalten, rufe ich sie an.

»Mutter, du hast ihn in mein Leben gebracht. Ich habe ihn nie gewollt. Jetzt holst du ihn auch wieder raus. Das ist deine Aufgabe. Wie du das machst, ist mir egal. Komm her und wirf ihn raus. Ich will ihn nicht mehr sehen.«

Sie merkt, daß jede Diskussion zwecklos ist.

Nicht lange nach dem Telefonat sind Ali und Mutter bei mir. Sie setzen Hikmet vor die Tür.

»Ist das wirklich dein Ernst?« Er dreht sich noch einmal zu mir um, kann es immer noch nicht fassen.

»In meinem Leben wirst du keine Rolle mehr spielen. Leb du dein eigenes Leben, ohne uns.«

Was ich sage, meine ich auch so. Er scheint das zu spüren und verläßt ohne weiteren Widerstand die Wohnung.

Mutter und Ali schließen die Tür hinter ihm. Ich stehe am Fenster, weil ich sicher sein will, daß er nicht zurückkommt. Hikmet tritt aus der Haustür, geht die Straße zur Stadt hinunter und verschwindet aus meinem Leben. Denke ich.

Kaum habe ich die Gardine losgelassen und mich umgedreht, greift Ali mich unvermittelt an: »Gib doch zu, daß du einen anderen hast. Denkst du nicht an deine Kinder? Ich bin ohne eine richtige Familie aufgewachsen und weiß, was das bedeutet.«

»Ali, du kannst denken, was du willst, das steht dir frei.«
Er kommt mit funkelnden Augen auf mich zu und hebt die Hand. Ich trete ihm einen Schritt entgegen: »Wage das nicht. Trau dich ja nicht, mich anzufassen.«
Er bleibt stehen, als ob er gegen eine Mauer gelaufen wäre. Mit großen, erstaunten Augen sieht er mich an, anscheinend will er etwas sagen, bleibt aber stumm. Schließlich winkt er ab, dreht sich um und setzt sich auf einen Stuhl. Ich habe gerade einen ersten Vorgeschmack von der »Solidarität« meiner Verwandten erhalten.
Mutter steht einfach dabei. Sie wirkt nicht einmal betroffen.
Schließlich gehen die beiden. Ich bin mit Sila und Umut zum ersten Mal tatsächlich allein in unserer Wohnung.
Gleich am nächsten Morgen besuche ich Büsra. Alle sollen merken, daß mich nichts mehr von meinem Entschluß abbringen kann. Alle Versuche, mich umzustimmen, wehre ich ab: »Ihr braucht mir nichts mehr zu sagen, es ist endgültig. Laßt uns in Ruhe.«
Hikmet ist nach Tokat gefahren, erfahre ich. Was er für sich unternimmt, interessiert mich nicht mehr. Meine Angst und mein Respekt vor ihm gehören der Vergangenheit an. Er ist ein unentschlossener, passiver Mann, der sich von anderen beherrschen läßt. Das habe ich erkannt. Er ist wie der Dompteur, der einen Schritt vor dem Tiger zurückgewichen ist. Er hat nie wieder eine Chance, das Tier zu beherrschen.

Ich rufe Nuri an: »Wollen wir uns treffen? Kommst du zu mir?« Wir telefonieren miteinander, seit ich in Izmir bin, unterhalten uns wie Freunde. Er hat mittlerweile auch zwei Kinder und ist in der Stadt ein einflußreicher Mann geworden. Seine Geschäfte gehen gut.
Zum ersten Mal stehen wir uns wieder gegenüber. Allein. Es ist ein Abenteuer, denke ich, als ich ihn mit ins Schlafzimmer

nehme. Warum ich mich mit ihm eingelassen habe? Ich weiß es nicht. Vielleicht, weil er der erste Mann ist, der die Frau in mir gesehen hat? Vielleicht aus Trotz? Vielleicht aus Rache? Ich versuche, mich selbst zu verstehen.

Immer wenn ich Zeit habe und die Kinder bei der Oma oder in der Schule sind, rufe ich ihn an. Und Nuri kommt. Mehr ist es für mich nicht.

Verrat

Oma unterstützt mich bei meiner Entscheidung: »Kind, du hast die Scheidung gewollt. Das ist dein gutes Recht. Aber laß dir nie die Kinder wegnehmen. Deine Mutter, deine Tante, deine Cousine und auch ich haben zwei Kinder in Stich gelassen. Es ist ein Fluch, der auf unserer Familie lastet. Laß dich niemals in deinem Leben darauf ein. Egal, was passiert, deine Kinder gehören zu dir.« Nicht ein einziges Mal zuvor habe ich sie bisher so ernst und beschwörend reden gehört. Es gibt mir Kraft, sie an meiner Seite zu wissen.

Fast jeden Tag bin ich bei ihr. Wir reden, lachen, haben es gut miteinander. Papa schickt nach wie vor Geld, obwohl ich die Kinder behalten habe. Er scheint die Situation akzeptiert zu haben.

Vor allem ist Hikmet nicht mehr da. Er wohnt jetzt wieder in Urfa bei Mustafa, seinem Onkel, der die Ehe zwischen Sami und Hurie gestiftet hat. Ab und zu ruft er an, spricht mit den Kindern, ist ruhig. Auch er scheint sich mit der bevorstehenden Scheidung abgefunden zu haben.

Ich erhole mich, plane meine Zukunft. Die Kinder sind den ganzen Tag über in der Schule. Ich habe Zeit. Alles sieht gut aus.

Wir sind wieder bei Oma, als Hikmet anruft: »Ich bin in Izmir und möchte die Kinder sehen, mit ihnen einkaufen gehen.«

Sila weigert sich: »Ich will ihn nicht sehen. Ich will auch nicht mit ihm einkaufen gehen.«

Ich versuche sie zu überzeugen: »Er ist dein Vater. Auch wenn wir uns scheiden lassen, ändert das nichts daran. Geht mit ihm. Ihr dürft den Kontakt zu ihm nicht verlieren.«

»Mach dir keine Gedanken, ich bring' sie in zwei Stunden wieder«, verspricht Hikmet.

Ich bin froh, daß wir uns offensichtlich besser verstehen. Noch heute wundere ich mich über meine Naivität.

Oma und ich warten. Stunden verrinnen. Von Hikmet und den Kindern ist weder etwas zu sehen noch zu hören. Ich mache mir langsam Sorgen. Es könnte etwas passiert sein.

»Oma, ich warte daheim. Sicher wird er sie dorthin bringen. Ruf' mich an, wenn du was hörst.«

Ich möchte nicht, daß sie meine Sorgen sieht.

Mitten in der Nacht erhalte ich einen Anruf von Hikmet: »Wir fahren jetzt nach Tokat. Fährst du mit?«

»Wo sind meine Kinder? Bring' sie sofort her!« Ich kann meine eigene Stimme fast nicht verstehen.

»Wenn du deine Kinder willst, mußt du mit nach Tokat kommen. Solltest du auf der Scheidung beharren, wirst du sie nie wiedersehen. Wir stehen am Busbahnhof. In einer Stunde ist Abfahrt. Entscheide dich und komm mit.«

Ich rufe Mutter an. Sie erscheint mit Burhan, dem Architekten, in dessen Auto. Sie hält die Stellung in meiner Wohnung, während Burhan und ich zur Polizei fahren.

»Hast du ein Scheidungsurteil?« fragt der Beamte.

»Nein.«

»Dann sind uns die Hände gebunden. Bis zur Scheidung habt ihr beide das Sorgerecht. Wer die Kinder hat, darf sie behalten.«

Die Beine tragen mich gerade noch vor die Tür der Wache. Dort versagen sie den Dienst. Ich sinke auf die Treppe und weine. Burhan versucht mich zu trösten.

»Umut ist krank, er braucht mich«, schreie ich in die Nacht hinein. Burhan trägt mich zum Auto.

»Fahr zum Busbahnhof, bring' mich zu meinen Kindern.« Ich bin blind von meinen Tränen.

»Das bringt nichts. Es gibt nur einen sinnlosen Streit, den du verlieren wirst. Es ist vernünftiger, wir fahren nach Hause.«

Ich sinke in mich zusammen.

»Es ist nichts zu machen«, erklärt er Mutter.

»Dann laß uns gehen.« Ich höre ihre Stimme, sehe ihren Blick. Wie Schuppen fällt es mir von den Augen: Ich weiß, wie Männer reagieren, die ihr erlegen sind. Burhan. Ausgerechnet Burhan! Kann ihr nicht einmal ein Mann wie er widerstehen? Kann sie denn von keinem die Finger lassen?

Offensichtlich wollen die beiden das Alibi nutzen, das sich ihnen durch die Situation bietet. Sie verabschieden sich hastig. Burhan hält meinem Blick nicht stand. Sie lassen mich einfach alleine sitzen.

In dieser schrecklichen Situation rufe ich Nuri an. Als er an meiner Wohnungstür steht, falle ich ihm schluchzend in die Arme. Zwar besitzt er Einfluß in Izmir, aber in diesem Fall kann selbst er mir nicht helfen. Formal hat der Polizist recht. Vor der Scheidung kann derjenige über die Kinder bestimmen, bei dem sie gerade sind.

Ich will nicht aufgeben, laufe ziellos durch die Straßen, liege stundenlang im Kinderzimmer, belagere die Polizei, bestürme die Anwältin.

»Es ist aussichtslos«, höre ich überall.

Also muß ich nach Tokat fahren. Muß wiederum meine Kinder entführen. Das steht für mich fest. Ich habe noch etwas Geld und verkaufe zusätzlich Silas Goldarmreifen.

Gerade als ich mich auf die Reise machen wollte, ruft Mustafa aus Urfa an: »Hallo, was machst du?«

»Ich will nach Tokat fahren, um meine Kinder zu holen.« Ich bin so naiv, ihm zu vertrauen. Dabei war doch Hikmet bei ihm für die erste Zeit untergeschlüpft, als ich ihn vor die Tür gesetzt hatte.

»Mach das nicht. So etwas schaffst du nicht alleine. Komm her zu mir. Ich helfe dir. Wir fahren zusammen.«

Mitten in der Nacht begebe ich mich zum Busbahnhof. Die Straßen sind menschenleer. Izmir ist nachts eine gefährliche Stadt für Frauen, die keine Begleitung haben. Innerlich zittere ich vor Angst, lasse mir aber nichts anmerken. Erleichtert sitze ich endlich im Bus nach Urfa.

Mustafa und seine Familie empfangen mich freundlich. Die haben mich alle lieb, denke ich, bin darüber heilfroh und fühle mich geborgen.

»Heute ist ein Feiertag. Warte bis morgen, dann fahren wir zusammen«, erklärt Mustafa, als ich ihn frage, ob wir sofort aufbrechen können.

»Ich kann nicht warten. Umut ist krank. Es kann lebensgefährlich für ihn sein, wenn ich nicht bei ihm bin. Sie können nicht mit ihm umgehen.«

»Wir warten bis morgen. Am Feiertag können wir nichts ausrichten. Da sind alle in ihren Häusern.«

Es bleibt mir keine Wahl. Noch hoffe ich auf seine Hilfe.

Am Abend sitzen wir alle im Wohnzimmer. Aus heiterem Himmel fällt Mustafa über mich her, macht mir die größten Vorwürfe:

»Warum willst du dich scheiden lassen? Warum willst du deinen Kindern den Vater nehmen? Ihr habt beide Fehler gemacht. Ich bringe dich nach Tokat. Ihr werdet euch treffen. Ihr geht wieder zusammen. Alles wird gut.«

»Aber...«

Mehr bekomme ich nicht heraus, schon fährt er mir über den Mund: »Sei ruhig. So wird es gemacht.«

Widerrede von Frauen dulden türkische Männer seines Schlages nie. Wenn sie überhaupt mit ihnen reden, sind sie gewohnt zu befehlen. Ohne mich weiter zu beachten, telefoniert er mit seiner Schwester in Tokat.

»Inci ist bei mir. Ich werde sie morgen bei euch abgeben. Wir werden die beiden wieder zusammenbringen.«

Ich fühle mich unendlich leer. So große Hoffnung hatte ich in seine Hilfe gesetzt. Und jetzt diese Enttäuschung. Am meisten ärgere ich mich aber über mich und über meine Naivität. Wie konnte ich derart leichtgläubig sein? Allmählich dämmert mir, was ich seitens meiner Verwandtschaft noch zu erwarten habe.

Mustafa will mich zwingen, wieder von vorne anzufangen. Nicht mit mir. Mittlerweile ist mein Trotz erwacht.

Ich gebe vor, zur Toilette zu gehen, schleiche aber ins Schlafzimmer und packe mein Bündel.

»Inci«, höre ich Mustafa hinter mir herrufen, als ich die Wohnungstür zuziehe. Sie haben mich entdeckt, also muß ich nicht mehr leise sein, denke ich und stürze die Treppe hinunter und aus dem Haus. Mustafa und seine fünf Kinder hetzen hinter mir her. Sie können mich aber nicht einholen. Nach Luft ringend, bleibe ich schließlich im Schutz einer Hecke stehen.

Ich fühle mich wie eine Darstellerin in einem Krimi. Nur ist dies hier kein Krimi, sondern bittere Realität. Mitten in der Nacht stehe ich im finsteren Kurdenviertel von Urfa, das berüchtigt ist für seine hohe Kriminalitätsrate. Ende November ist es bei glasklarem Himmel eisig kalt. Hunde bellen in weiter Ferne. Straßenbeleuchtung gibt es nicht. Nur die Sterne erhellen die unbefestigten Wege. Rechts und links drohen Schatten – die Silhouetten der Häuser, die planlos in die Landschaft gebaut wurden. Kein einziges Licht kann ich in den Fenstern entdecken. Keine Frau läuft hier um diese Zeit allein herum. Was ist das für ein Geräusch? Meine Zähne klappern – nicht nur wegen der Kälte. Ich bin vor Angst wie gelähmt. Wie lange ich in der sicheren Deckung verharre? Ich habe es vergessen.

Unvermittelt laufe ich los. Wohin? Keine Ahnung. In welcher Richtung geht es zum Busbahnhof? Ich weiß es nicht. Ein Auto nähert sich. Welch unwahrscheinliches Glück: Es ist ein Taxi. Atemlos lasse ich mich auf den Beifahrersitz fallen.

»Wohin?«

»Egal. Fahr los!« Die Spannung fällt von mir ab. Erschöpft fange ich an zu weinen.

»Kann ich helfen?«

»Fahr mich nur zum Busbahnhof.«

Es ist wie im Film: Ein Bus nach Samsun an der Schwarzmeerküste steht abfahrbereit. Er fährt über Tokat.

»Wieviel bekommst du?«

Der Taxifahrer winkt ab: »Viel Glück.«

Ich steige in den Bus ein. Inan, Mustafas ältester Sohn, setzt sich neben mich, ich hatte ihn zuvor nicht gesehen.

»Mein Vater wartet draußen im Auto auf dich.«

»Sag ihm, ich werde nicht kommen.«

»Inci, mach jetzt keine Schwierigkeiten. Geh lieber mit, ehe er dir welche macht.«

Eine grenzenlose Wut steigt in mir auf: »Noch ein Wort und ich werde laut um Hilfe schreien, ich werde der Polizei sagen, daß ihr mich vergewaltigen wollt. Verschwinde, Inan! Richte deinem Vater aus, daß er auch verschwinden soll. Ab heute sind wir Feinde.«

Er schaut mich völlig überrascht an. Ich bin ganz ruhig: »Geh jetzt.«

Inan steigt aus dem Bus aus, kurz darauf fährt er ab. Zum Glück darf man rauchen. Ich fange wieder an zu weinen, kann mich nicht dagegen wehren, und schluchze die ganze Fahrt vor mich hin.

Draußen wird es hell. Etwa eine Stunde vor Tokat hält der Bus an einer nicht sehr sauberen Raststätte an. Es ist Zeit für eine Frühstückspause. Alle beobachten mich. Eine junge Frau ohne Begleitung ist eine Ausnahme. Ich setze mich allein an einen Tisch und trinke Tee.

Der Schaffner in dunkelblauer Uniform tritt auf mich zu: »Der Fahrer möchte mit dir reden. Kommst du zu uns?«

»Was will er mit mir reden?«

»Komm doch rüber, setz dich zu uns. Trinken wir einen Tee miteinander.«

Was hab' ich zu verlieren, denke ich und gehe mit ihm.

»Iß was«, fordert mich der Fahrer auf.

»Ich kann nicht.«

»Du mußt was essen. So, wie du aussiehst, wirst du sonst bald zusammenbrechen. Iß wenigstens eine Suppe.«

Er bestellt eine Bohnensuppe und fragt: »Ich hab' gesehen, wie du die ganze Nacht geweint hast. Können wir dir helfen?«

Ich erzähle soviel, wie nötig ist, und erkläre schließlich: »Umut ist krank. Er wird immer am ganzen Körper blau, er braucht mich.«

»Iß deine Suppe, und wir werden dir helfen. Ich hab' schon einen Plan.«

Ich kann es kaum fassen. Meine Verwandten und Anverwandten verraten mich, stehen auf Hikmets Seite, und hier helfen mir wildfremde Menschen.

Gegen acht Uhr morgens erreichen wir Tokat. Mein Herz klopft zum Zerspringen. Der Bus hat hier einen längeren Aufenthalt. Der Schaffner geht weg und kommt mit einem Auto wieder. Woher er es hat, weiß ich nicht.

»Beeil dich, wir haben nicht viel Zeit!« Er läßt mich einsteigen. Gemeinsam fahren wir zu Samis Haus.

Hinter dem Garten mit den Apfelbäumen, durch den Sema immer zu Mehmet gegangen ist, verläuft die vierspurige Schnellstraße in Richtung Samsun. Wir verlassen sie in Höhe des Hauses, fahren durch die Bäume so dicht wie möglich an das Grundstück heran. Mit dem Busfahrer haben wir verabredet, daß er uns folgen und etwa eine Viertelstunde später an der Schnellstraße auf uns warten soll.

Wir schleichen zum Haus, spähen durchs Fenster. Wir können nur Hurie sehen. Sonst scheint niemand da zu sein.

Der Schaffner geht an die Tür und klopft an: »Ich habe eine Nachricht für Hikmet. Ist er da?«

Hurie sieht die Uniform, schöpft also keinen Verdacht: »Nein, er ist mit den Kindern aufs Land gefahren.«

Ich stöhne vor Enttäuschung auf. Aus dem Dorf kann ich sie nicht herausholen. Ich weiß ja nicht einmal, wie man dort hinkommt. Alleine bin ich nicht ein einziges Mal dort gewesen.

»Und jetzt?« fragt der Fahrer. Pünktlich hält er auf der Schnellstraße hinter den Apfelbäumen.

»Setzt mich bitte irgendwo in der Stadt ab. Ich werde schon zurechtkommen. Ihr müßt ja weiter nach Samsun. Vielen Dank noch mal für eure Hilfe.«

Der Schaffner parkt das Auto auf dem Haltestreifen der Schnellstraße und läßt den Schlüssel stecken. Er scheint es so verabredet zu haben.

Es ist Mittag geworden. Ich stehe mitten auf der Hauptstraße von Tokat. Mein Kopftuch habe ich so gebunden, daß man mein Gesicht nicht erkennen kann. Jetzt zahlt sich meine jahrelange »Isolationshaft« aus. Niemand erkennt mich, und meine Verwandten wohnen fast alle in den Dörfern der Umgebung. In einem Lebensmittelgeschäft kaufe ich eine große Flasche Wasser. Schließlich finde ich ein Hotel, in dem ich mir ein winziges Zimmer nehme. Es ist gerade mal so groß, daß das Bett hineinpaßt, Dusche und Toilette finde ich auf der Etage.

Ich rufe eine Verwandte an. Sie ist die einzige, von der ich glaube, daß ich ihr vertrauen kann. Sie warnt mich: »Komm nicht her. Laß dich nirgends sehen. Sie bringen dich um, wenn du ihnen in die Hände fällst. Alle wissen, daß du in Tokat bist. Mustafa hat angerufen.«

Langsam lege ich den Hörer auf das Telefon. In der Apotheke neben dem Hotel kaufe ich ein Röhrchen mit Schlaftabletten. Ich weiß nicht weiter, kapituliere vor der Macht der Verwandten und nehme die ersten fünf Tabletten ein. Gerade als ich die anderen in meine Hand schütten will, um sie ebenfalls mit dem Wasser herunterzuschlucken, da ruft der Muezzin vom benachbarten Minarett zum Gebet. Er rettet mein Leben. Selbstmord ist eine Sünde – das wurde immer wieder gesagt. Ich wache wie aus einem bösen Traum auf, kann wieder denken und lege das Röhrchen mit den restlichen Tabletten zur Seite. Dann strecke ich mich auf dem Bett aus und ziehe das Kopftuch übers Gesicht. Ich fühle mich so unendlich allein, daß ich sogar Sehnsucht nach meiner bösen Mutter habe. Zum ersten und bisher einzigen Mal.

Ich denke an Oma, Papa, die Kinder. Oma würde es nicht ertragen, wenn ich mir das Leben nähme. Papa hätte es nicht verdient, daß seine Tochter durch Selbstmord endet. Und die Kinder sowieso nicht.

Was soll ich tun? Nach Izmir zurückfahren und ohne sie leben? Unvorstellbar. Erst recht kann ich nicht wieder mit Hikmet zusammenleben und befolgen, was er von mir verlangen würde: mit dem Kopftuch herumsitzen, putzen, kochen, meinen Mann bedienen, ihn auf Wunsch befriedigen. Nie und nimmer.

Es wird Abend. Über Stunden liege ich auf diesem Bett. Seit dem Abendessen bei Mustafa habe ich nichts als die Suppe mit dem Busfahrer gegessen. Körperlich bin ich am Ende.

Draußen ist es nun stockfinster. Ich höre seltsame Geräusche und bekomme es mit der Angst zu tun. Die Zimmertür ist nicht abschließbar. Da kommt mir eine teuflische Idee.

Schon lange weiß ich, daß Kasim, ein Cousin Hikmets, ein

Auge auf mich geworfen hat. Ganz ehrenhaft, ohne mir je zu nahe getreten zu sein. Er ist verheiratet, hat zwei Kinder.

Ich rufe ihn an: »Kasim, hier ist Inci.«

»Um Gottes willen, sag mir, wo du bist. Sag's mir schnell!«

»Ich bin im Hotel. Ich brauche dich. Komm bitte, aber komm allein.« Ich stehe auf, werfe die restlichen Tabletten in die Toilette und lege das leere Röhrchen demonstrativ auf den Tisch, den Deckel daneben.

Eine Viertelstunde später steht Kasim im Zimmer. Er findet mich mit angezogenen Beinen auf dem Bett sitzend, in eine Decke gewickelt, die Arme darüber verschränkt. Er sieht mein blasses Gesicht, dunkle Ringe unter den Augen, blaue Lippen. Und er sieht das leere Röhrchen, nimmt es in die Hand, wirft es zurück auf den Tisch wie ein glühendes Stück Eisen.

Er setzt sich zu mir, umarmt mich: »Baby, was hast du gemacht? Als ich gehört habe, was du hier willst, bin ich vor Angst um dich fast verrückt geworden.« Kasim weint beinahe.

Ich weine richtig: »Ich will meine Kinder.«

»Sei ganz ruhig, ich werde alles erledigen. Als erstes mußt du ins Krankenhaus!«

»Nein, ich gehe nicht. Ich will zu meinen Kindern. Jetzt, auf der Stelle.«

»Ist ja gut, Inci, komm, gehen wir erst zu mir.«

Als wir bei ihm eintreffen, befinden sich nicht nur Emine, seine Frau, und ihre beiden Kinder in der Wohnung. Meine ganze Verwandtschaft drängt sich hier zusammen. Woher haben sie gewußt, daß ich Kasim folgen werde? Hat er mich verraten? Oder Emine? Es bleibt mir keine weitere Zeit, darüber nachzudenken.

Hikmet baut sich sogleich vor mir auf: »Du wirst deine Kinder nie mehr wiedersehen. Es sei denn, du bleibst hier. Wir mieten eine Wohnung in Tokat und holen die Möbel aus Izmir. Entscheide dich.«

»Nein, ich nehme meine Kinder mit mir und gehe mit ihnen allein nach Izmir zurück.«

Stimmengewirr erfüllt das Wohnzimmer. Alle haben auf einmal zu reden angefangen.

Kasim tritt an mich heran: »Gehen wir in die Küche, sprechen wir alleine.« Er hat mir seine Liebe nie gezeigt. Wir haben niemals darüber geredet. Ihm gilt mein Respekt, denn er kann seine Gefühle beherrschen. Ganz im Gegensatz zu vielen anderen anatolischen Männern, die ich kennengelernt habe.

In der Küche sagt er zu mir: »Gib ihnen zu verstehen, daß du bleibst.«

»Das kann ich nicht. Ich kann Hikmets Geruch nicht mehr ertragen. Ich will ihn nie wieder neben mir im Bett haben.«

»Was bist du nur für eine dumme Zicke! Um Gottes willen, sag ja! Mit Gewalt geht nichts. Wenn du deine Kinder erst hast, hast du doch gewonnen.«

Da macht es »klick«, und mir geht ein Licht auf. Jetzt habe ich verstanden, was mir Kasim mitteilen wollte. Wir gehen nun zu den anderen zurück.

Im Wohnzimmer ist es totenstill, alle starren mich an.

»Kasim hat mich überzeugt. Ich habe einen Fehler gemacht. Ich bleibe.«

Wieder füllen die Stimmen meiner Verwandten den Raum.

Hikmet diktiert die Bedingungen: »Wir gehen morgen zum Notar. Du unterschreibst ein Papier, daß du die Scheidung zurückziehst, und daß du, falls du doch noch einmal mit dem Quatsch anfängst, auf das Sorgerecht für die Kinder verzichtest.«

Ich akzeptiere alles.

Wir fahren mit zwei Autos ins Dorf. In einer Wohnung hat sich der Rest der Verwandtschaft versammelt, der nicht bei Kasim und Emine war. Das nächste Tribunal erwartet mich. Wieder hacken alle auf mich ein. Ich kann es kaum mehr ertragen. Ich schaue Kasim in die Augen. Er versteht.

»Bringt ihr die Kinder.«

Der erste Schock: Sie sind dunkel vor Schmutz. Umut haben sie eine Glatze geschoren. Beide tragen uralte Klamotten, aufgetragen und abgelegt von anderen Kindern. In nur zweieinhalb Wochen haben sie sich in richtige Dorfkinder verwandelt.

Dann der zweite, viel größere Schock: Sie weichen vor mir zurück, setzen sich mir gegenüber auf den Boden, schmiegen sich dicht aneinander, halten sich an den Händen. Ich sehe sie vor mir, kann es kaum erwarten, sie im Arm zu halten und lasse alle Vorwürfe teilnahmslos über mich ergehen.

Wir brechen wieder nach Tokat auf. Vorläufig wollen wir alle – Umut, Sila, Hikmet und ich – bei Kasim übernachten, bis wir eine Wohnung gefunden haben.

Im Auto sagt Sila nur einen Satz: »Mutti, wo warst du?«

»Keine Angst, jetzt bleibe ich bei euch.« Wir sind wieder zusammen.

Emine richtet im Wohnzimmer ein Bett für Hikmet und mich. Noch ehe er auf falsche Gedanken kommt, lege ich die Kinder in der Mitte des Bettes schlafen.

»Wenn wir unsere eigene Wohnung haben, darfst du wieder«, verspreche ich ihm, als ich seinen beleidigten Blick sehe. Er schweigt.

Sie lassen mich keine Minute allein. Zwei, drei Tage lang bin ich mit Emine auf Wohnungssuche. Wir schauen uns Möbel an, suchen Passendes für uns aus. Wie Hikmet sie bezahlen will, ist mir schleierhaft. Sie hören zu, wie ich meine Anwältin anrufe, die Klage zurückziehe. Wir machen Hausbesuche, schwatzen, lachen.

Ich rufe Onkel Halil an. Er überfällt mich mit einem Schwall von Fragen: »Was ist los mit dir? Wo bist du? Warum hast du keinem gesagt, was du vorhast? Ist alles in Ordnung? Brauchst du Hilfe? Niemand weiß was du treibst, Oma und deine Mutter machen sich Sorgen.«

»Onkel, wir werden hierbleiben. Izmir hat mich kaputtgemacht. Ich habe mich falsch verhalten. Wir werden hier ein neues Leben anfangen.«

»Ich hätte nie gedacht, daß du so einen Unsinn reden könntest. Mußte denn das ganze Theater sein, wenn du jetzt kapitulierst?« Er ist richtig böse auf mich.

Alle haben mitgehört. Langsam gewinne ich ihr Vertrauen zurück. Hikmet geht wieder zur Arbeit. Kasim fährt für einige Tage nach Ankara.

Flucht

Es ist Nachmittag, ich bin nun schon seit vier Tagen bei Kasim. Die Männer sind fort, wir Frauen machen es uns gemütlich. Emine und ihre Mutter wiegen die beiden Kleinen auf ausgestreckten Beinen wie es bei türkischen Frauen Brauch ist. Sila und Umut liegen auf der Couch.

»Lassen wir's uns gutgehen. Ich koche Tee und backe einen Kuchen«, biete ich an.

Sila folgt mir in die Küche.

»Was willst du?« frage ich sie. »Sollen wir bei Papa bleiben und hier mit ihm zusammenleben oder willst du mit mir und Umut zurück nach Izmir gehen?«

»Gehen wir.«

Damit ist es entschieden.

Ich pendle zwischen Wohnzimmer und Küche, frage, rede Belanglosigkeiten, bis Emines Kinder auf den Beinen der Frauen eingeschlafen sind.

Umut folgt mir in die Küche, wo Sila schon wartet. Sie ahnt

wohl, was ich vorhabe. Ich hole ein scharfes Messer aus einer Schublade hervor und schneide hinter dem Küchenschrank das Telefonkabel durch.

»Schnell, Sila, nimm deinen Bruder und geh mit ihm nach draußen.«

Ich schließe die Türen von außen ab – nun sind Emine, ihre Mutter und die Kinder eingesperrt. Ich nehme Umut auf den Arm und hetze los. In Sekunden sind wir weg. Später erfahre ich, daß sie die Stelle nicht gefunden haben, an der ich das Telefonkabel durchtrennt habe. Sie brauchten zu lange, um rechtzeitig Alarm zu schlagen. Das sicherte uns den entscheidenden Vorsprung.

Wir rennen um unser Leben. Wohin, das weiß ich nicht. Hikmet arbeitet in einem Büro direkt am Busbahnhof. Dorthin können wir also nicht. Ein Taxi kommt uns entgegen. Zum Glück ist es keines aus Tokat. Wir winken. Es hält. Wir steigen ein.

»Fahren Sie uns irgendwohin, nur fort von hier. Unser Leben ist in Gefahr!« stoße ich atemlos hervor.

»Was ist los?«

»Ich hab' meine Kinder entführt. Mein Mann will mich umbringen.«

»Ich werde dir helfen.«

Ich danke Gott, daß er mir gerade dieses Taxi geschickt hat. Jeder Fahrer aus Tokat hätte mich zu Hikmets Büro am Busbahnhof gebracht.

Wir holen den Mann ab, der das Taxi bestellt hatte. Er will zu einer Tankstelle etwa fünf Kilometer außerhalb von Tokat in Richtung Ankara gefahren werden. Es ist in der Türkei durchaus üblich, daß ein Taxi mehrere Fahrgäste mitnimmt, wenn sie in die gleiche Richtung wollen. Ich habe eine Heidenangst, der Mann könnte uns erkennen und verraten. Sie ist unbegründet, er fragt uns nicht einmal nach unserem Namen.

An der Tankstelle steigen wir aus.

»Wie komme ich jetzt weiter?« Die Frage steht mir im Gesicht geschrieben.

»Mach dir keine Gedanken, wir helfen dir«, versichert der Taxifahrer, der in der Zwischenzeit dem Mann unsere Geschichte in Kurzfassung erzählt hat. Die beiden geben mir Geld und Zigaretten und halten einen Bus an, der Richtung Ankara fährt. Sie schildern dem Fahrer meine Situation.

»Steigt ein, bei uns seid ihr sicher. Ich bringe euch nach Ankara. Aber was für ein Auto haben deine Verfolger?« möchte er noch wissen, ehe wir einsteigen.

Sila antwortet: »Ein blaues.« Sie kennt sogar die Nummer.

Der Bus ist überfüllt. Die Fahrgäste kommen vom Schwarzen Meer und wollen in die Hauptstadt. Sie rücken zusammen, schaffen Platz für uns, ziehen die Gardinen zu.

»Ich sehe sie im Rückspiegel, sie sind hinter uns. Haltet unbedingt die Gardinen geschlossen«, warnt der Fahrer nach etwa einer Stunde über die Bordlautsprecher. Auch auf der anderen Seite, wo wir nicht sitzen, schließen die Reisenden sofort die Vorhänge. Mittlerweile stehen alle im Bus geschlossen auf unserer Seite.

Die Verfolger fahren nun neben uns, sehen nur zugezogene Vorhänge, setzen sich vor uns, drosseln das Tempo und versuchen den Bus anzuhalten. Der Fahrer schaltet das Licht ein, gibt Gas, fährt hupend auf sie zu und nur ganz knapp an ihnen vorbei. Dabei drängt er sie fast in den Graben. Offensichtlich sehen sie ein, daß sie den Bus auf offener Strecke nicht anhalten können. Sie wahren nun einen größeren Abstand. Ich kann mir denken, warum.

Ich gehe zum Fahrer und frage ihn: »Die wissen, daß da vorne die Raststätte kommt. Müssen wir da halten?«

»Ja, es ist Vorschrift.«

»Dann haben sie uns.«

»Keine Angst, uns wird etwas einfallen.«

An der Raststätte hält er direkt neben einem zweiten Bus, der gerade abfahren will. In Sekundenschnelle steigen wir unbemerkt um.

Nach vielen Stunden erreichen wir die Außenbezirke von Ankara. Die Schaffnerin fragt mich: »Wo sollen wir dich absetzen? Wenn sie auf dich warten, dann doch sicher am Busbahnhof.«

»Ich möchte zu meinem Onkel Cem in die Hüseyingazi. Wie komme ich dahin?«

»Da wohnen wir. Wir nehmen dich mit«, rufen die beiden Männer auf den Sitzen hinter mir wie aus einem Mund.

Wir fahren mit dem städtischen Bus weiter. Die beiden Männer bringen mich bis vor die Haustür. Ich falle meinem Lieblingsonkel Cem in die Arme. Peri kümmert sich rührend um uns. Sie gibt den Kindern zu essen, stellt frische Früchte auf den Tisch, richtet unsere Betten. Wir baden und schlafen bis in den nächsten Tag hinein.

Am Morgen sitzen Peri und ich gemütlich am Frühstückstisch. Unvermittelt fragt sie mich: »Warum machst du das Ganze? Wieso hast du deine Kinder entführt?«

»Wie meinst du das?«

»Laß sie doch einfach bei Hikmet. Wenigstens bis zur Scheidung. Kämpfe darum, daß du das Sorgerecht bekommst. Lebe bis dahin alleine. Verwirkliche deine Träume. Du hast ja bis heute nicht die Welt kennengelernt. Leb erst einmal dein eigenes Leben, du hast kein zweites.«

»Welches Leben meinst du?«

Ich brauche ihre Antwort nicht. Eine Kostprobe dessen, was sie sich darunter vorstellt, habe ich ja erhalten, als ich Nuri begegnete und sie sich einen Stock tiefer mit Bülent vergnügte.

Ich kenne ihr Schicksal. Peri war gerade fünf Jahre alt, als ihre Mutter mit einem anderen Mann durchbrannte und sie und ihre

Schwester im Stich ließ. Die beiden wuchsen ohne Liebe bei Stiefeltern auf. Sie kannten nur Prügel, Hunger und seelische Kälte. Deshalb nimmt sich Peri jeden Mann, der sich anbietet, giert der Liebe nach, die sie nie erfahren hat. Mit jedem, dem sie sich hingibt, hofft sie, endlich das zu erleben, was ihr bis heute vorenthalten wurde. Vergeblich. Immer wieder reicht es gerade für den kurzen Kick, der so schnell vergeht, wie er gekommen ist.

Selbstverständlich wurde auch sie von ihrer Mutter mit vierzehn zwangsverheiratet, ließ dann ihre beiden Töchter im Stich, um mit Onkel Cem durchzubrennen – und um ihn später auch zu heiraten.

Hinter dieser seriösen Maske sucht sie jede Gelegenheit, fremdzugehen. Dabei weiß ich sie in guter Gesellschaft mit meiner Mutter, Sema, Eda und all den türkischen Frauen, die es nicht anders machen. Mittlerweile beherrscht sie den Betrug mit geradezu meisterlicher Professionalität. So bleibt sie vor einer Entdeckung bewahrt. Nicht einen Moment zweifelt Onkel Cem an ihrer Treue.

Mit der Scheidung gab sie ihre beiden Töchter auf. Jetzt will sie mir einreden, daß ich wie sie leben und dafür meine Kinder im Stich lassen soll. Ich durchschaue ihr Denken und frage sie:

»Wo sind deine Töchter? Sind sie heute bei dir?«
»Was soll diese Frage? Du weißt doch, wo sie sind.«
»Wann hast du sie zum letzten Mal gesehen?«
»Ich weiß es nicht mehr genau – vor zehn, elf Jahren.«
»Wo ist deine Mutter?«
»Das weißt du doch auch.«
»Wie alt warst du, als sie dich im Stich gelassen hat?«
»Fünf oder sechs.«
»Vermißt du sie?«
»Ich hasse sie, seit sie gegangen ist.«
Wir schweigen minutenlang.

Wie jeder Mensch habe auch ich meine Träume. Ich liebe klassische Musik, sehe mich in der Oper, im Konzertsaal, höre Mozart, Beethoven, Tschaikowsky. Ich tanze im weißen Abendkleid mit Hüseyin, meiner bisher einzigen Liebe, auf dem Wiener Opernball – so wie ich es im Fernsehen gesehen habe. Im Traum sitzen wir natürlich auch fröhlich an einem Tisch, essen, trinken und lachen mit vielen Freunden. Oder wir toben am Meer, laufen am Strand entlang – Hand in Hand. Nachts liege ich dann verliebt in seinen Armen.

Das sind meine Träume. Nie könnte ich wie Peri leben: fast jeden Abend unterwegs sein – mal mit Cem, mal heimlich mit anderen Männern. Mich überhaupt ständig mit irgendwelchen Typen einlassen. Sicher hätte ich keine Schwierigkeiten, Männer zu gewinnen, wenn ich mich für ein solches Leben entscheiden würde. Ich kann jeden Mann, den ich haben will, auf mich aufmerksam machen. Aber ich suche nicht ihre Nähe.

Vergleiche ich Peri mit mir, erkenne ich: Für mich geht es nicht um mein Leben, es geht um das von Sila, Umut und mir. Ich habe meine beiden Kinder gewollt, habe sie unter schwierigsten Umständen auf die Welt gebracht. Wir gehören zusammen, niemand wird uns je trennen.

Wenn wenige Wochen schon ausgereicht haben, sie in Dorfkinder zu verwandeln, wenn sie nach so kurzer Zeit schon anfingen, mit mir zu fremdeln, soll ich sie da für Monate, vielleicht Jahre verlassen? Oder vielleicht für immer, weil mir dann das Sorgerecht nicht zugesprochen wird? Niemals.

Ich will Umut nicht in zehn, fünfzehn Jahren im Knast besuchen, Sila mit Kopftuch und langem geblümten Rock als Hausfrau in einer aufgezwungenen Ehe in Anatolien oder in einer Türkensiedlung in Deutschland sehen. Ich will meine Kinder erziehen, werde sie führen, werde mich um Schule, Ausbildung und Beruf kümmern, dafür sorgen, daß sie selbständig leben können.

»Glaub mir, Peri«, breche ich das Schweigen, »ich habe mich entschieden. Ich weiß, was für mein Leben richtig ist. Auch wenn es nicht zu dem deinen paßt.« Mehr erkläre ich ihr nicht. Ich bin es nicht gewohnt, allzuviel über Gefühle zu reden.

Finale einer Ehe

Die Frühlingssonne taucht Izmir in funkelnden Glanz. Büsra, meine Anwältin, ist mittlerweile zur Freundin geworden. Wir haben uns in der Kanzlei verabredet. Heute ist der Scheidungstermin.

Sie ist zuversichtlich, gibt aber doch zu bedenken: »Ich sehe ein Problem, Hikmet könnte das Sorgerecht für Sila erhalten.«

»Warum das?« frage ich erschrocken.

»In der Türkei machen es sich die Scheidungsrichter oft leicht: Die Jungen werden der Mutter, die Mädchen dem Vater zugesprochen«, antwortet sie.

»Büsra, wenn du nicht für beide, für Sila und Umut, das Sorgerecht erstreitest, werde ich die Scheidung zurückziehen. Ich gehe dann wieder zu ihm. Er wird niemals eines meiner Kinder für sich bekommen. Ich werde bei ihnen bleiben, ob mit Hikmet in Tokat oder ohne ihn in Izmir. Das steht klipp und klar fest, für mich gibt es keine andere Entscheidung.«

Büsra beruhigt mich: »Mach dir keine allzu großen Gedanken. Hikmet hat einige entscheidende Fehler begangen. Wie du ja weißt, wird er nicht einmal selbst zum Termin erscheinen. Er glaubt, er könne mit ein paar Briefen, die er geschrieben hat, die Kinder für sich gewinnen. Dabei hat er für die Verhandlung nicht einmal einen Anwalt beauftragt. Ich bin überzeugt, ich bekomme das hin.«

Wir gehen durchs sonnenüberflutete Izmir zum Gericht.

»Bleib draußen. Es ist besser, wenn ich zunächst alleine hineingehe«, rät Büsra mir vor dem Richterzimmer.

Nach endlosen Minuten kommt sie mit ernster Miene heraus. Es ist schiefgegangen, jetzt ist alles aus, denke ich verzweifelt.

Da huscht ein übermütiges Lachen über ihr Gesicht. Sie nimmt mich in die Arme, erdrückt mich fast und flüstert mir ins Ohr: »Wir haben gewonnen. Du hast deine Kinder – beide.«

»Wie hast du das gemacht?«

»Ich habe mit allen geredet, die zu entscheiden hatten. Hikmet hat wirklich Fehler gemacht. Es ist erledigt.«

Grausame Normalität

Freiheit

Wir genießen die Ruhe unseres neuen Lebens. Die Kinder gehen zur Schule. Ich habe Zeit, versuche die Welt zu entdecken, weil ich das kennenlernen will, was mir bisher vorenthalten war. Oft treffe ich mich mit Büsra. Wir streifen durch Izmir, sitzen im Café oder im Restaurant und laufen am Strand entlang. Sie erzählt von ihren Erfahrungen im Gerichtssaal, wie sich Menschen verhalten, redet über Scheidung, Betrug und Verbrechen.

Büsra ist nicht einmal einen Meter fünfundfünfzig groß, schlank, sportlich, hat helle Haut und rötliche Haare. Sie kam in einem Dorf im tiefsten Anatolien auf die Welt. Ihre Eltern unterstützten sie mit ihren bescheidenen Möglichkeiten. Sie besuchte die Schule, das Gymnasium, studierte. Nebenbei arbeitete sie, verdiente das dazu, was ihre Eltern nicht erwirtschaften konnten. Sie war sich für nichts zu schade, ging putzen, arbeitete als Verkäuferin und als Aushilfe in einem Büro.

Dann der erste Schritt nach oben: Sie schrieb als freie Mitarbeiterin für eine Tageszeitung. Nun ist sie als Anwältin erfolgreich und lebt in einer tollen Wohnung. Trotz allem leidet sie sehr unter ihren ständigen Beziehungsproblemen. Es fehlt ihr die Ausstrahlung, die türkische Männer eben suchen. Als wir uns begegnen, ist sie mal wieder allein.

Ich genieße meine Freiheit in vollen Zügen. Ich muß keinem Rechenschaft ablegen. Oma können wir jetzt besuchen, wann immer wir wollen, mit Büsra kann ich mich treffen, ohne jemanden fragen zu müssen. Gemeinsam können wir entscheiden, wohin wir gehen wollen. Nach der »Isolationshaft« unter Hikmet suche ich geradezu gierig nach neuen Bekanntschaften. Während die Kinder bei Oma schlafen, verbringe ich die lauen Nächte der Ägäis auf Partys in der Altstadt, dabei verhalte ich mich nicht so wie Peri, ständig auf der Jagd nach einem Liebhaber. Das brauche ich nicht. Ich habe Nuri, mehr muß nicht sein.

Oft besuchen wir am Wochenende Onkel Halil, seine Grillpartys im Garten sind bei der ganzen Familie sehr beliebt. Wir sitzen dann gemeinsam mit Freunden an einem großen Tisch. Es duftet nach gegrilltem Fisch und Fleisch. Salate, Schafskäse, Oliven und Schalen voll Obst wecken den Appetit.

Mit Onkel Halil verstehe ich mich immer besser. Er hat wie ich ein neues Leben angefangen, seine Familie in Ankara verlassen und mit Elif, seiner neuen Lebensgefährtin, noch mal von vorne begonnen. Oma half den beiden dabei. Sie durften in ihr Haus einziehen, obwohl Oma wegen seiner Trinkerei zuerst Bedenken hatte. Schließlich hatte er sie damals in Ankara geschlagen, als er volltrunken war. Doch Onkel Halil hat das Alkoholproblem in den Griff bekommen und sich im Basar einen eigenen Verkaufsstand gekauft. Mit dem Geld, das er sich gespart hatte, konnte er ihn bar bezahlen. Von da an arbeitete er regelmäßig und bringt nun regelmäßig Geld nach Hause. Soweit ich sehe, trinkt Onkel Halil zwar noch Alkohol, wird aber nicht mehr so ausfällig und brutal wie in meiner Kindheit in Ankara. Trotz allem, was ich seinerzeit bei ihm erleben mußte, habe ich ihn lieb. Wir unterhalten uns oft. Er ist zu einem meiner wichtigsten Verbündeten geworden.

»Inci, ich sehe dich nicht als Frau. Für mich bist du ein Mann, ein ganzer Kerl, dem halt nur vorne ein Stückchen fehlt«, scherzt er einmal, als wir zusammen am Grill sitzen. Alle lachen. Ich auch.

Todesdrohung

Hikmet ruft an.

»Ich hole am Wochenende die Kinder!«

»Wo denkst du hin? Du hast sie einmal entführt, ich traue dir nicht mehr. Ein zweites Mal wird dir das nicht gelingen!«

»Lies das Scheidungsurteil genau durch, meine Liebe. Es ist mein Recht. Wenn du sie mir nicht geben willst, hole ich sie mit der Polizei.«

Ich lege auf, rufe Büsra an.

»Es stimmt, er darf seine Kinder einmal im Monat für zwei Tage zu sich nehmen. In den Ferien auch länger. Du kannst nichts dagegen machen.«

»Aber er wird sie wieder nicht hergeben wollen.«

»Das darf er nicht. Dann bist du im Recht.«

»Was kann ich tun?«

»Vereinbare mit ihm den Ablauf des Besuchs klar und eindeutig. Das ist alles.«

Es klingelt, Hikmet steht schon vor der Tür: »Was ist nun? Hast du es eingesehen?«

»Was wirst du mit ihnen unternehmen?«

»Wir fahren für zwei Tage nach Tokat und besuchen das Grab meiner Mutter. Willst du mit?«

»Wie bist du auf diese merkwürdige Idee gekommen? Und wann bringst du sie wieder?«

»Ich habe Arbeit in Tokat gefunden. Kannst du die Kinder bei uns abholen?«

»Gut, übermorgen bin ich dort und fahre mit ihnen heim.«

Ich vertraue ihm. Erneut. Warum, weiß ich nicht. Vielleicht, weil ich mir nicht vorstellen kann, daß er den Kindern weh tut. Vielleicht auch, weil er mich, wenn er da ist, immer noch unter Druck setzt. Blindes Vertrauen ist der einfachste Weg, diesem Duck auszuweichen.

Nach zwei Tagen fahre ich nach Tokat. Hikmet holt mich mit dem Auto am Busbahnhof ab.

»Wo sind die Kinder? Bring' mich sofort zu ihnen.«

»Sie sind im Dorf.«

»Hättest du sie nicht gleich mitbringen können?«

»Steig jetzt ein! Du wirst schon sehen.«

Ich kann die Falle, in die er mich lockt, förmlich riechen. Eine Möglichkeit, ihr auszuweichen, sehe ich nicht. Hikmet hat mich in der Hand. Er hat die Kinder.

Wir fahren zu Opas Haus. Im Wohnzimmer hat sich das ganze Dorf versammelt. Fassungslos muß ich sehen, wie Menschen sich ändern können. Früher wurde ich von jedem fröhlich begrüßt, heute schlägt mir blanker Haß entgegen. Alle reden auf einmal: »Du hast eine schwere Sünde begangen.« »Du bist eine schlechte Mutter.« »Du erziehst die Kinder zur Sünde und Schande.« »Du wirst Hikmet wieder heiraten.« »Du bleibst hier.« »Du nimmst den Kindern den Vater nicht weg.« Ich stehe vor einem selbsternannten Tribunal. Das ist türkische Inquisition.

Hikmet verläßt das Zimmer, Sila läuft in diesem Moment auf mich zu, fällt mir um den Hals und flüstert mir ins Ohr:

»Mama, geh nicht in den Kuhstall. Papa und Onkel Cesur haben Fesseln vorbereitet. Sie wollen dich schlagen.«

Von draußen ruft einer zur Tür herein: »Inci, Hikmet wartet auf dich.«

»Ich bleibe hier im Zimmer. Er soll kommen.«

Hikmet schickt Onkel Cesur mit einem Blatt Papier zu mir. Ich soll es unterschreiben. Ohne es zu lesen, zerreiße ich den Zettel und werfe die Schnipsel in die Luft.

»Was soll das? Hikmet weiß, daß ich nie im Leben etwas unterschreiben werde, gleich, was es ist. Ich will jetzt auf der Stelle mit meinen Kindern zurück nach Izmir fahren.«

Ich bedauere, meine Anwältin nicht vor meiner Abfahrt gefragt zu haben, ob ein Abkommen unter Zwang überhaupt Gültigkeit hat. Heute weiß ich, daß es weder in der Türkei noch in Deutschland der Fall ist.

Nun kommt Hikmet ins Wohnzimmer. Er legt ein neues Blatt Papier auf den Tisch. »So, und das unterschreibst du jetzt.«

Ich lese ein Geständnis, so wie mein Exmann es sich vorstellt: »Ich bin eine Nutte und möchte nicht, daß meine Tochter auch eine Nutte wird. Deshalb verzichte ich auf das Sorgerecht für meine Tochter Sila und übertrage es meinem Mann Hikmet.« Es geht ihm nur um sie – keine Silbe von Umut.

Ich schüttele den Kopf: »Von der Unterschrift träumst du wohl.« Vor seinen Augen zerreiße ich auch dieses Papier. Er stürzt sich auf mich. Zum ersten und einzigen Mal schlägt er mich. Er trifft mich mit voller Wucht mitten ins Gesicht, dann boxt er mich in den Bauch. Ich falle zu Boden, schmecke mein Blut. Er will auf mich eintreten. Verwandte halten ihn zurück. Einer der Alten brüllt:

»Warum machen wir es uns so schwer? Nehmen wir einfach das Gewehr und erschießen sie. Wenn irgend jemand kommt und Fragen stellt, sagen wir einfach, sie war niemals hier.«

Totenstille. Das ist kein Scherz. Es ist blutiger Ernst. Von solchen Hinrichtungen widerspenstiger Frauen habe ich immer wieder gehört. Das Jagdgewehr, ich sehe es, es hängt an der Wand gegenüber.

Ich habe das Gefühl, neben mir zu stehen, höre mich eiskalt sagen: »Bravo! Macht das. Ja, macht das ruhig. Ihr könnt das ja. Ihr seid ja so stark. Ihr seid ja allen überlegen. Ihr wißt ja, was Gut und Böse ist. Was hält euch zurück? Los, schießt doch, dann habt ihr's hinter euch.«

Betretenes Schweigen. Sie rufen Onkel Halil an und sagen ihm: »Inci bleibt hier, sie will nicht mehr zurück.«

Ich habe meinem Onkel natürlich erzählt, wie es zu meinem Anruf bei der ersten Entführung gekommen war. Er weiß, daß ich freiwillig nie nachgeben würde. Nur unter Zwang. Wir haben vereinbart, daß er es nicht einmal glauben dürfte, wenn ich es ihm selbst versicherte.

Hikmet hält mir den Hörer hin: »Er will's von dir hören. Überleg' dir gut, was du sagst!«

Dann spielt sich alles in Sekundenschnelle ab.

»Onkel Halil, sie halten mich hier mit Gewalt fest. Verständige die Polizei.« Ich merke sofort, daß er getrunken hat.

»In welchem Dorf bist du?« fragt er, schlagartig nüchtern.

Der Telefonhörer wird mir aus der Hand gerissen. Hikmet springt mich an wie ein tollwütiger Hund und wirft mich zu Boden.

Ich wehre mich und drohe ihnen. Meine Stimme ist fest: »Sie wissen, daß ich bei euch bin. Meine Anwältin auch. Wenn ihr mir oder den Kindern auch nur ein Haar krümmt, seid ihr alle dran. Ich werde euch anzeigen, wenn ihr Sila, Umut und mich nicht sofort in die Stadt zum Busbahnhof bringt.«

Wieder Schweigen. Eine der alten Frauen befielt: »Hikmet, bring' sie weg. Sie gibt den Mädchen und den Frauen ein schlechtes Beispiel. Wir wollen sie hier nicht mehr haben.«

Nicht nur ich weiß, daß diese »Tugendwächterin« zu ihren Glanzzeiten eine Peri spielend in den Schatten gestellt hat. Jetzt aber rettet sie mir vielleicht das Leben. Sie holen einen Lastwagen. Hikmet steigt mit den Kindern ins Fahrerhaus. Mich werfen sie wie einen Müllsack auf die Ladefläche. Die Fahrt dauert fast eine dreiviertel Stunde. Hikmet läßt kein Schlagloch aus, reißt in jeder Kurve brutal das Lenkrad herum.

»Will er mich wie ein lästiges Insekt abschütteln?« frage ich mich und erinnere mich an die Szene, als er mich mit dem Insektenspray angegriffen hat. Breitbeinig stehe ich hinter dem Fahrerhaus und klammere mich krampfhaft an die Bordwand. Es ist Dezember, einige Grad unter Null. Nach einiger Zeit kann ich kaum noch meine Hände fühlen. Alles verschwimmt vor meinen Augen, als wir beim Busbahnhof ankommen. Lange hätte ich diese Tortur nicht mehr ausgehalten.

Im Bus denke ich darüber nach, was nur in diese Leute gefahren ist. Wie kommt es, daß sich leutselige Frauen und freundliche Männer in Menschen verwandeln, die voller Haß sind? Ich bin geschockt. Sicher, den Männern geht es um ihre Macht. Eine Frau wie ich stellt sie in Frage. Das ist einfach zu durchschauen.

Aber die Frauen? Warum steht nicht wenigstens eine einzige aus dem Dorf hinter mir? Sie leiden doch genauso. Es müßte ja nicht offen demonstriert werden, eine heimliche Unterstützung würde mir schon helfen. Warum zementieren gerade Frauen unsere Unterdrückung? Woher nehmen sie die Feindseligkeit gegen jede, die den Versuch wagt, aus dem Ganzen auszubrechen?

Ist es Angst vor der Brutalität der Männer? Angst, sich einzugestehen, daß ihr Leben systematisch von Kindheit an zerstört wurde? Angst, zuzugeben, daß ihnen die Kraft fehlt, daran jemals etwas zu ändern? Angst, zu erkennen, daß sie längst kapituliert haben? Ist es Mißgunst gegenüber einer, die sich nicht widerspruchslos in ihr Leben fügt? Ist es Neid, weil sie es schafft, sich Schritt für Schritt aus ihrer scheinbar unverrückbaren Situation zu befreien?

Sehen sie deshalb in Frauen, die sich so verhalten wie ich, einen Feind? Sind deshalb die Großmütter und die Mütter die eigentlichen Wächter und Verwalter der Unterdrückung, die Männer nur die Nutznießer des Systems?

Ich komme zu keinem Ergebnis.

Nach etwa einem Monat steht Hikmet erneut vor der Wohnungstür. Noch ehe ich etwas sagen kann, beschwichtigt er: »Keine Angst, ich werde wirklich keinem von euch ein Haar krümmen.«

»Was willst du dann noch?« Ich muß mich beherrschen, ihm nicht die Tür vor der Nase zuzuschlagen.

»Ich will nur die Kinder sehen – und dir etwas geben. Sami und ich haben ein Geschäft vor. Bitte bewahre das für mich auf.«

Er gibt mir einen Scheck, der auf einen hohen Betrag ausgeschrieben ist.

»Wo hast du ihn her?«

»Das hab' ich doch gerade gesagt: Sami und ich werden ein Geschäft eröffnen. Sollte mir etwas zustoßen, gehst du damit zum Gericht und holst dir das Geld.«

Er erzählt mir noch eine halbe Stunde lang alles mögliche. Ich verstehe kein Wort. Sicher drehen die beiden irgendwas. Es ist mir gleichgültig, ich würde das Geld nehmen. Schließlich habe ich von Hikmet noch keine einzige Lira Unterhalt für die Kinder gesehen.

»In Ordnung, gib her.« Ich nehme den Scheck und verstecke ihn in einem Bilderrahmen.

Außerbetriebliche Leistung

Meine Unruhe wächst von Tag zu Tag: Ich kann Papa nicht mehr auf der Tasche liegen. Das hat er nicht verdient. Ich muß eine Arbeit finden und auf eigenen Füßen stehen. Nichts sehne ich mehr herbei als den Augenblick, da ich bei ihm anrufen und sagen kann: »Papa, ich hab's geschafft, du mußt mich nicht mehr unterstützen.«

Aber was kann ich dem Arbeitsmarkt schon bieten? Nichts. Das spüre ich deutlich. Immer klarer sehe ich die eigentliche Hypothek meiner Kindheit und Jugend: Es sind nicht Mutters permanente Prügel, auch nicht der abstruse Tanz um das Jungfernhäutchen, nicht einmal die Brutalität der Zwangsheirat. Es ist der Mangel an Bildung, das Fehlen eines Schulabschlusses, die elterliche Verweigerung einer soliden Ausbildung, die uns türkischen Mädchen und Frauen den Zugang zu einem angemessenen Beruf unmöglich macht. So wird uns das Recht auf ein eigenständiges, selbstbestimmtes und damit unabhängiges Leben genommen.

Von klein auf werden wir statt dessen zu willenlosen, möglichst gut funktionierenden »Weibchen« erzogen, die auf die Symbiose mit einem Mann angewiesen sind. Ihm werden wir blind ausgeliefert. Ihm haben wir unsere Seele und unseren Körper zur Verfügung zu stellen. Kostenlos. Und natürlich auch unsere Arbeitskraft.

Die Möglichkeit zum Widerstand, die Chance auszubrechen und zu fliehen, wird uns damit absichtlich vorenthalten. Ohne den Mann sind wir nichts. Sein Faustpfand ist das fehlende Wissen der ihm ausgelieferten Frau.

Ich bemühe mich bei Bekannten um einen Job, lerne Menschen kennen. Doch schon stehe ich vor einem weiteren Problem: Kontakte zu knüpfen ist für mich ein leichtes. Aber wie gehe ich mit neuen Freunden um? Kann ich ihnen vertrauen? Was muß ich für sie tun? Was kann ich von ihnen erwarten?

Mit Verwandten habe ich diesbezüglich keine Probleme. Die Umgangsregeln, die ich bei ihnen zu beachten habe, sind mir in Fleisch und Blut übergegangen. Aber wie ist es bei Freunden? Freunde sind ja zunächst Fremde. Wie verhalte ich mich ihnen gegenüber?

Mir wird immer deutlicher, daß ich die Welt, in der ich jetzt lebe, nicht wirklich kenne. Ich schwanke zwischen Neugier und Angst.

In Karsiyaka, meinem Lieblingsstadtteil von Izmir, entdecke ich einen kleinen Laden, an dessen Tür ein Schild mit der Aufschrift »Arbeitsvermittlung« hängt. Ich trete ein.

»Guten Tag, ich heiße Inci und suche Arbeit.«
»Ich bin Feraye. Was suchst du denn, was kannst du?«
»Ich kann putzen.«
»Gut, ich hab' hier eine Anfrage. Das ist ein ganz spezieller Fall. Vielleicht bist du die Richtige. Diese Familie will in zwei Monaten auf die große Pilgerreise, zur Hadsch, gehen. Sie suchen jemanden, auf den sie sich verlassen können. Du mußt außer putzen auch auf das Haus aufpassen, während sie nicht da sind.«

Feraye schickt mich zur Familie Celik, einem reichen Fabrikantenehepaar mit Kindern. Ihre vierstöckige Villa steht in einem parkähnlichen Garten mit Swimmingpool. Jeder Luxus ist vorhanden. So kann man wohnen, wenn Geld keine Rolle spielt. Ich komme aus dem Staunen nicht heraus. Nur mit der Sauna vermag ich überhaupt nichts anzufangen. Von so etwas habe ich noch nie gehört, ich halte den holzgetäfelten Raum zuerst für eine etwas eigenwillig gestaltete Umkleidekabine. Noch etwas verblüfft mich: Das Anwesen der Celiks liegt genau gegenüber dem Haus meiner Eltern – sie sind quasi Mutters Nachbarn.

Die beiden Töchter meiner neuen Arbeitgeber sind schon erwachsen, wohnen aber noch bei ihren Eltern. Fahyre hat Fremdsprachen studiert und besitzt jetzt ein Übersetzungsbüro. Canal hat ein abgeschlossenes Jurastudium. Sie ist als Notarin in der Innenstadt tätig. Die Kanzlei gehört ihr.

Die Mutter, Zarafet Celik, erklärt mir den Arbeitsablauf: »Sie fangen morgens um acht an und arbeiten bis sechzehn Uhr. Wir haben einen Plan aufgestellt, welche Arbeiten an welchem Tag erledigt sein müssen. Am ersten Tag ist die Wäsche an der Reihe, am nächsten das Bügeln. Und so geht es weiter. Sie können alles hier nachlesen.« Sie drückt mir das Papier in die Hand.

Da Ehepaar verhält sich mir gegenüber unglaublich fair. Ich muß die Vorgaben erfüllen, mehr nicht. Wenn ich beispielsweise mit dem Bügeln in vier Stunden fertig bin, ist meine Arbeit für den Tag erledigt. Ich habe dann das großen Haus zur freien Verfügung. Zu meinen Kindern heimgehen darf ich aber nicht.

Am zweiten Tag rufe ich Feraye an: »Sag' mal, haben die hier versteckte Kameras installiert, mit denen sie mich überwachen? Schon jetzt lassen sie mich mit all den Wertgegenständen allein. Das gibt es doch gar nicht.«

Feraye lacht: »Ich denke nicht, daß sie versteckte Kameras haben. Sie vertrauen dir. Vielleicht wollen sie dich aber auch auf die Probe stellen.«

Da die Celiks fast ständig zu Terminen und Verabredungen gehen, bin ich meist allein mit Toni, ihrem Jagdhund. Ich wundere mich über ihn, denn er sitzt oft bei mir im Zimmer und jault. Es klingt so melodisch, daß man glauben könnte, er singt.

»Toni, was machst du da? Das ist ja unglaublich.« Wenn ich allein im Haus bin, singe ich ebenfalls laut vor mich hin, während ich meine Tätigkeiten verrichte. Toni begleitet mich dann voller Freude. Ich muß lachen, als ich sein Spiel durchschaue.

Von nun an sitzen wir nach getaner Arbeit nebeneinander. Ich lege den Arm um ihn, er streckt die Schnauze in die Höhe. Wir singen im Duett. Nur gut, daß wir dabei nie überrascht werden.

Die Celiks sind sehr fromme Muslime. Sie sind die ersten, die ich kennenlerne, die täglich die vorgeschriebenen Gebete verrichten – und zwar gemeinsam mit ihren Töchtern, wenn sie sich gerade im Haus aufhalten. Trotzdem geben sie sich völlig europäisch. Keine der Frauen trägt ein Kopftuch.

Mir lassen sie jede Freiheit. Ich darf sogar die Bibliothek benutzen, in der ich eine große Sammlung deutscher Bücher finde. Ich versuche sie zu lesen und zu verstehen, weil ich mein Deutsch verbessern will.

Und das schönste: Ich darf, wenn ich alleine bin, die Stereoanlage anschalten. So kann ich klassische Musik, die ich so liebe, in einer bis dahin nie gekannten Qualität hören. Toni schweigt, wenn ich die großen Orchester, die berühmten Solisten der Welt laut erklingen lasse. Außer mit mir »singt« er mit niemandem. Ich fasse es als Kompliment auf.

Obwohl alles geradezu paradiesisch klingt, werde ich von Tag zu Tag nachdenklicher. Das hat zwei Gründe: Zum einen bin ich geschafft, wenn ich abends nach Hause komme, dann meinen Haushalt versorgt und für die Kinder gekocht habe. Ich kann einfach nicht mehr die Aufmerksamkeit aufbringen, die ich ihnen gern geben würde. Sie sind den ganzen Tag in der Schule, überfallen mich dann mit ihrem überschäumenden Temperament, stellen Fragen, erwarten Antworten. Dem fühle ich mich immer weniger gewachsen.

Zum anderen verdiene ich bei den Celiks umgerechnet knapp hundert Mark im Monat – bei einer Arbeitszeit von achtundvierzig Stunden in der Woche. Immerhin rund das Doppelte von dem, was üblicherweise in Izmir für Putzarbeit gezahlt wird. Aber mit hundert Mark im Monat kann man in Izmir keine dreiköpfige Familie ernähren. Der Verdienst bei Celiks ist ein schönes Zubrot zu Papas Zahlungen. Seine dreihundert bis vierhundert Mark kann ich damit aber nicht ersetzen.

Außerdem ist ein Leben als Putzfrau nicht mein Lebensziel.

Ich bin jetzt sechsundzwanzig und möchte so schnell wie möglich in einem Beruf arbeiten, der meinen Fähigkeiten entspricht. Ich komme zu der Erkenntnis, daß ich handeln muß.

Nach einem Monat spreche ich Zarafet Celik an: »Ich bin Ihnen unendlich dankbar für die Freundlichkeit, mit der Sie mich aufgenommen haben, aber ich kann diese Arbeit nicht weitermachen.«

»Warum, um Gottes willen? Ist sie dir zu schwer?«

»Nein, wirklich nicht.«

»Ist es das Geld?«

»Es ist auch das Geld, aber nicht nur das.«

»Ich kann mir kaum vorstellen, daß wir dich verlieren sollen.

Jede Putzfrau, die wir bisher beschäftigt haben, kam morgens mit einer leeren Tasche und hat abends unser Haus mit einer vollen verlassen. Du hast nie eine Tasche dabeigehabt.«

Sie bietet mir eine Festanstellung an, offiziell angemeldet, bei doppeltem Gehalt, mit einer Krankenversicherung.

»Selbst damit wäre ich immer noch auf Zuzahlungen meines Vaters aus Deutschland angewiesen. Ich will aus dieser Situation heraus«, erkläre ich ihr meine Lage.

Wir unterhalten uns noch lange, kommen aber letztlich zu keinem Ergebnis.

»Ich verstehe dich. Wann willst du denn aufhören?«

»Wenn es geht, sofort. Ich habe zwei Freundinnen, auf die Sie sich absolut verlassen können. Beide würden gern für Sie arbeiten. Wenn Sie es wünschen, kann ich sie Ihnen vorstellen, und Sie können sich eine von ihnen auswählen.«

»Das wäre eine Möglichkeit.«

»Sie müssen nicht denken, daß ich Sie im Stich lasse. Wenn Sie vor Ihrer Hadsch keinen Ersatz finden, bleibe ich für diese Zeit natürlich noch bei Ihnen.«

Zarafet Celik verabschiedet sich herzlich: »Ich wünsche dir viel Glück und viel Kraft für den Kampf, der dir bevorsteht. Du hast ihn ja gerade erst begonnen.«

Toni steht in der Tür, wedelt mit dem Schwanz. Er wird mir beim Singen fehlen.

»Eine Parfümerie in Karsiyaka sucht eine Verkäuferin. Ich hab' mit dem Inhaber gesprochen. Du sollst dich vorstellen«, verkündet mir Büsra am Telefon.

Erdogan ist einer der »Deutschlandheimkehrer«. Zwanzig Jahre lang hat er in Berlin gearbeitet, gespart und sich dann den kleinen Laden in einer der Passagen des Einkaufsviertels kaufen können. Die Geschäfte gehen gut.

Schnell gewinne ich sein Vertrauen und das von Tanyel, seiner

Frau, die gelegentlich im Laden mithilft. Die Arbeit macht Spaß. Erdogan läßt mich immer öfter allein im Laden, nach einiger Zeit fahren die beiden sogar für zwei Wochen in den Urlaub.

In dem Optikerladen gegenüber arbeitet Hakan. Er ist klein, eigentlich häßlich und hat schon im Gefängnis gesessen. Der Mann ist ein furchtbarer Angeber. »Das Geschäft gehört mir«, behauptet er. Ich weiß aber, daß er dort genauso angestellt ist wie ich in der Parfümerie. Dennoch hat Hakan eine Wirkung auf Frauen, die ihn mir schon fast unheimlich macht. Wenn ich gerade niemanden zu bedienen habe, sehe ich ihm oft zu, wie er die Kundinnen mit seinem Charme dahinschmelzen läßt. Seine Ausstrahlung ist mir unerklärlich. Aber auch ich kann sie fühlen.

Eines Nachmittags geht ein Platzregen über Izmir nieder. Da keine Käufer in der Parfümerie sind, gehe ich ans Ende der Passage, schaue belustigt zu, wie die Leute auf der Straße den Fluten entkommen wollen. Da steht Hakan plötzlich hautnah hinter mir und rezitiert ein altes türkisches Liebesgedicht.

»Gehst du mit mir aus?«

»Warum nicht, ich bin frei.«

Von ihm weiß ich, daß er geschieden ist und sein Sohn bei ihm lebt. Wir essen in einem Restaurant, anschließend gehen wir zu ihm nach Hause. Ich will das Leben kennenlernen, wie es ist.

Hakan und ich werden zum Thema Nummer eins in der Passage.

»Wie kannst du dich nur ausgerechnet mit dem einlassen?« fragt Erdogan mich entsetzt, als er von den Gerüchten erfährt.

Ich streite alles ab.

Büsra besucht mich ganz aufgeregt im Laden. »Hast du mit Hakan geschlafen?«

»Wie kommst du darauf?« weiche ich aus.

»Ich wollte dich warnen. Er hat Aids. Ich weiß es sicher.«

Ich fühle mich als ob ich gegen eine Wand gelaufen wäre und muß mich setzen. In meinem Kopf geht alles drunter und drüber.

Nuri, wann war Nuri zum letzten Mal bei mir? Er kommt doch nicht mehr so oft. War es vorher? War es nachher? Was wird aus den Kindern? Was wird Papa denken? Wie wird Hikmet triumphieren? Kann er mir jetzt das Sorgerecht entziehen lassen? Und erst Mutter!

»Ich muß sofort zum Arzt«, rufe ich Erdogan zu und stürze aus der Parfümerie. Büsra macht gar nicht erst den Versuch, mir zu folgen.

Ich lasse einen HIV-Test machen. Es folgen drei qualvolle Tage der Ungewißheit. Ich getraue mich nicht einmal, meine Kinder zu umarmen. Dann erhalte ich den Befund: negativ.

Du wolltest ja das Leben kennenlernen. Jetzt weißt du, wie es ist, sage ich sarkastisch zu mir.

Zwangsläufig lerne ich in Erdogans Geschäft viele Menschen kennen. Einer von ihnen ist Nedret. Eigentlich kann man bei ihm nicht gerade von einer strahlenden Erscheinung sprechen. Seine fünfundfünfzig Jahre sieht man ihm an. Die dicke Brille unter schütterem Haar trägt auch nicht gerade zu seinem Sexappeal bei. Aber der Blick aus seinen schwarzen Augen ist zwingend. Kaum ist er eingetreten, füllt er die Parfümerie mit seiner Autorität. Ich weiß, daß ihm eine große Fabrik gehört, in der er elektrische Apparaturen herstellen läßt und weltweit auf den Markt bringt.

Eines Tages spricht er mich an: »Ich suche eine Sekretärin. Seit geraumer Zeit beobachte ich dich schon. Ruf' mal an. Wir machen einen Termin aus, und du schaust dich mal bei uns um.« Er gibt mir seine Karte.

»Ja, danke, selbstverständlich.« Nedret verunsichert mich total, scheint mich mit seinen Augen fesseln zu können. Ich überlege tagelang, ob ich seinem Angebot folgen soll. Vor seiner Stärke habe ich Angst.

Du kannst es dir überhaupt nicht aussuchen. Das ist vielleicht deine Chance. Warum willst du sie vorbeiziehen lassen? Kaum habe ich Nedret angerufen und seine Stimme gehört, bin ich schon wieder verunsichert. Nedret duldet keinen Widerspruch.

Sein Büro ist größer als mein Wohnzimmer. Überall herrscht peinliche Ordnung. Ein Schrank mit Büchern und Ordnern verdeckt die Wand hinter ihm. Von diesem Büro führt auch eine Tür in seine Privaträume. Auf dem Schreibtisch liegt je ein akkurat ausgerichteter Stoß Unterlagen auf der rechten wie auf der linken Seite. Weiterhin befindet sich darauf ein Telefon und sein Füllfederhalter. Sonst nichts.

Ich weiß, daß er auf Messen in ganz Europa ausstellt. Er ist erfolgreich und behauptet sein Unternehmen gegen internationale Konkurrenz.

Wir trinken Kaffee. Er schenkt einen kräftigen Schuß Baileys in unsere Tassen ein. Was hat er da reingeschüttet? Ich getraue mich kaum zu nippen. Er merkt mein Zögern.

»Trink doch, es schmeckt.« Ich habe das Gefühl, er schaut durch mich hindurch. Wir reden Deutsch, seines ist viel besser als meins.

»Was kannst du?«

Ich zögere einen Moment mit der Antwort. Das dauert ihm schon zu lange.

»Kannst du das lesen?« Ungeduldig drückt er mir einen Stapel deutscher Korrespondenz in die Hand.

»Nein.«

Er prüft mich, sucht irgendeine Fähigkeit, die er nutzen kann. Er findet keine. Trotzdem stellt er mich ein. Was er wirklich von mir will, bedarf keiner Fremdsprache. Das erkenne ich aber erst später.

Nedret will mir einige Bürosachen beibringen. Wenn er jedoch mit seinem Tempo und seiner Ungeduld loslegt, geht mir das einfach zu schnell.

Trotzdem gibt er nicht auf: »Du bist intelligent, du bist lernfähig. Aus dir kann noch etwas werden.«

Über den kleinsten Erfolg bin ich stolz. Jedesmal wenn ich mit ihm zusammen bin, lerne ich etwas dazu. Das wird mir immer wichtiger. Gleichzeitig stelle ich fest, wie er mich dadurch an sich bindet. Das macht mir angst.

Dennoch bleibe ich realistisch: Wenn ich mich in einem Beruf wie Sekretärin behaupten will, benötigte ich eine solide Ausbildung. Ich kann ja noch nicht einmal einen Brief so schreiben, wie es im Geschäftsleben gefordert wird. Eine richtige Lehre mit abschließender offizieller Prüfung kann ich hier nicht erwarten. Das, was Nedret mir bietet, werde ich bei anderweitigen Vorstellungsgesprächen kaum anbringen können.

Ich versuche Nedret das klarzumachen: »Ich möchte aufhören. Die Anforderung bei dir ist einfach zu viel für mich, so weit bin ich noch nicht.«

»Was denkst du dir eigentlich? Du mußt es schaffen. Wenn du gehst, bekommst du in ganz Izmir keine Arbeit mehr«, antwortet er knallhart.

Ich bleibe also. Wie sollte ich mich ihm widersetzen? Mit Hikmet und Sami kann ich umgehen. Aber er ist ein ganz anderer Mensch. Er, der Diplomingenieur, steht in der Öffentlichkeit, schreibt Kolumnen in Tageszeitungen, ist gebildet. Nedret beherrscht mich, kennt meine Schwachpunkte und nutzt sie auch gnadenlos aus. Gegen seine Autorität finde ich keine Mittel.

Mittlerweile nimmt er mich überallhin mit, wenn er glaubt, mit einer jungen attraktiven Frau an seiner Seite repräsentieren zu müssen. Seine eigene lerne ich nicht kennen, sie kommt nie in die Fabrik. Wir verbringen viele Abende mit Geschäftsfreunden aus Italien, Deutschland und Frankreich in Restaurants. Hazer, Onkel Halils Stieftochter, paßt in der Zeit auf die Kinder auf.

Nuri meldet sich schon lange nicht mehr. Seit er herausgefunden hat, wo ich jetzt arbeite, fängt er an, mich zu beobachten. Wenn ich aus dem Bus aussteige, um ins Büro zu gehen, fährt er hupend an mir vorbei. Auch tagsüber macht er vor der Fabrik auf sich aufmerksam, indem er unter meinem Fenster mit gedrückter Hupe auf und ab fährt. Auch das macht mir angst.

»Komm, trink das. Zier dich nicht so. Eine so europäisch geprägte Frau wie du wird doch einen Schluck Wein vertragen.« Nedret prostet mir zu. Er hat darauf bestanden, daß wir allein in einem Luxusrestaurant zu Abend essen. Ich möchte keinen Alkohol trinken, weil ich weiß, daß ich ihn nicht vertrage. Er ignoriert das einfach.

Ich versuche mit den Füßen auf dem Boden zu bleiben, doch nach dem ersten Schluck fliege ich schon. Ich will mir nichts anmerken lassen. Dabei sitzt er schon lauernd wie die Spinne am Rand des Netzes. Er bringt mich nach dem Essen nicht wie üblich nach Hause, sondern er fährt in die Fabrik. Als wir von der Garage aus direkt in seine Privaträume im ersten Stock gehen, weiß ich, was mir bevorsteht.

Wie kann ich entkommen? Warum kann ich mich gegen ihn nicht wehren? Wie soll ich mit einem solchen Mann umgehen? Ich weiß es nicht.

Ich sehe keinen Ausweg.

Ich bin betrunken. Ein Kloß verschließt meinen Hals. Ich fühle Widerwillen, noch ehe er mich anfaßt. Als ich ihn in mir spüre, dreht sich alles vor meinen Augen. Nuri fliegt in dem wilden Reigen vorbei, Sila, Umut, Papa, Mutter. Ich muß mich gewehrt haben, denn meine Arme sind am nächsten Morgen von blauen Flecken übersät.

Anschließend bringt Nedret mich heim. »Morgen kannst du freimachen.« Er gewährt mir einen Bonus für »außerbetriebliche Leistungen«.

Ich schüttele mich vor Ekel. Die Dusche nützt nichts, selbst eiskaltes Trinkwasser aus dem Kühlschrank kann den Kloß im Hals nicht herunterspülen. Ich reiße das Telefonkabel aus der Wand und schließe die Tür ab. Ich will nichts hören, niemanden sehen. Bei Nedret werde ich nie wieder arbeiten. Das restliche Gehalt, das mir noch zusteht, kann er behalten.

Wie die wilden Tiere

Am nächsten Morgen steht Hikmet vor der Tür und fragt: »Was machst du in den Ferien mit den Kindern?«

»Ich hab' noch nichts vor.«

»Dann nehme ich sie drei Wochen mit zu mir.«

Am liebsten hätte ich mir auf die Zunge gebissen. Wie kann ich nur so dumm sein und ihm die Argumente in die Hand spielen.

»Ich gebe sie dir nicht. Dann geht das gleiche Theater wie beim letzten Mal wieder los.«

»Kannst du dir nicht vorstellen, daß ich mich geändert habe? Ich werde sie dir wiederbringen. Du kannst dich darauf verlassen. Ich bin doch ihr Vater und möchte den Kontakt zu ihnen nicht verlieren. Bei uns haben sie es gut.«

Sila und Umut sitzen dabei. Hören zu. Büsra kann mir nicht helfen, sie ist im Urlaub bei ihren Eltern in Anatolien.

»Ich verspreche es dir, hier vor den Kindern.«

Ich schaue hinüber zu Sila. Sie nickt. Ich packe ihre Koffer, sie fahren mit ihrem Vater weg. Ich gehe sofort zur Polizei, schildere die Situation und frage: »Was kann ich machen, wenn er sie nicht wiederbringt?«

»Erst mal gar nichts. Die drei Wochen abwarten. Dann muß er dir die Kinder wiedergeben, du hast ja das Sorgerecht.«

»Und wenn er sie schlecht behandelt?«

»Wir können offiziell gar nichts tun. Kennst du niemanden

von der Mafia? Da findest du doch Männer, die für ein paar Lira schlagende Argumente haben«, rät mir der Polizeioffizier.

Ich würdige ihn keiner Antwort und gehe nach Hause.

Am Abend sitze ich auf meinem Balkon und habe das traumhafte Panorama von Izmir vor mir. Die Sonne versinkt als glutroter Ball im Ägäischen Meer. Ich fange an zu grübeln: Was finden die Männer eigentlich an mir? Sie behaupten immer, ich sei schön. Der Meinung bin ich überhaupt nicht. Als schöne Frau im klassischen Sinn kann ich mich einfach nicht empfinden.

Ist es meine Ausstrahlung, die sie magisch anzieht? Reizt sie mein Widerstand? Läßt sie die Tatsache ausrasten, daß ich immer dagegenhalte, daß sie von mir aus freien Stücken nie das erhalten, was ihnen Frauen wie Mutter, Peri und all die anderen bereitwillig zu Füßen legen? Fordere ich sie damit heraus, so daß sie sich schließlich nicht mehr anders zu helfen wissen als körperliche Überlegenheit auszuspielen, nur, um mich doch zu bekommen?

Oder ist diese Brutalität die eigentliche Normalität? Wenn ja, gilt das überall auf der Welt oder nur in der Türkei? Sind meine Freundinnen und ich nicht schon von Kindheit an mißhandelt worden? Werde ich mich gar daran gewöhnen müssen, daß Menschen so grausam sind? Muß ich damit eigentlich leben?

Ich bin jetzt siebenundzwanzig und habe bisher noch nie aus eigenem Wunsch mit einem Mann geschlafen. Auch mit Nuri oder Hakan nicht. Bei Hakan war es schlicht und einfach Neugier.

Und bei Nuri? Habe nicht ich ihn angerufen? Bin nicht ich freiwillig mit ihm ins Schlafzimmer gegangen? Wir kannten uns zehn Jahre. Ich wollte nicht alleine sein und bei ihm empfinde ich wenigstens keinen Ekel. Verliebt bin ich nicht in ihn, begehre ihn nicht wirklich.

Hikmet, Mehmed und auch Nedret haben mich mit psychischer und physischer Gewalt genommen. Nie habe ich etwas anderes als Erleichterung gefühlt, wenn es vorbei war. Zärtlichkeit? Sie bleibt ein Traum. Kein Mann hat mich je danach gefragt: »War es schön? Hat es dir gefallen?«

Einzig mit Hüseyin hätte ich die Erfüllung erleben können. Aber wir hatten keine Chance, unsere Liebe auszuleben.

Die Sonne ist untergegangen, nur ein vager roter Schimmer am Horizont erinnert an den vergangenen Tag. Es klingelt. Nuri steht vor der Tür – sturzbetrunken. Ich weiß, daß er immer eine Pistole bei sich trägt. Diesmal hat er sie in der Hand. Er lädt sie durch, als ich die Tür öffne.

»Nuri, was soll das?«

Er nimmt meine Frage gar nicht wahr, sondern stößt mich quer durch den Raum zur Couch. Seine Stimme überschlägt sich, als er mich anschreit: »Warum hast du dich über einen Monat lang nicht gemeldet?«

Er reißt mir die Kleider vom Leib. Gott sei Dank ist er so betrunken, daß er die blauen Flecken an meinen Armen nicht sieht. Er hätte mich sofort erschossen. Brutal wirft er mich auf die Couch, läßt sich auf mich fallen, schiebt den Pistolenlauf in meinen Mund, zwingt meine Beine auseinander und nimmt mich.

Er hechelt im Rausch, droht mit heiser erregter Stimme: »Wenn ich dich noch einmal halbnackt durch die Stadt laufen sehe, bringe ich dich um. Oder soll ich gleich abdrücken? Wo warst du die ganze Zeit? Mit wem hast du dich herumgetrieben? Zu wem bist du ins Bett gekrochen? Wer hat dich alles gehabt?«

Mit der Pistole im Mund kann ich nicht schreien.

Er zuckt seinem Höhepunkt entgegen. Ich habe nur noch nackte Angst, daß er dabei abdrückt, ohne es zu wollen. Plötzlich sackt er in sich zusammen. Er liegt noch auf mir, als er zwischen zwei Atemzügen einschläft. Die Pistole fällt aus seiner Hand.

Am ganzen Körper zitternd, befreie ich mich vorsichtig von

ihm und lege die Waffe auf den Tisch. Sein Handy klingelt. Ich will nicht, daß er wach wird, nehme den Anruf entgegen und halte mühsam die Luft an. Seine Frau ruft laut:
»Nuri, wo bist du? Nuri, gib doch Antwort.«
Ich schalte das Handy aus und frage mich, ob er mit seiner Frau auch so umgeht wie mit mir?
Nach zwei, drei Stunden wecke ich ihn. Er ist immer noch derart betrunken, daß er nicht genau einzuordnen weiß, wo er ist.
Nuri wankt zur Tür, dreht sich um und droht: »Ich werde dich jeden Tag anrufen. Wenn du nicht drangehst, bekommst du Probleme.«

Schwimmen im Meer

»Hallo Inci. Wie geht es dir? Was machst du?« Onkel Cem ist am Apparat.
»Nichts. Die Kinder sind bei Hikmet in Tokat. Ich bin allein, und hab' gerade keine Arbeit.«
»Setz dich in den nächsten Bus, komm nach Ankara und fahr mit uns zwei Wochen nach Mersin in Urlaub!«
Das lasse ich mir nicht zweimal sagen. Raus aus Izmir. Weg von Nuri und Nedret. Den Alltagssorgen für ein paar Tage entkommen. Onkel Cems Angebot kommt wie gerufen.
Ich treffe bei ihnen einen Tag früher als geplant ein. So können wir eher losfahren. Die Ferienwohnung, die Cem gemietet hat, ist noch nicht frei – wir müssen eine Nacht im Auto verbringen. »Alles wegen dir«, scherzt Onkel Cem.
Mit Beginn der Reise ist die Stimmung in der Familie angespannt. Kadem und Kamuran, die beiden Söhne, fechten gerade pubertäre Kämpfe mit ihrem Vater aus. Egal, was er macht, sie meckern an ihm rum. Peri wirkt während der ganzen Zeit frustriert. Ich vermute, sie vermißt ansprechbare Männer.

Cem und ich sind die einzigen, die die schönen Tage am Meer genießen. Wir haben Spaß, lachen, tollen am Strand herum und schwimmen aufs Meer hinaus.

Unter Wasser sehe ich sein Lächeln. Wir fassen uns an den Händen, tauchen prustend wieder auf. Erinnerungen an die Kindheit werden wach: Wie wir zusammen im Garten getobt haben, wie er mich mit Wasser naß gespritzt hat. Es sind gute Erinnerungen.

Cem ist außer Oma der einzige Mensch, den ich wirklich liebe. Er tut alles für mich. Wenn ich mit ihm zusammen bin, kann ich vieles vergessen. In seiner Zuneigung fühle ich mich sicher und geborgen. Wenn mich die Sehnsucht nach meinen Kindern überfällt, sieht er es mir an und bringt mich mit einem dummen Scherz zum Lachen.

In einer Nacht gehen Peri und ich am Strand entlang. Dichte Wolken fegen über den Himmel, verdecken immer wieder die funkelnden Sterne. Peri schwärmt von ihren Eskapaden. Immer noch glaubt sie, mich missionieren zu können. Ich bewundere sie, damit sie mich in Frieden läßt.

Plötzlich fegt ein Platzregen über den Strand. Wir ziehen uns aus und gehen nackt ins Meer schwimmen. So schnell wie sie gekommen sind, verschwinden die Wolken. Sterne funkeln wieder über uns, der Mond erhellt die Nacht. Wir kreischen im Wasser und lachen – ein wenig Angst ist dabei. Nicht ein einziges Mal war ich bisher in der Öffentlichkeit nackt.

Hasardspiele

Nach unserer Rückkehr aus den Ferien versuche ich noch in Ankara, Hikmet zu erreichen. Onkel Cem bemerkt meine vergeblichen Versuche.

»Komm, wir fahren zusammen nach Tokat und holen deine Kinder«, bietet er mir an. Ich kann ihm gar nicht zeigen, wie dankbar ich bin. Peri fährt mit.

In Tokat erfahren wir von Okbay, einem weiteren Verwandten, daß Hikmet in einer Freizeitanlage arbeitet. Diese liege mitten in einem Wald, er wohne dort mit den Kindern in einem Blockhaus. Okbay zeigt uns den Weg zu dieser Anlage. Es ist schön hier, üppiges Grün, die Luft ist frisch, im Bach sprudelt glasklares Wasser. Wir werden freundlich empfangen.

Umut kommt aus der Blockhütte, hält inne, läuft aber nicht zu mir.

Wieder mal Gehirnwäsche, schießt es mir durch den Kopf. Sie haben ihnen wieder eingeredet, was für eine schlechte Mutter ich sei. Wie ich sehe, hat Hikmet ein Fahrrad und andere Spielsachen für Umut gekauft. Er ist noch klein, bei ihm verfängt das. Sila kann er nicht so leicht beeinflussen. Jedenfalls glaube ich das.

Mittlerweile sind einige aus der Familie zusammengelaufen.

»Wo ist Sila?« fragt Onkel Cem.

»Bei Verwandten«, weicht Hikmet aus.

Das Spiel fängt schon wieder an. Mit einem Schlag habe ich die Schönheit der Umgebung vergessen.

Hikmet wendet sich an mich: »Umut kannst du mitnehmen. Sila bekommst du nicht«.

Er dreht sich nun zu Onkel Cem und behauptet: »Sie hat keine Ahnung von Erziehung. Sie macht alles falsch. Sie ist meiner Tochter keine gute Mutter.«

Ich mag nicht weiter zuhören und gehe mit Umut ein Stück spazieren. Seine Augen suchen immer den Papa. Ich sehe es und denke: Hikmet hat ein Auto. Sein Sohn ist stolz auf ihn.

Schweren Herzens stelle ich die Frage, die längst fällig ist: »Umut, willst du mit mir nach Izmir kommen?«

»Und meine Schwester?«

»Wir holen sie später ab.«

»Nein, ich bleib' bei Sila.« Er rennt weg.

Ich versuche ihn zu einzufangen, rufe hinterher: »Wo ist denn deine Schwester?«

»Ich gehe jetzt zu ihr.«

Er rennt weiter, steigt in Hikmets Auto. Sein Vater geht ihm nach, setzt sich ans Steuer und fährt einfach fort.

Wir warten zwei, drei Stunden auf seine Rückkehr. Vergeblich. Schließlich fahren wir in Okbays Wohnung. Er und Onkel Cem telefonieren Gott und die Welt zusammen. Schließlich meldet sich Hikmet von selbst. Onkel Cem hält den Hörer so, daß ich das Gespräch mitverfolgen kann:

»Sag ihr, Umut kann sie haben. Sila bleibt bei mir. Sie hat mir erzählt, daß Inci arbeitet und nicht auf sie aufpassen kann. Ich werde die Ehre meiner Tochter retten, und ich muß auch an meine Ehre denken.«

»Dann behalte sie beide«, antwortet Onkel Cem und zwinkert mir zu. Ich bin froh, daß er da ist und nicht ich mit Hikmet reden muß.

Er legt auf und winkt mir: »Inci, komm!«

Wir fahren los, Cem nimmt die Straße Richtung Ankara. Entsetzt frage ich: »Onkel, was machst du?«

»Ich fahre heim.«

»Fahr mich zur Polizei. Ich habe die Papiere. Ich bin im Recht, er muß sie herausgeben.«

Er antwortet nicht. Ich flehe, bettle. Onkel Cem hört nicht einmal mehr zu.

»Wie oft hat er das jetzt gemacht?« fragt er, als wir in seiner Wohnung ankommen.

»Zum dritten Mal.«

»Dann laß ihm doch die Kinder, wenn er sie unbedingt will. Dann soll er sie auch erziehen.«

Ich habe die Hoffnung aufgegeben. Alle Kraft ist aus mir gewichen. Die schönen Tage von Mersin sind vorbei.

Fast ohne Bewußtsein falle ich ins Bett, schlafe wie eine Tote bis zum Morgen. Traumlos. In einer Lache von Blut werde ich wach. Das passiert mir immer wieder, wenn ich unter starkem seelischen Druck stehe.

Onkel Cem und die beiden Jungen sind aus dem Haus. Peri steht in der Küche, sie bereitet das Frühstück. Unter der Dusche versuche ich meine Gedanken zu ordnen.

Nicht einmal Onkel Cem versteht, warum ich um meine Kinder kämpfe. Ich bin von ihm enttäuscht. Weiter denke ich: Es hat ihn auch nicht weiter berührt, als Peri ihre beiden Töchter im Stich ließ, um zu ihm zu kommen. Wie sollte ich da mehr von ihm erwarten?

Ich beziehe das Bett neu. Peri sitzt schon am Frühstückstisch und wartet auf mich.

»Ich kann jetzt nichts essen«, erkläre ich. »Ich werde ein wenig nach draußen gehen.«

Auf dem Spaziergang fällt mir der Polizist in Izmir ein. Was hatte er mich gefragt? Kennst du keinen bei der Mafia? Mir fällt Cemil ein, Cemil und seine Pistole. Als er uns in Tokat besuchte, was hatte er zu mir gesagt? Wenn du in Ankara bist und Hilfe brauchst, komm zu mir.

Ich finde seine Visitenkarte und rufe ihn an: »Hier ist Inci.«

Er erinnert sich sofort: »Wo bist du?«

»In der Hüseyingazi. Vor dem Café.«

»Ich bin gleich da.«

Wir fahren in sein »Hauptquartier«. Es ist ein Hochzeitssalon. Überall stehen und sitzen Männer in dunklen Anzügen. Alle haben Pistolen unter den Armen. In seinem Büro herrscht ein ständiges Kommen und Gehen. Fragen werden an ihn gerichtet, Entscheidungen erwartet. Cemil ist eindeutig der Boß. Ich bin furchtbar aufgeregt, denke aber an meine Kinder, für die ich das hier auf mich nehme. Mein einziger Gedanke ist: Hoffentlich hilft er mir.

Er ruft einen seiner Anzugträger zu sich und befiehlt: »Keine Störung mehr.« Tatsächlich haben wir von da an Ruhe. Cemil hat seine Leute im Griff.

»Hast du Hunger?«

»Nein.«

»Dann erzähl mal. Was machst du hier?«

»Hikmet hat meine Kinder entführt, aber ich will sie wiederhaben. Alleine kann ich nichts gegen ihn und die Verwandten ausrichten. Ich brauche Geld.«

»Kein Thema. Ich hab's dir versprochen. Reicht das?« Er legt ein Geldbündel auf den Tisch.

»Auf alle Fälle. Ich zahle es dir sofort zurück, wenn ich in Izmir bin.«

»Das brauchst du nicht. Ist nicht der Rede wert.«

Er schreibt mir einen Brief für den Kommandanten der Gendarmerie in Tokat, erklärt mir, wie ich bei der Polizei vorzugehen habe.

»Danke. Ich werde mich jetzt sofort auf den Weg machen.«

»Nein, bleib noch. Wir können noch ein wenig quatschen.«

»Besser nicht, ich will morgen früh dort sein.«

Ich sehe es in seinen Augen, als er auf mich zukommt. Damit habe ich nicht gerechnet. Wir sind doch verwandt. Schon als ich seinen Griff spüre, weiß ich, daß ich keine Möglichkeit habe, mich zu wehren. Der rohen Gewalt des durchtrainierten Spitzensportlers habe ich nichts entgegenzusetzen. Er sucht und findet sein Ziel schnell, ohne Umweg. Meine Blutungen ignoriert er einfach.

Das ist jetzt eine Vergewaltigung – es ist seltsam, welche Gedanken einem in solchen Momenten durch den Kopf gehen.

Als er fertig ist, ziehe ich mich sofort wieder an.

»Wo gehst du hin?« schreit er mich an. Er atmet schwer. In seinen Augen flackert noch die Gier.

»Ich werde es keinem Menschen erzählen«, versichere ich.

Welch eine dumme Bemerkung, denke ich. Wieso soll er Angst davor haben, daß ich ihn verrate? Er kann mich jederzeit erschießen. Ich wäre dann einfach verschwunden. Kein Mensch würde je nach mir fragen. Das ist mir absolut klar.

Seine Augen bekommen wieder einen normalen Ausdruck. Er atmet jetzt ruhig.

»Geh!« befiehlt er.

Polizei ohne Gnade

Habe ich etwas falsch gemacht? Hätte ich damit rechnen müssen? War ich zu leichtsinnig? Im Bus nach Tokat habe ich Zeit zum Nachdenken. Cemil war meine letzte Hoffnung. Jeder andere aus meiner Verwandtschaft wäre froh, wenn ich endlich Ruhe gäbe und ohne meine Kinder nach Izmir zurückkehrte – außer Oma.

Ich werde Cemils Vergewaltigung vergessen, nehme ich mir vor und bin sicher: Für meine Kinder würde ich es wieder genauso machen.

Mitten in der Nacht komme ich am Busbahnhof in Tokat an. Ich steige im teuersten Hotel ab, dusche, lege mich ins Bett und döse bis zum Morgen vor mich hin. Schon früh mache ich mich auf den Weg, zunächst zum Staatsanwalt. Dieser schickt mich zum Chef der Gendamerie.

Ich gefalle dem Kommandanten. Es stört mich nicht. Warum soll mir meine Weiblichkeit nicht auch weiter einen Vorteil bringen? Der Mann hört sich meine Geschichte an, prüft die Papiere.

»Das ist ja eine Ungeheuerlichkeit, wie deine Verwandten mit dir umgesprungen sind. Denen werde ich's zeigen«, verspricht er mir.

Nur wenig später sitzt er mit zehn Gendarmen und mir im

Mannschaftswagen. Unterwegs erzähle ich Details über die vorangegangenen Entführungen. Ich mache sie richtig scharf. Sie sind wütend und wollen sich Hikmet vorknöpfen.

Der sitzt mit Okbay beim Tee auf der Terrasse vor dem Blockhaus. Mit angelegtem Gewehr stürmen zehn Gendarmen auf sie zu.

»Was ist denn los?« fragt er erschrocken. Dann sieht er mich.

»Du? Was willst du denn noch?«

»Wo sind meine Kinder?«

»Umut ist da drin.« Er deutet mit dem Daumen auf das Blockhaus.

Ich stürze in die Holzhütte hinein. Den Anblick, der sich mir dort bot, werde ich nie vergessen. In dem halbdunklen Raum gibt es keinen Fußboden, keine Teppiche, keine Möbel – außer einer dreisitzigen Couch. Umut kauert davor, er hat ein Spielzeugauto in der Hand. Mit seinen großen dunklen Augen schaut er mich an. Ich nehme ihn auf den Arm, drücke ihn fest an mich, gehe zurück nach draußen.

»Wo ist Sila?« will ich wissen.

»Sie ist nicht da.«

»Hikmet, einsteigen!« befiehlt der Kommandant und deutet auf den Mannschaftswagen.

»Aber wie soll ich zurückkommen?« jammert mein Exmann. »Es ist besser, ich nehme mein eigenes Auto.«

»Dann muß aber unbedingt jemand mit ihm fahren, sonst haut er ab«, fordere ich.

Zwei Gendarmen steigen zu ihm in den Wagen. Der Konvoi fährt in die Stadt zur Wache.

»Ich gehe nicht ohne Sila zurück nach Izmir. Bitte finden Sie sie«, beschwöre ich den Kommandanten. Er kennt Hikmet seit langem, aber mich mag er.

»Hikmet, bring das Mädchen her«, ordnet er kurz und knapp an.

»In Ordnung, ich bringe sie.« Er steigt allein ins Auto, die beiden Gendarmen bleiben da.

»Ich warne dich, mach keinen Fehler. Schaff das Mädchen her, und zwar so schnell es geht. Mit mir spielst du nicht. Ich finde dich, wenn du versuchst zu tricksen.« Der Kommandant wirft die Autotür zu. Hikmet fährt los.

»Wohin gehst du?« fragt der Kommandant.

»Ich werde im Hotel warten. Ich gehe nicht fort, ehe meine Tochter bei mir ist.«

»Verlaß dich auf mich.« Er bestellt mir ein Taxi.

»Fahr mich in die Stadt. Ich brauche Kleidung für meinen Sohn«, fordere ich den Fahrer auf.

In dem Laden, vor dem mich der Taxifahrer absetzt, kleide ich Umut von oben bis unten neu ein und kaufe hübsche Kleidung für Sila. Ich bekomme fast alles kostenlos. Der Taxifahrer hat der Inhaberin mein Schicksal erzählt.

Auch die Hotelangestellten verhalten sich wie ausgewechselt. Als ich mitten in der Nacht ankam, hatten sie selbstverständlich angenommen, es ginge um ein Schäferstündchen. Jetzt, wo sie mich und Umut sehen, sind sie sehr freundlich. »Benötigen Sie etwas? Können wir etwas für Sie tun?« Von allen Seiten höre ich solche Sätze.

Um die Zeit totzuschlagen und nicht immer an Sila denken zu müssen, bade ich Umut. Strahlend und wie neugeboren entsteigt er dem vom wochenalten Dreck fast schwarzen Wasser. Wir legen uns ins Bett. Ich halte ihn fest im Arm, als wir einschlafen.

Das Telefon klingelt. »Wir haben sie, komm her«, triumphiert der Kommandant.

Ich rufe den Taxifahrer an, den ich schon kenne, und lasse mich von ihm zur Wache bringen. Sami und Sila stehen davor, Hikmet wird gerade im Revier vernommen. Natürlich hatte er den Befehl des Kommandanten ignoriert und sich im nächsten Dorf versteckt. Die Gendarmen durchkämmten Haus für Haus, bis sie ihn fanden. Er und Sami wurden daraufhin verhaftet.

»Was macht ihr für kindische Sachen? Warum könnt ihr euch nicht wie anständige Menschen verhalten?« schnauzt Sami mich an.

Eine unbändige Wut steigt in mir hoch, während ich Sila an die Hand nehme.

»Mit dir bin ich noch lange nicht fertig. Du kommst auch noch dran«, fauche ich ihn an.

Wie im Zeitraffer laufen die Jahre meiner Gefangenschaft in Tokat ab: Sami und Mutter waren die Drahtzieher. Er hat Mutter über Jahre finanziell ausgebeutet, hat ihr Monat für Monat gnadenlos Geld abgepreßt. Geld, das Papa schwer verdient, um das er Eda, Songül und Tufan betrogen hat.

Wortlos steht er vor mir, schaut mich finster an.

»Ich werde es dir heimzahlen, das schwöre ich dir.« Meinen Schwur werde ich halten, ich weiß auch schon, wie.

Beim Kommandanten finde ich Hikmet. Zusammengesunken sitzt er auf einem Stuhl. Den Chef der Gendamerie bitte ich: »Sag meinem Exmann, er soll mir Geld für die Fahrt nach Izmir geben.«

Hikmet wechselt einen Blick mit Sami, der mir und Sila gefolgt ist.

»Wir haben kein Geld«, behauptet der Vater meiner Kinder.

»Ihr habt kein Geld?« Ich spucke vor ihm aus, gehe so dicht zu ihm hin, daß ich ihn riechen kann. Ich muß würgen. Die unzähligen Nächte auf der äußersten Bettkante werden in mir wach. Ich explodiere förmlich:

»Was seid ihr denn für Männer? Ihr entführt meine Kinder nun schon zum dritten Mal. Ihr wollt sie behalten? Ihr wollt sie großziehen? Ihr wollt sie erziehen? Wie aber finde ich sie vor? Verängstigt, vor Dreck starrend in alten Lumpen – und das nach gerade mal drei Wochen. Und jetzt habt ihr nicht einmal Geld für eine Busfahrkarte?«

Ich habe endgültig jeden Respekt vor ihnen verloren und muß mich beherrschen, ihnen nicht ins Gesicht zu spucken.

Beide können mir nicht in die Augen sehen. Hikmet getraut sich auch nicht mehr, mich anzusprechen. Er wendet sich an den Kommandanten: »Sag ihr, sie soll bis heute abend warten, dann haben wir das Geld.«

Bis dahin bleibe ich mit meinen Kindern im Hotel. In der Badewanne fängt Sila zu erzählen an: »Mama, es war furchtbar. Endlich bist du wieder da. Dauernd wurden wir hin- und hergeschoben – mal einen Tag hier, mal einen Tag dort. Einmal machte Umut in die Hosen, es lief seine Beine runter. Hurie hat es einfach ignoriert. ›Bin ich dazu da, Hikmets Kindern den Hintern abzuputzen‹, hat sie gesagt. Ich hab' ihn saubermachen müssen.«

Er sei dann wund geworden, habe den ganzen Tag geweint, erzählt sie weiter. Sie habe ihn gepflegt. Und bei allen Verwandten, bei denen sie übernachteten, habe sie putzen und in der Küche arbeiten müssen.

Ihre Stimme wird nun leise: »Mami, die großen Jungs sind immer in Unterhosen rumgelaufen. Ich hab' mich so furchtbar erschreckt.«

»Waren sie böse zu dir, die Jungen?« Ich möchte sie nicht direkt fragen.

»Ich hab' mich immer im Schlafzimmer eingeschlossen, keiner konnte zu mir kommen«, vertraut sie mir an. Umut hört zu. Das Lächeln ist aus seinem kleinen Gesicht verschwunden. Der hyperaktive Junge ist ruhig – verdächtig ruhig.

In diesem Augenblick läßt mich Hikmet nach unten rufen. Er erwartet mich an der Rezeption. Hikmet duckt sich wie ein Hund, der Schläge erwartet. Suchend schaut er sich in der Halle um. Ich zwinge ihn, mir in die Augen zu sehen. Mit fester Stimme sage ich:

»Die Kinder schlafen jetzt glücklicherweise. Daß dir klar ist: Du wirst sie nie wieder bekommen, wenigstens nicht, solange ich lebe. Laß sie also in Ruhe.«

Sein Blick wird ungläubig. Er begreift in diesem Moment, daß er jedes Ansehen bei mir verloren hat. Ohne Gnade fahre ich fort: »Du bist überhaupt nicht fähig, die Kinder zu erziehen. Du willst sie nur haben, weil du weißt, daß das dein letztes Mittel ist, mit dem du mir noch weh tun kannst.«

Ich gehe einen Schritt auf Hikmet zu, flüstere ihm fast tonlos ins Ohr: »Ich werde nie aufgeben.«

Er weicht zurück und überreicht mir das Geld. Dann sagt er doch tatsächlich: »Bleib noch ein wenig.«

Wieder bin ich versucht, ihm ins Gesicht zu spucken. Meine Verachtung ist zu spüren, als ich ihm antworte: »Wenn ich dich gern sehen würde, hätte ich mich nicht scheiden lassen.«

Hikmet bezahlt die Hotelrechnung. Sila, Umut und ich reisen am nächsten Morgen ab.

Rache

Hoffentlich war es das letzte Mal, denke ich, als wir uns in Izmir wieder einigermaßen eingefunden haben. Nach jeder Entführung benötige ich länger, um die Kinder wieder ins normale Leben zurückzuführen.

An einem Nachmittag besucht uns Büsra. Ich hole den Scheck, den Hikmet unlängst bei mir deponiert hat, aus dem Bilderrahmen, zeige ihn ihr und frage: »Den hat mir Hikmet neulich gegeben. Er ist auf Samis Konto ausgestellt. Unterschrieben hat ihn Hikmet. Kann ich damit etwas anfangen?« Bei dem Betrag handelt es sich immerhin um umgerechnet etwa dreißigtausend Mark.

»Glaubst du, daß Samis Bank ihn gutschreibt?«

»Das kann ich mir nicht vorstellen. Ich glaube nicht, daß Sami so viel Geld hat.«

»Was willst du dann?«

»Rache.«

»Reich' ihn bei der Bank ein. Besser: Laß mich das machen, es geht dann wie von selbst.«

Natürlich löst die Bank den Scheck nicht ein, und ich zeige Sami wegen Scheckbetrugs an. Bei der Verhandlung wenig später vertritt mich Büsra.

»Von wem hast du diesen Scheck erhalten?« fragt mich der Richter.

»Von meinem Schwiegervater.«

»Warum hat er dir so viel Geld gegeben, obwohl du von seinem Sohn geschieden bist?«

»Er hat Geld gebraucht und meinen ganzen Goldschmuck verkauft. Ich hatte allein vierunddreißig schwere Armreifen und etliche Ketten sowie anderen wertvollen Schmuck. Das hab' ich ihm gegeben und diesen Scheck dafür bekommen.«

Die Lüge fällt mir leicht. Außerdem ist es nur zur Hälfte unwahr. Sami hat, solange ich in Tokat gewohnt habe, nach und nach meinen gesamten Schmuck veräußert. Ganz zu schweigen von dem Geld, das er jahrelang von meiner Mutter erhalten hat.

»Ich frage dich noch einmal: Hast du diesen Scheck von Sami?«

Das Bild von Mutter und Sami in inniger Umarmung taucht vor meinen Augen auf. Ich denke an den heißen Kuß, bei dem ich sie kurz vor meiner Hochzeit überrascht habe. Ich halte dem Blick des Richters stand, sehe ihm fest in die Augen und bestätige:

»Ja, diesen Scheck hat mir Sami gegeben.«

Zweimal fragt er mich noch. Zweimal bleibe ich bei meiner

Aussage. Alle gegenteiligen Beteuerungen helfen Sami nichts. Er muß für drei Monate ins Gefängnis.

Ich genieße meine Schadenfreude. Rache ist süß, denke ich und hoffe, daß ihm im Gefängnis genügend Zeit bleibt, darüber nachzudenken, wie er gemeinsam mit Mutter mein Leben, das meiner Geschwister und das von Papa zerstört hat.

Benutzt

Im Geschäft um die Ecke lerne ich Cennet kennen. Sie ist Witwe – ihr Mann erlag vor einiger Zeit einem Herzinfarkt. Ihr Sohn Tekin ist wie Sila acht Jahre alt. Cennet sorgt sich sehr um ihn. Da sie aber in einer Fabrik arbeitet, kann sie Tekin nach der Schule nicht beaufsichtigen.

»Ich suche dringend Arbeit und habe dann dasselbe Problem«, erzähle ich ihr.

»Ich frag' mal bei uns nach, ob sie etwas für dich haben«, schlägt sie vor.

Seit Wochen laufe ich im nahegelegenen Industriegebiet von Firma zu Firma, schreibe mir mit Bewerbungen die Finger wund. In entsprechenden Bewerbungsbögen gebe ich unter »berufliche Erfahrung« meine Putzstelle bei den Celiks, meine Tätigkeit als Verkäuferin in der Parfümerie und meine Erfahrungen als Sekretärin in Nedrets Fabrik an. Ich erhalte nur Absagen – wenn überhaupt. Langsam wird meine Lage prekär. Die Raten für die Möbel fangen an, mich zu erdrücken, zudem wird das Leben in Izmir immer teurer.

»Du sollst dich bei uns vorstellen.« Cennet hat Wort gehalten. Am nächsten Morgen sitzen ich mit ihr im Mitarbeiterbus. Sofort fühle ich mich unbehaglich. Alle Frauen tragen Kopftuch und lange Röcke. In meiner elegant westlichen Kleidung komme ich mir wie ein Fremdkörper vor. Man sieht mich an, als ob ich etwas Besonderes wäre. Das bin ich aber gar nicht. Hinter der Kleidung verberge ich auch nur meine Schüchternheit und Zurückhaltung.

In der Fabrik werden elektrische Bauteile und Meßinstrumente hergestellt. Cennet bringt mich zum Personalbüro und stellt mich dem dortigen Chef vor.

»Als was möchtest du bei uns arbeiten?« fragt er mich.

»Als Produktionshelferin.«

»Ich dachte schon, du wolltest dich als Sekretärin bewerben.« Er mustert mich von oben bis unten.

Ich weiß, was er denkt. Dieser Betrieb ist konservativ islamistisch geprägt. Nicht nur die Frauen im Bus, alle tragen hier Kopftuch und Blümchenrock.

Ich fülle die Bewerbungunterlagen aus, gebe sie ab und hole tief Luft, als ich wieder draußen vor der Fabrik stehe. Die Aufmerksamkeit, die ich erzeugt habe, empfinde ich mehr als peinlich. Ich rechne nach diesem Auftritt nicht im geringsten mit einer Zusage.

Aus heiterem Himmel ruft Nedret bei mir an: »Wie kommst du dazu, dich überall zu bewerben? Du hast doch eine Arbeitsstelle bei mir.«

Er weiß wirklich alles. Kaum habe ich mich von dem Schock erholt, befiehlt er:

»Du kommst am Dienstag um elf Uhr in mein Büro. Ich werde dich jemanden vorstellen. Wenn du wirklich Arbeit suchst, ist das was für dich.« Eine Widerrede läßt er gar nicht erst zu, schon hat er den Telefonhörer aufgelegt.

»Niemals! Deinen Job kannst du dir an den Hut stecken.« Ich sage es laut, ich bin wütend über seine Unverfrorenheit.

Je länger ich aber über sein Angebot nachdenke, desto klarer wird mir, daß mir keine andere Wahl bleibt. Was habe ich nicht alles versucht! Es bleiben kaum noch Möglichkeiten offen. Und auch bei Cennets Arbeitgeber kann ich mir nach meinem mißglückten Auftritt nicht die geringste Hoffnung machen.

Am Dienstag, pünktlich um elf, bin ich in Nedrets Büro. »Züleyha, das ist Inci«, stellt er mich vor. Ich bekomme im ersten Moment kein Wort heraus. Züleyha ist die Ärztin, die mir die Spirale entfernt hat, als ich mein zweites Kind empfangen wollte.

Sie hat jetzt die Position einer Chefsekretärin des Unternehmerverbands von Izmir. Warum sie ihre Praxis nicht mehr betreibt, weiß ich nicht. Die Geschäftsstelle des Verbands ist in Nedrets Fabrik untergebracht. Ich soll ihre Stellvertreterin werden. Wie die beiden sich das vorstellen, ist mir rätselhaft. Nedret weiß, daß meine Kenntnisse auf diesem Gebiet gleich null sind. Inzwischen habe ich auch nichts dazugelernt. Dennoch erhalte ich die Stellung.

Also hat er es wieder einmal auf mich abgesehen. Aber was soll Züleyha in diesem Spiel? Vielleicht bildet sie wenigstens eine Art Puffer zwischen ihm und mir, hoffe ich.

Einmal wöchentlich treffen sich die Mitglieder des Verbands in einem Restaurant der Spitzenklasse zum Arbeitsessen. Nedret nimmt mich bei nächster Gelegenheit mit. Ehe wir in dem Lokal eintreffen, klärt er mich auf: »Hör mir genau zu. In dem Restaurant werden nachher all die Fabrikbesitzer sitzen, bei denen du dich beworben hast. Sie sind ohne Ausnahme Mitglieder bei uns.«

Bei unserer Ankunft ist die Versammlung schon komplett. Wir sind die letzten. Nedret scheint das beabsichtigt zu haben. Mit mir an seiner Seite will er sich in ihrer Aufmerksamkeit sonnen. Außer Züleyha ist keine weitere Frau anwesend.

»Das ist Inci, unsere neue stellvertretende Sekretärin«, stellt er mich vor.

Alle Männer sind in feinstes Tuch gekleidet, stehen auf und mustern mich unverhohlen. Türkische Männer sind immer offen für attraktive Frauen, denke ich. Es berührt mich unangenehm, den Blicken dieser einflußreichen Männer ausgesetzt zu sein. Ich lasse mir aber nichts anmerken.

Seit drei Wochen arbeite ich schon in meiner neuen Stellung. Viel gibt es nicht für mich zu tun. Ich stecke Briefe in Kuverts, trage sie zum Briefkasten, öffne die Post, lege sie sortiert auf Züleyhas Schreibtisch.

Nedret beobachtet mich ständig. Das weiß ich. In jedem Raum – außer in den Toiletten – hat er Kameras installiert. Jeden Winkel des Betriebs er kann so einsehen, jedes Telefon abhören. Ich fühle mich wie ein Fisch im Netz. Aber er läßt mich vorerst in einer trügerischen Ruhe zappeln.

»Du hast schon wieder etwas liegengelassen. Dabei habe ich dir noch ausdrücklich gesagt, du sollst es erledigen.« Züleyha staucht mich richtig zusammen. Es ist eine Nichtigkeit, wegen der sie mich zur Rede stellt.

»Das stimmt nicht, du hast mir überhaupt nichts gesagt.«

»Doch, streit das nicht ab. Deine Vorgängerin war schon so. Das kann ich nicht gebrauchen. Ich will nicht mehr mit dir in einem Raum arbeiten.«

Sie sucht einen Vorwand, um mich loszuwerden.

Wütend stürme ich zu Nedret, den ich immer noch als meinen Chef betrachte. Der hat natürlich alles über seine Kameras mit verfolgt.

»Was soll das? Was sagst du dazu?« Ich weine fast vor Wut, denn ich hatte gerade von der Fabrik, in der Cennet arbeitet, eine Anstellung angeboten bekommen – und abgelehnt.

»Ich halte mich raus. Das ist nicht meine Angelegenheit«, weicht Nedret aus.

»Und mein Geld?«

»Geh zu ihr.«

Als ich Züleyha damit konfrontiere, schreit sie mich wütend

an: »Wie bitte, du willst auch noch Geld? Was hast du hier denn groß gearbeitet? Du hast rumgesessen und dich zur Schau gestellt, das ist doch alles.«

Was mir zusteht, will ich auch haben. Das ist ein Prinzip von mir.

In Rage rufe ich einen der Fabrikbesitzer an: »Ich will, daß euer Verein mir mein Geld für die drei Wochen auszahlt, die ich gearbeitet habe. Ansonsten bereite ich euch eine Menge Ärger.«

»Willst du noch einmal einen Job in der Türkei haben?« fragt der Fabrikant süffisant. Ich lege auf.

Bei einer der großen Lokalzeitungen kenne ich einen Redakteur. Mit ihm gehe ich zu dem Fabrikbesitzer.

»Entweder ich bekomme mein Geld, oder er schreibt über euch«, drohe ich.

»Mach nicht so einen Blödsinn, sonst stehst du endgültig bei uns auf der schwarzen Liste.«

»Ich mache keinen Blödsinn, ich will nur das Geld, das mir zusteht. Nicht mehr und nicht weniger.«

Er gibt mir schließlich einen Scheck, weil er die Öffentlichkeit fürchtet wie der Teufel das Weihwasser. Wir sind quitt.

Verzweifelt suche ich nun nach einer neuen Tätigkeit, telefoniere viel, stelle mich vor, schreibe wieder Unmengen von Bewerbungen. Nichts.

Ob der Industrieverband dahintersteckt? Oder Nedret? Ich fürchte, es ist so.

Nach etwa zwei Wochen ruft Nedret an: »Komm morgen vorbei. In der Zentrale hat eine Frau gekündigt. Ich brauche dich.«

Eigentlich dürfte ich mir das nicht bieten lassen. Aber kann ich mir meinen Stolz überhaupt noch erlauben? Wie soll ich den Kühlschrank für die Kinder füllen und die Raten bezahlen?

Ich werde gehen. Der Entschluß fällt mir nicht leicht.

Meine Kolleginnen erklären mir die Telefonanlage, und ich bin völlig überrascht: Der Job macht mir Spaß. Hier bin ich in meinem Element, spreche türkisch, erinnere mich mehr und mehr an mein Deutsch und kann sogar die paar englischen Brocken verwerten, die ich in der Schule in Deutschland gelernt habe.

Nedret hat mich unter Kontrolle – wie vorher Mutter. Er hat mir sämtliche Wege verbaut. Ich bin auf ihn angewiesen, kann mich nicht wehren. Die Miete, die Ganztagsschule, die Raten für die Möbel, die galoppierende Inflation – ohne ihn käme ein finanzielles Desaster auf mich zu. Fast überflüssig zu erwähnen: Hikmet zahlt keine Lira Unterhalt.

Von acht bis neunzehn Uhr arbeite ich. Eine Stunde brauche ich für den Nachhauseweg. Dann warten Haushalt und Kinder auf mich.

Ich kann nichts dagegen machen, immer noch ist Nuri in meinem Leben. Er will einfach bei mir sein. Ich betrachte ihn als meinen Freund, trotz allem, was passiert ist.

Eines Tages kommt Mustafa, Samis Bruder aus Urfa, zu Besuch. Er will mit einer jungen Freundin, die er dabei hat, für eine Woche bleiben. Wir reden miteinander, begraben das Kriegsbeil.

Am Abend ruft Nuri an: »Ich stehe unten vor deiner Haustür. Ich komme hoch.«

»Es geht nicht, ich habe Besuch.«

»Wirf ihn raus.«

»Unmöglich. Es ist Mustafa mit einer Freundin.«

»Dann komm runter.«

Ich überlege, was ich Samis Bruder sagen soll.

»Ich bin gleich wieder da. Ich muß kurz zu einer Nachbarin«, erkläre ich Mustafa und eile nach unten. Nuri hat sich vor seinem Auto aufgestellt.

Plötzlich läßt er ein Klappmesser aufspringen und drückt mir die Spitze der Klinge auf den Bauch.

»Wir gehen jetzt zu dir hoch«, befiehlt er.

Mittlerweile weiß ich, wie ich mit ihm umgehen muß. Ich ignoriere das Messer, lege den Arm um seinen Hals und rede ganz vorsichtig: »Liebling, es ist der Onkel von Hikmet. Wir können uns da keinen Skandal erlauben. Das willst du doch auch nicht. Bitte geh. Ich rufe dich an. Mach dir keine Gedanken. Ich liebe dich.«

Es gelingt mir, ihn zu überzeugen. Ich küsse ihn zärtlich, damit er sich beruhigt. Er setzt sich ins Auto und fährt fort.

Am Anfang war die Liaison mit mir sicher nur ein Abenteuer für ihn gewesen. Jetzt aber merke ich, daß er sich mehr und mehr in mich verliebt hat.

Kurz darauf ruft Nuri in der Zentrale an. Wir verabreden ein Treffen für den Abend. Eine halbe Stunde später setzt Nedret eine außerordentliche Konferenz nach Feierabend an.

»Du kannst ja anrufen und das Treffen absagen«, empfiehlt er mir. Er hat also unser Gespräch mitgehört.

Notgedrungen rufe ich Nuri an: »Heute abend geht es nicht, mein Chef hat eine Konferenz einberufen. Wir haben alle zu kommen.« Nuri erste Empörung besänftige ich mit zärtlichen Worten, wohl wissend, daß Nedret in seinem Büro den Telefonhörer ans Ohr hält.

Im Konferenzraum sitzt er dann am PC, wir stehen um ihn herum. »Ich habe eine neue Idee«, eröffnet Nedret die Versammlung. Dann erläutert er seinen Plan ausführlich. Ich befürchte, daß er mit mir noch etwas beabsichtigt, was mit dieser Besprechung überhaupt nichts zu tun hat. Denn eigentlich bin ich weder für die Entwicklung noch für die Produktion oder für den Vertrieb zuständig. Trotzdem stellt er mir Fragen, die ich natürlich nicht beantworten kann. Vor versammelter Mannschaft schreit er mich an: »Was weißt du denn überhaupt?«

Schließlich schickt er alle fort.

»Du bleibst da!« Das gilt mir. Ich weiß, was jetzt kommen wird. Er gibt mir Alkohol zu trinken. Er will Sex. Wir gehen in sein Schlafzimmer. Ich kann ich mich nicht immer wehren, ich bin so müde. Schlimmer als mit Hikmet ist es auch nicht. Und Nedret riecht wenigstens besser.

Als er mich heimbringt, will er mir Geld geben. Ich nehme es nicht an.

Wenn mich Nedret ruft, stehe ich zu seiner Verfügung. Irgendwann wird er das Interesse verlieren, hoffe ich im stillen. Oft verabredet er sich mit Geschäftsfreunden nach den Besprechungen zum Essen. Mich nimmt er dazu mit – nur mich. Ich werde zu seiner Vorzeigefrau. Dafür behalte ich den Job – Sex ist quasi als außertarifliche Leistung inbegriffen.

Das läßt mir nur noch wenig Zeit für meine Kinder. Es tut mir weh, daß ich mich nicht mehr so um sie kümmern kann, wie ich es gerne würde. Wenigstens ist der Kühlschrank gut gefüllt.

Abends ruft Peri bei mir zu Hause an. Sie weint. Zunächst kann ich nichts als ihr Schluchzen verstehen.

»Peri, um Gottes Willen, was ist los?« Auch mir schnürt es den Hals zusammen und mein Herz klopft wie rasend.

»Inci, Cem ist mit dem Auto verunglückt.« Wieder kann sie nicht weitersprechen.

»Peri, was ist mir ihm? Wo ist er?«

»Es war ein Frontalzusammenstoß. Er ist tot.«

»Sag, daß das nicht wahr ist, bitte, bitte sag, daß das nicht stimmt.«

Ich höre sie nur noch schluchzen und lege auf. Meine Erinnerung setzt am nächsten Tag wieder ein. Onkel Cem tot? Außer Oma ist er der einzige Mensch, dem ich vertraue, den ich liebe. Und jetzt soll ich ihn nie wiedersehen? Ich kann, ich will es nicht glauben. Die Erinnerungen an ihn ziehen vorbei: Die Spiele der Kindheit in Ankara, seine Fürsprache, mit der er mich aus meiner ersten Verlobung »befreit« hat, seine Gastfreundschaft nach der ersten Entführung, seine Hilfe bei der zweiten. Daß er da resigniert hat, nehme ich ihm schon lange nicht mehr übel. Was für mich zählt, ist, daß er der einzige war, der überhaupt etwas versucht hat.

Nur langsam dringt es in mein Bewußtsein: Onkel Cem gibt es nicht mehr. Ich fühle mich leer und allein.

Aus heiterem Himmel quälen mich starke Schmerzen. Sie ziehen vom Becken ins rechte Bein. Kein Arzt findet etwas. Alle diagnostizieren, sie seien psychosomatischer Natur. Wahrscheinlich stimmt das. Ich muß nur an die zwölf Stunden Arbeit denken, den Druck, der von Nedret ausgeht, die Bedrohung durch Nuri, die sehnsuchtsvollen Augen der Kinder. Und jetzt auch noch der Tod von Onkel Cem.

Bis heute sind mir diese Schmerzen als Erinnerung an jene Zeit geblieben. Kein Arzt kann die Ursache klären, auch in Deutschland nicht.

Nachdem etwa drei Monaten besucht Mosa die Fabrik. Er ist Türke und vertritt die Interessen von Nedret in den arabischen Ländern. Wir sehen uns nicht zum ersten Mal und haben häufig am Telefon miteinander zu tun. Nedret lädt ihn zum Abendessen ein und kommandiert noch Hasret, eine Kollegin, dazu ab.

»Ich habe ein Geschenk für dich im Hotel, das würde ich dir gern noch geben«, sagt mir Mosa, als wir gegessen haben und im Begriff sind aufzubrechen

»Gut, dann bringe ich Hasret heim und du Inci«, bestimmt Nedret.

Er und Hasret verabschieden sich vor dem Restaurant.

»Komm«, sagt Mosa. »Wir laufen zum Hotel, es ist nicht weit. Du kannst an der Bar auf mich warten. Ich hole das Geschenk aus meinem Zimmer und fahre dich dann nach Hause.«

Wir machen uns auf den Weg.

»Willst du etwas trinken?« fragt er mich, als wir in der Lobby stehen. Ich nicke. Wir fahren in den zweiten Stock, wo sich die Bar befindet. Er bestellt ein Getränk für mich. Anschließend läßt er mich allein.

Ich rühre das Getränk nicht an.

Das Telefon an der Bar klingelt. Es ist für mich. »Mir ist nicht besonders gut. Komm doch zu mir aufs Zimmer, ich gebe dir dein Geschenk hier.«

»Du kannst es mir morgen auch noch geben.«

»Morgen bin ich nicht mehr da. Komm!«

Noch immer hege ich keinen Verdacht. Eigentlich möchte ich so schnell wie möglich zu Sila und Umut. Aber Mosa ist für die Fabrik ein sehr wichtiger Mann. Ich will ihn nicht vor den Kopf stoßen.

Als ich bei ihm im Zimmer bin, gibt er mir tatsächlich eine Tüte voll mit Geschenken, die er mir mitgebracht hat.

»Trink was«, fordert er mich auf und reicht mir ein Glas.

Da wird mir klar, daß ich in einer Falle sitze. Nedret hat mich ihm quasi als Gastgeschenk zu Füßen gelegt. Wie ein wildes Tier geht er auf mich zu.

»Du hättest mir gleich sagen können, daß du Sex haben willst.« Ich reagiere schnell und direkt.

Dann umgarne ich ihn: »Du gefällst mir schon lange. Ich hab' überhaupt kein Problem, es mit dir zu tun. Aber nicht auf diese Art und Weise. Leg dich hin, beruhige dich. Ich dusche in der Zwischenzeit. Dann machen wir es richtig.«

Ich ziehe meine Jacke aus und hänge sie über einen Stuhl. Er soll sicher sein, daß ich das Zimmer nicht verlasse. Dann küsse ich ihn auf die Wange.

Mosa legt sich aufs Bett, wie ich es ihm befohlen habe, und streckt sich wohlig aus.

Das Badezimmer geht links vom Flur ab. Ich ignoriere es, verlasse fluchtartig Mosas Zimmer, renne durch den Hotelflur, hetze die Treppen nach unten und stürze auf die Straße.

»Taxi«, rufe ich.

Drei Jugendliche stehen vor dem Hotel. »Schau mal die Nutte, die kommt gerade von der Arbeit.«

Zum Glück fährt in diesem Moment ein Taxi vor. Ich steige ein, weiß aber nicht, wie ich es bezahlen soll. Siedendheiß fällt mir ein, daß mein Geld in der Jacke ist, die unerreichbar in Mosas Zimmer über der Stuhllehne hängt. Ich erzähle die Geschichte dem Fahrer und biete ihm meinen goldenen Ring als Pfand an.

»Es ist ein Erbstück meiner Oma. Ich komme morgen vorbei und löse es aus«, verspreche ich.

Immerhin ist es eine Fahrt von vierzig Minuten. Als mich der Taxifahrer vor der Haustür absetzt, ist es nach Mitternacht. Den Ring hat er vielleicht noch heute. Er war nicht von Oma. Aber so viel wert wie die Taxifahrt war er allemal.

Zuallererst lasse ich die Badewanne mit heißem Wasser vollaufen. Während ich mich darin ausstrecke, werde ich langsam ruhig. Eines ist mir klar: So kann es nicht weitergehen. Unter solchen Bedingungen werde ich nie wieder arbeiten. Dieser Weg führt steil abwärts, direkt ins Bordell. Der Gedanke alleine macht mir angst.

Ich trockne mich ab, lösche das Licht in der ganzen Wohnung und gehe auf die Terrasse. Unter mir liegt das Lichtermeer von Izmir. Es ist eine klare und warme Sommernacht. Mein Entschluß steht fest: Nie wieder gehe ich in Nedrets Fabrik. Ganz egal, was passiert.

Cennet heiratet erneut. Sie ist vor allem deshalb glücklich, weil sie nicht mehr arbeiten muß und ganz für Tekin dasein kann. Das frisch verheiratete Paar richtet die Wohnung neu ein, macht Schulden. Nur drei Monate dauert das Glück. Dann verläßt er sie. Das einzige, was ihr von ihm bleibt, sind ein paar dürre Worte in einem Abschiedsbrief: »Es wird alles zuviel für mich, ich kann es nicht mehr verkraften.«

Cennet steht vor einem Berg von Schulden. Sie hat keine Arbeit. Ich schicke sie zu Nedret, nicht ohne sie vor dem zu warnen, was sie dort erwarten könnte. Sie stellt sich trotzdem vor – und wird eingestellt. Dabei ist sie gar nicht der Typ einer Vorzeigefrau. Darunter leidet sie wie Büsra. Es nützt ihr nichts. Wenig später erzählt sie mir, daß sie bei Nedret die gleichen »außertariflichen Leistungen« erbringen muß wie ich.

In Deutschland unerwünscht

Stolz

Nach dem Fiasko mit Nedret und den Erfahrungen bei Celiks ist mir klar, daß ich mit Aushilfsarbeiten meine Familie nicht ernähren kann.

Ich muß mit Büsra reden, sage ich mir. Mit ihr verbindet mich mittlerweile eine tiefe Freundschaft. Wo immer sie nur kann, hilft sie mir bei der Bewältigung meiner Probleme. Wir treffen uns in ihrer Kanzlei und zerbrechen uns gemeinsam den Kopf über meine Zukunft. Ich sehe eine Möglichkeit und frage sie: »Was muß ich lernen, damit ich in einem Büro wie deinem arbeiten kann?«

»Komm doch immer vorbei, wenn du Zeit hast, und schau Rasan bei der Arbeit zu. Beobachte, wie sie telefoniert, wie sie mit den Klienten umgeht.«

Rasan, ihre Sekretärin, erklärt sich sofort bereit, meine Lehrmeisterin zu werden. Doch Büsra ist mit der Planung meiner Zukunft noch nicht am Ende: »Ich werde mich nach Computerkursen erkundigen und dich anmelden.«

Innerhalb weniger Tage hat sie ein ganzes Programm für mich zusammengestellt: Am Montag, Mittwoch und Donnerstag lerne ich, am PC zu arbeiten. Dienstags und freitags absolviere ich mein Praktikum bei Rasan in der Kanzlei. Das Wochenende gehört Sila, Umut und Oma.

Der Computerkurs ist eine schöne Abwechslung für mich. Ich lerne Emel kennen und freunde mich mit ihr an. Ihre Eltern – beide Lehrer – denken modern und aufgeschlossen, ließen ihr eine ausgezeichnete Ausbildung zukommen. Nach seiner Pensionierung eröffnete ihr Vater ein Versicherungsbüro. Emel besucht den Kurs, weil sie künftig sein Büro managen soll.

Ich bewundere sie. Emel wird für mich zum Sinnbild der modernen türkischen Frauen, die auf Izmirs Straßen, in den Büros, in den Restaurants und Cafés immer häufiger zu sehen sind. Während der zehnjährigen »Einzelhaft« in meiner Ehe hatte ich ja nie die Möglichkeit, eine von ihnen kennenzulernen. Wie hätte ich da mit einer von diesen Frauen über ihr Leben, ihre Gefühle reden können? Jetzt, einige Monate nach der Scheidung, gebe ich mich nicht mehr damit zufrieden, meine Mitwelt nur oberflächlich auf mich wirken zu lassen. Ich will Hintergründe erfahren und mehr über bestimmte Zusammenhänge wissen.

Am meisten imponiert mir Emel damit, daß sie einen Führerschein hat und mit ihrem Auto fahren kann, wohin sie möchte. Sie ist frei.

Das will ich auch erreichen. Wenn sie das kann, schaffe ich es auch, nehme ich mir fest vor. Gleich nachdem der Computerkurs beendet ist, melde ich mich bei der Fahrschule an. Und kein Hikmet ist mehr da, der mir mit seinem »Was soll denn das? Dafür bist du ja viel zu dumm« von vornherein den Mut nehmen will. Aber den Druck, den er jahrelang auf mich ausgeübt hat, den spüre ich immer noch. Selbst jetzt habe ich das Gefühl, mit den Fahrstunden etwas Verbotenes zu tun, eine Sünde zu begehen. Ich sage keinem etwas – weder Onkel Halil noch Nuri, nicht einmal gegenüber Oma verliere ich ein Wort darüber. Der Führerschein ist das Ziel, das ich nun ansteuere, mein eigenes Auto der Wunschtraum.

Verwirrung

Büsra lädt mich zu einem »Arbeitsessen« ein. Ich weiß, was sie darunter versteht: Sie will einen Mann verführen. Allein mit ihm auszugehen, wäre beim ersten Treffen unschicklich. Also braucht sie mich als Anstandsdame. Damit ich ihr aber nicht in die Quere komme, hat sie Yusuf, einen Freund ihres »Opfers«, als Tischpartner für mich eingeladen. Grüne Augen, klein, Glatze, Bauch, Immobilienmakler, Anfang Vierzig – er interessiert mich nicht im geringsten.

Aber Bener! Ein typischer »Mann aus Istanbul«, wie wir sagen. Er ist ein Meter fünfundachtzig groß, sportlich und wirkt jugendlich trotz seiner fünfzig Jahre und der grauen Haare. Und er sieht einfach unverschämt gut aus. Als Inhaber eines großen Bauunternehmens beteiligt sich der Diplomarchitekt an den Ausschreibungen großer nationaler Bauprojekte und führt sie in eigener Regie aus, wenn er den Zuschlag erhält. Er ist verheiratet, hat zwei Kinder. Über Geld muß er nicht einmal reden. Büsra will ihn haben.

Bener lacht Yusuf aus, als der sich krampfhaft bemüht, meine Hand zu halten. Offensichtlich hatte Büsra ihm diesbezüglich zuviel versprochen. Dann nagelt Bener mich mit seinen Augen fest, redet nur noch mit mir, als wenn wir allein am Tisch säßen. Er verblüfft mich mit seiner Ehrlichkeit:

»Inci, du bist in Deutschland aufgewachsen? Ich stamme aus einem Dorf weit im Osten Anatoliens. Wir Jungs haben unsere Männlichkeit sehr früh entdeckt, und die Mädchen hat man vor uns weggeschlossen. Wo sollten wir hin mit unserer Potenz? Beim Schafehüten hatte ich hinter einem Baum meine ersten sexuellen Erfahrungen mit einer Eselin.«

»Warum erzählst du mir so was?«

»Was glaubst du, wie es bei uns auf den Dörfern zuging. Alle taten das. Zwanzig Jahre später bin ich mit meinem Mercedes hinter diesen Baum gefahren, um zu spüren, wie weit man es im Leben bringen kann.«

Nie zuvor habe ich einen Mann mit einem solch unerschütterlichen Selbstvertrauen, einer solch grenzenlosen Selbstsicherheit und einer fast schon gnadenlosen Ehrlichkeit kennengelernt. Bener hat sein Ziel erreicht: Seine Offenheit verwirrt und beeindruckt mich gleichzeitig. Was für ein Mann, denke ich.

»Gehen wir«, fordert uns Büsra auf. Sie ist eifersüchtig, ich spüre das. Das sollte ihr Abend mit Bener werden. Wir suchen ein Tanzlokal auf. Es herrscht ein derart dichtes Gedränge, daß wir kaum durchkommen. Ich schiebe mich geradezu durch die Menge.

Da faßt mich Bener von hinten um die Taille. »Was willst du mit Yusuf?« fragt er, und ehe ich antworten kann, gibt er mir seine Karte: »Ruf mich an.«

Ich stecke die Karte in die Tasche.

Wille eines Mannes

»Er ist nicht im Büro«, bedauert seine Sekretärin.

Immerhin habe ich es geschafft, meinen Anruf über eine Woche hinauszuschieben. Er soll nicht denken, daß ich ausgerechnet auf ihn gewartet habe. Meine Telefonnummer hinterlege ich nicht.

Der Fahrunterricht lenkt mich ab. Einen derart komplexen Stoff habe ich bisher noch nie bewältigen müssen. Auch lernen will gelernt sein. Am Anfang traue ich mir doch nicht zu, es zu schaffen, und versuche, einen Führerschein auf dem Schwarzmarkt zu kaufen – zum Glück vergebens.

Als ich nach einer Woche Bener wieder nicht erreiche, lasse ich erneut eine Woche verstreichen – und habe ihn endlich am Apparat.

»Warum rufst du so spät an? Dein Spiel ist interessant. Aber ich kenne es, und bei mir nützt es nichts.«

Er hat mich durchschaut. Der kann mit Frauen umgehen, gestehe ich mir ein.

»Können wir etwas trinken gehen?«

Bener ist der erste Mann, der die Worte »können wir« benutzt, der mich fragt und nicht einfach »Gehen wir etwas trinken« befiehlt. Er holt mich am letzten Tag meines theoretischen Unterrichts von der Fahrschule ab. Nur wenige Tage vor der Prüfung.

Wir fahren über die Berge nach Foca, einem Fischerdorf etwa dreißig Kilometer außerhalb von Izmir. In den Bergen genieße ich die frische Luft, friere, wie so oft, wenn ich aufgeregt bin. Die Seitenfenster seines Mercedes sind offen. Ich sage nichts.

Wir kommen durch den dichten Wald hoch über Izmir, und er erzählt mir von Wildschweinen, die er hier schon geschossen hat.

Was soll das, warum redet er ausgerechnet über diese Schweine? Wir Muslime essen ihr Fleisch doch sowieso nicht. Warum schießt er sie dann? Was soll ich mit diesem Gerede anfangen?

Doch bevor ich weiter darüber nachdenken kann, sind wir schon am Ziel. Vor einem noblen Fischrestaurant gibt eine Terrasse einen herrlichen Blick aufs Ägäische Meer frei. Nach hinten umgeben luxuriösen Apartments einen gepflegten Innenhof. Die Reichen aus Izmir mieten sich hier nach dem Essen für ihre Schäferstündchen ein.

Bener wird wie ein alter Bekannter begrüßt, er hat schon mit vielen Frauen den Service dieses Hauses schätzengelernt. Doch das erfahre ich erst später.

Verkrampft sitze ich vor ihm, sage nur wenig. Er redet ständig, will mir über meine Verlegenheit hinweghelfen.

»Komm, wir laufen ein Stück«, fordert er mich auf.

Wir stehen auf, laufen am Strand entlang, halten einander an der Hand. Ich zittere.

»Komm her, ich halte dich warm.« Er legt den Arm um mich. Allmählich werde ich sicherer, fange an, mich wohl zu fühlen.

Wir gehen zum Essen zurück auf die Terrasse. Danach bestellt er Raki.

Wie hat Nedret gesagt: »Du bist eine europäische Frau.« Jetzt benimm dich auch so, befehle ich mir selbst und stoße mit ihm an. Innerhalb kürzester Zeit sind wir betrunken.

»Bring' mich heim.« Er beachtet meinen Wunsch überhaupt nicht, bucht ein Zimmer, läuft schnurstracks quer über den Innenhof, ich protestierend hinterher.

»Ich gehe nicht mit dir ins Bett.«

»Was glaubst du, warum wir hier sind? Du bist eine erwachsene Frau. Bist du wirklich so naiv? Was hast du dir eigentlich vorgestellt. Dann laß dich nicht zum Essen einladen.«

Ehe ich antworten kann, stehen wir schon im Zimmer. Er öffnet Gardinen und Fenster, dreht sich um und kommt auf mich zu:

»Ich will dich. Und ich werde dich heute nacht auch haben.«

Er hat recht, so läuft es.

Ich wollte ihn ja auch. Es war das erste Mal, daß ich einen Mann von mir aus begehrte.

Mittlerweile ahne ich zwar, daß zu einer erfüllten Beziehung zwischen Mann und Frau Lust und Erotik gehören. Aber erlebt habe ich es bisher nie.

Und jetzt kommt Bener, wischt einfach alles beiseite. Natürlich habe ich mich danach gesehnt. Nur hätte er mir mehr Zeit lassen müssen, es hätte nicht so schnell passieren dürfen. Ich bin wirklich naiv, wie er gesagt hat. Ich war ja nicht einmal darauf vorbereitet, habe mich der Illusion hingegeben, daß er anders als die anderen sein würde.

Er ist es eben gewohnt, daß die Frauen mit ihm schlafen. Hinterher lassen sie sich von ihm aushalten. Ich resigniere schließlich, bin mir aber sicher, daß er mich nicht beim ersten Treffen herumbekommen hätte, wenn ich erfahrener gewesen wäre.

Später hat er mir gestanden, daß er erst nach seiner »Attacke« gemerkt hat, daß auch er sich ernsthaft in mich verliebt hat. Wäre er sich schon vorher darüber klar gewesen, wäre unser »erstes Mal« ganz anders verlaufen.

»Ich will heim.«
»Wir haben Alkohol getrunken. Ich fahre nicht.«
»Dann laufe ich.«
»Also gut, fahren wir.«

Wir stehen auf, ziehen uns an und fahren los. Nach ein paar Kilometern geraten wir in eine Alkoholkontrolle. Er muß ins Röhrchen blasen. Sein Führerschein ist weg.

Zwei Tage später geht es wie ein Lauffeuer durch meine Familie: »Inci hat den Führerschein.« Ich bin unendlich stolz. Beide Prüfungen, die theoretische und die praktische, habe ich im ersten Anlauf ohne Fehler bestanden. Allen habe ich bewiesen, wie absurd ihr »Du bist ja sowieso zu dumm« in Wirklichkeit ist.

Zwei Wochen später erfahre ich, daß Onkel Rasim in Stuttgart meine Cousine Acelya zum Fahrunterricht angemeldet hat.

Liebe

Wir sehen uns jeden zweiten Tag. Da Bener keinen Führerschein hat, läßt er sich von Freunden zu mir fahren. Meistens ist Yusuf sein Fahrer. Ich finde das lustig. Er scheint es überwunden zu haben, daß er bei mir nicht landen konnte.

Bener und ich treffen uns nicht nur zum Sex. Wir spazieren, ohne etwas zu verbergen, nebeneinander durch die Straßen, sitzen zusammen mit Freunden im Café, lachen mit ihnen, gehen essen, tanzen, fahren aufs Land, an den Strand.

Warum das für mich so wichtig ist? Noch nie habe ich mich mit einem Mann alleine auf der Straße gezeigt. Das Verlobungsgeschenk unserer Eltern an Hüseyin und mich war ja, daß wir eine Stunde allein miteinander fortgehen durften. Und selbst da sind wir Frischverlobten in ein deutsches Café außerhalb unserer Siedlung gefahren. Dort konnten wir relativ sicher sein, daß uns kein Türke zusammen sehen konnte.

Bener ist der erste Mann, der sich öffentlich zu mir bekennt und es jedem zeigt. Nach Oma wird er der zweite Lehrer in meinem Leben. Was mir eigentlich Papa schon viel früher hätte beibringen müssen, lerne ich jetzt von ihm. Er bedeutet mir immer mehr, zeigt mir, daß ich nicht mehr alleine bin. Er beschützt mich, gibt mir die Liebe, die ich von Mutter und Papa nie erfahren habe.

Stundenlang sitzen wir zusammen. Ich liege mit dem Kopf auf seinen Beinen. Er streichelt mein Haar. Ich erzähle mein Leben, er hört mir zu. Wir gehen ganz unbefangen miteinander um. Er beobachtet mich, kontrolliert mich – in einem guten Sinne. Immer in meinem Interesse.

»Bener, ich muß dir etwas gestehen: Seit ich mich von Hikmet getrennt habe, habe ich einen Liebhaber.« Ich bin froh, daß es heraus ist. Er reagiert ganz gelassen:

»So. Und was hast du vor?«

»Eigentlich ist er für mich nicht mehr als ein guter Freund. Ich habe mit ihm geschlafen, weil ich alleine war und geglaubt habe, es gehört einfach dazu. Das ist, seit ich dich kenne, vorbei. Aber ich mag ihn als Freund, denn wir kennen uns seit über zwölf Jahren. Seit zweieinhalb Jahren sind wir zusammen. Ich möchte nicht im Streit mit ihm auseinandergehen, verstehst du das?«

»Ja.«

»Wie soll ich mich verhalten? Ich war ja noch nie in einer solchen Situation.«

»Sag ihm, daß du ihn gern hast, aber ihn nicht liebst. Mach ihm klar, daß es dir jetzt erst bewußt geworden ist. Bitte ihn darum, dich zu verstehen, und biete ihm für die Zukunft deine Freundschaft an.«

Allmählich sind wir fast regelmäßig zusammen, obwohl Bener verheiratet ist. Immer wieder fasziniert mich seine Ehrlichkeit. Er versteckt sich nie. Als er einmal bei mir ist, ruft er mitten in der Nacht seine Frau an. Offensichtlich fragt sie ihn, wann er nach Hause kommt.

»Warum willst du das wissen? Du weißt doch, daß du keinen Mann hast, der jede Nacht daheim ist. Fehlt dir etwas? Geld? Essen? Hast du Probleme?«

Er redet ganz ruhig und bestimmt. Für mich ist die Situation unvorstellbar, bei allen, die ich kenne, wäre daraus ein wilder Streit entstanden.

Nuri ruft wieder einmal an. Wir treffen uns. Ich sage nein, wie Bener es mir beigebracht hat. Nuri versteht es nicht, kann sich nicht vorstellen, daß alles aus sein sollte. Und da merke ich, daß ich für ihn längst nicht mehr »seine Affäre« bin.

Kein Zweifel: Nuri hat sich ernsthaft in mich verliebt.

Ab und zu treffen wir uns, reden miteinander. Ich bin standhaft, gebe seinem Drängen nicht mehr nach. Natürlich fragt er mich, ob ein anderer im Spiel ist. Ich sage kein Wort von Bener.

So sehr er sich auch bemüht, ich bleibe beim Nein.

Ab und zu wollen die Kinder bei Oma und Onkel Halil übernachten – und ich habe frei. Wenn Bener keine Zeit hat, ziehe ich gelegentlich mit Berkan durch das nächtliche Izmir. Dabei haben wir immer viel Spaß.

Berkan ist ein guter Freund. Wir haben uns schon vor Monaten auf einer Party kennengelernt. Er behauptet immer, er sei impotent, könne mit Frauen nichts anfangen. Ich glaube ihm das, frage nicht weiter nach. Mir gegenüber verhält er sich immer höflich und korrekt. Er ist ein glänzender Gesellschafter und Unterhalter. Da er nicht ein einziges Mal versucht, sich mir zu nähern, kann ich diese Streifzüge ruhig und gelassen genießen. Einmal landen wir in einer Bar, in der Mädchen Kontakt suchen, die sich verkaufen.

Die Besitzerin der Bar spricht mich an: »Hallo, ich bin Bengül. Wo kommst du her?«

»Ich heiße Inci, bin in Deutschland aufgewachsen, wurde nach Tokat verheiratet, habe mich scheiden lassen und lebe jetzt mit meinen Kindern in Izmir.«

Ich kann es ihr ansehen, wie sie mich einschätzt: »Das ist so eine aus der Provinz. Die ist leicht zu überreden.« Viele Mädchen, die aus den Dörfern in die Metropole Izmir kommen, steigen bei ihr und in ähnlichen Bars in die Prostitution ein und landen später in den Bordellen.

»Willst du richtig Geld verdienen?« Sie nennt mir einen Betrag, der höher ist als Papas monatliche Überweisung.

»Das – und noch mehr – kannst du hier in einer Nacht für dich einstecken. Du kommst an zwei Nächten in der Woche und kannst den Rest deiner Zeit ohne finanzielle Sorgen leben, kannst dann tun und lassen, was du willst«, rechnet sie mir vor.

Ich will es kaum glauben. Soviel soll das, was ich mit Hikmet jahrelang umsonst gemacht habe, wert sein? Bengül erklärt mir, wie mein Einstieg vonstatten gehen könnte. Ich höre ihr zu, tue interessiert. Beeindrucken kann sie mich aber nicht. Ich will diese Art zu leben verstehen, selbst kennenlernen will ich es nicht.

Mein Handy klingelt: »Wo bist du? Warum bist du nicht zu Hause bei deinen Kindern?«

Es ist Bener.

»Die Kinder wollten heute nacht bei Oma schlafen. Ich bin

mit Berkan unterwegs, und wir sind in einer Bar bei den leichten Mädchen.« Ich belüge ihn niemals. Er ist zu mir ehrlich, also hat er auch meine Ehrlichkeit verdient.

»Bitte komm sofort heim.« Es fasziniert mich, daß er selbst in solchen Situationen das »Bitte« nie vergißt.

Er trifft zusammen mit mir zu Hause ein. In der Diele stehe ich vor ihm, den Kopf gesenkt. Er faßt mich am Kinn und zwingt mich, ihm in die Augen zu schauen.

»Reiß dich zusammen, sei klug«, beschwört er mich. Dann wiederholt er eindringlich: »Sei klug.«

Leicht angetrunken lache ich gekünstelt. Und denke übermütig: Was will er denn? Ich möchte die Welt kennenlernen, und er will mich warnen, es mir verbieten, will mich »sauberhalten«. Er hat gut reden. Er hat sich sein Leben lang genommen, was er gerade wollte. Ich war über fünfundzwanzig Jahre gefangen und will endlich, endlich frei sein. Ich respektiere ihn, bin ihm treu. Aber ich will mich nicht bevormunden lassen. Ich sehe seinen Gesichtsausdruck, seine Augen und kann mir vorstellen, was er jetzt sagen würde:

Kind, laß das sein. Das ist nichts für dich, du mußt da nicht hingehen. Ich kann's dir erzählen, was da passiert. Du mußt es nicht selbst sehen.

Ich will aber mit Berkan durch die schmutzigen Viertel von Izmir ziehen. Ich will alles selbst sehen und nichts erzählt bekommen. In Gedanken stampfe ich trotzig mit dem Fuß auf den Boden.

Wir reden keinen Ton, sehen uns nur an. Plötzlich bricht mein Trotz in sich zusammen. Ich falle in seine Arme, fange an, hemmungslos zu weinen. Wir gehen ins Wohnzimmer. Ich will reden. Er hält mir den Mund zu, flüstert zärtlich:

»Sag nichts. Ich will jetzt nichts hören.«

Bener steht auf, nimmt Schlüssel und Handy, will gehen, dreht sich wieder um, kommt zwei, drei Schritte auf mich zu und sagt mit tiefbewegter Stimme: »Ich habe großen Respekt vor dir. Vor langer Zeit habe ich eine Frau sehr geliebt. Sie konnte von mir haben, was sie wollte: eine Wohnung, Auto, Schmuck, Kleider. An einem Abend unterhielt ich mich mit einem Freund in einer Bar. Wir sprachen über Frauen. Mit einem Mal merkten wir, daß die von mir über alles geliebte Frau auch ihn in gleicher Weise abzockte: Wohnung, Auto, Schmuck, Kleider.

Seitdem habe ich nie wieder eine Frau ernst genommen. Ich hab' mit ihnen gespielt, sie benutzt, verlacht. Du hast meine Sichtweise geändert. Du bist seither die erste Frau, der ich vertraue, an die ich glaube, von der ich hoffe, daß sie mich nie betrügen wird.«

Er wendet sich jetzt endgültig zum Gehen. Mit fester Stimme sagt er beim Hinausgehen: »Wenn ich von dir betrogen werde, würde ich mich aufhängen.«

Mit einem Mal verstehe ich, warum er mich bei unseren ersten Treffen nicht ernst genommen hat: Er ist in seinem Leben noch von jeder Frau betrogen worden. Mehr als eine, die er haben wollte, hat er in mir anfangs auch nicht gesehen. Und er hat nicht mehr erwartet, als daß er eines Tages auch von mir wieder enttäuscht würde.

Im Grunde genommen behandelte er mich in den ersten zwei, drei Wochen wie all die anderen Frauen, prahlte bei seinen Freunden von unseren sexuellen Erlebnissen, zeigte keine Gefühle, spielte den »starken Mann«, den nichts erschüttern kann.

Seine Härte tat mir weh. Ich habe sie aber ertragen, weil ich instinktiv spürte, daß er im Kern anders ist. Diesen Kern, den er niemanden zeigen wollte, den er so vehement vor sich selbst verleugnete, wollte ich an die Oberfläche bringen. Es ist mir gelungen.

Am nächsten Abend sitzen wir im Garten eines Luxusrestaurants am Strand. Es ist einer jener Orte, an dem sich die bessere Gesellschaft trifft: das Restaurant, die Gartenanlage, Swimmingpool, Diskothek – alles vom Feinsten.

Sein Freund aus Istanbul ist gekommen. Wir sitzen zu acht am Tisch. Wir essen Fisch. Bisher habe ich Fisch nur mit den Fingern gegessen, mit einem Besteck an einem gedeckten Tisch noch nie. Da hat Nedret wirklich etwas versäumt, denke ich sarkastisch. Bener beobachtet mich und versteht. Ohne daß es jemand aus der Runde bemerkt, zeigt er mir, wie es stilgerecht geht: Er zerlegt seinen Fisch, wartet nach jedem Schritt, bis ich es ihm nachgemacht habe.

Wir sind gut aufgelegt, lachen und scherzen – fast jeder hat seinen Spitznamen. Mich nennt Bener nur *Dagli*. Das ist das türkische Wort für jemanden, der aus einem Bergdorf stammt. Damit will er mich nicht an meine Herkunft erinnern, sondern ausdrücken, daß er mich für einen schlichten und einfachen Menschen hält. Die Freundin seines Freundes heißt bei ihnen *Fasuliye*, Bohne, weil sie so schlank ist.

Bener lacht alle aus – so, wie er es am Anfang auch mit mir gemacht hat. Ich lehne mich zurück und genieße es, ihm beim Reden zuzuschauen. Ich liebe seine Gestik, wie er sich bewegt. Mit ihm bin ich glücklich. Um dieses Glück festzuhalten, fehlt mir jetzt nur noch eine Arbeit, mit der ich mich und meine Kinder ernähren könnte – unabhängig von ihm. Bener wird sich niemals scheiden lassen, das weiß ich. Ich würde es auch nie von ihm verlangen. Sein Sohn tritt gerade geschäftlich in seine Fußstapfen. »Er braucht mich«, hat Bener mir einmal gesagt.

Keinesfalls würde ich mich von ihm finanziell aushalten lassen. Was bisher für alle Männer gegolten hat, gilt auch für ihn: Nie nehme ich Geld an. Als er mir einmal einen Betrag für Omas ärztliche Behandlung gibt, zahle ich ihn bis auf die letzte Lira zurück – vergeblich versuchte er mir das auszureden.

Freiheit ist die Basis der Liebe. Geht die Freiheit verloren, stirbt sie nach und nach. Freiwilligkeit und Abhängigkeit schließen einander aus. Hätte ich mich von ihm abhängig gemacht oder machen lassen, hätten wir das Gefühl verloren, daß wir aus freiem Willen zusammen sind.

Meine Gedanken kehren zu den Gesprächen am Tisch zurück. Die Runde spricht über Planeten, über Sterne, Galaxien. Ich bin die einzige, die kein Wort versteht. Alle lächeln mich an. Ich weiß überhaupt nicht, worum es geht. Es ist mir richtig peinlich, daß ich nicht mitreden kann, daß mir keine einzige Bemerkung zu diesem Thema einfällt.

Stumm sitze ich dabei, bin schlagartig deprimiert und frage mich: Wohin gehöre ich eigentlich? Die anatolische Landbevölkerung lehnt mich als Außenseiterin ab. Aber hier, im Kreis dieser gebildeten, einflußreichen Menschen, fühle ich mich auch nicht zu Hause. Ich hab' ja nicht einmal einen Beruf. Was mich ein wenig interessant macht, ist die Tatsache, daß ich in Deutschland geboren und aufgewachsen bin.

Ich fühle mich klein und unbedeutend, leide unter meinem bisherigen Leben. Mir ist elend zumute. Bener merkt es. Auch das ist mir peinlich. Mein Trotz erwacht.

Es ist an der Zeit, daß ich ihm mal zeige, was ich von ihm gelernt habe, fordere ich mich selbst heraus. Der Besitzer des Restaurants sitzt mir gegenüber, redet am lautesten. Ich spreche ihn direkt an:

»Tekin, wovon redet ihr eigentlich. Ich verstehe kein Wort. Ich habe nur den Abschluß der fünften Klasse, weiß nichts über Planeten und Sterne. Bitte wählt ein Thema, bei dem ich mitreden kann.«

Alle lachen. Bener sieht mir in die Augen. Hochachtung steht in seinem Blick. Ich fühle mich wieder gut.

Bener hat ein paar Tische weiter einen Geschäftsfreund entdeckt. Dieser winkt ihm zu. Bener geht zu ihm. Währenddessen spricht Tekin mich an: »Ich erzähle dir jetzt eine Geschichte, die ich erlebt habe. Mein Vater war Großgrundbesitzer in Anatolien. Wir hatten viele Landarbeiter – Frauen und Männer. Eine der Frauen hieß Elif. Bis heute kann ich ihr Lächeln, ihre großen dunklen Augen nicht vergessen.

Eines Tages bekam ich Streit mit meinem Vater, fuhr in ein arabisches Land, heiratete, arbeitete dort zwanzig Jahre und kam mit viel Geld zurück in die Türkei. Vater und Mutter waren tot. Ich ging nach Izmir. Seitdem suche ich nach Elif, weil ich sie noch einmal sehen will. Ich befürchtete schon, ich sehe sie nie wieder. Aber in dir habe ich sie wiedergefunden.«

Nach dem Essen gehen wir in die Disko, anschließend zum Swimmingpool. Bener fragt mich: »Was hat Tekin dir erzählt?«

»Nichts Wichtiges.«

Er sagt ein Wort: »Dagli.«

Wir verstehen uns, ohne viel zu reden, können uns mit wenigen Worten alles sagen. Ich weiß genau, was er mit der knappen Bemerkung sagen wollte, und erzähle ihm die ganze Geschichte. Wir gehen zu den anderen zurück, ohne daß er etwas dazu sagt. Doch er bleibt direkt vor Tekin stehen:

»Tekin, was hast du meinem Mädchen erzählt? Du willst in ihr deine Elif gefunden haben, du Lump?«

Es ist mir furchtbar unangenehm, aber ich kann ihn nicht zurückhalten.

»Warum erzählst du ihr nicht statt dessen, daß du fast pleite warst, daß ich es war, der deinen Hintern gerettet hat?«

Bener kann ja richtig eifersüchtig werden! Und wie! Das hätte ich ihm gar nicht zugetraut, gestehe ich mir ein. Dann schaue ich ihm in die Augen und bekomme Angst: So wütend habe ich ihn noch nie gesehen.

»Nicht mit ihr!« Bener wird unmißverständlich.

Tekin entschuldigt sich wortreich. Ich wundere mich darüber, aus meiner Sicht ist Tekin eigentlich unangreifbar. Er hat ein großes Restaurant. Viele Menschen verdienen dort ihren Lebensunterhalt. Bei ihm verkehren die Reichen und die Einflußreichen der Stadt. Vor meinem Verhältnis mit Bener hatte ich ja nie so engen Kontakt mit Menschen aus diesen Kreisen. Wie sollte ich in derart kurzer Zeit ihre Spielregeln kennen?

Wie hätte ich auf die Idee kommen können, daß Tekins Geschichte die reinste »Anmacherstory« war? Welche Art der Anmache habe ich denn bisher erlebt? Hat mich bis dahin nicht jeder Mann mit mehr oder weniger brutaler physischer oder psychischer Gewalt einfach genommen, wenn er mich haben wollte. Hat sich einer von denen jemals gefragt, ob ich es will oder nicht? Hat es einen interessiert, wie ich mich davor, dabei und danach fühle? Verglichen mit dem, was ich von den Männern vor Bener gewohnt war, war Tekins Anmache elegantes Florettfechten.

Bei Bener lerne ich, eine Frau zu sein. Er zeigt mir, daß ich eine Frau bin, lehrt mich, wie eine Frau zu fühlen. Wenn wir zusammen sind, liegen wir oft unendlich lange nebeneinander, streicheln und umarmen uns, genießen jede Stunde, jede Minute. Mit Streicheln und mit Küssen zeigen wir gegenseitig unsere starken Gefühle. Oft bleibt es dabei. Wenn wir dann doch zusammen sind, ist es Ausdruck des gemeinsamen Gefühls für das Besondere, das wir ineinander sehen. Es erregt mich vom Kopf bis in die Zehenspitzen. Ich spüre seine Liebe auf jedem Millimeter meiner Haut. Nie denkt er nur an sich. Immer nimmt er mich dahin mit, wo ich vor ihm noch nie gewesen bin.

Ein unerwartetes Angebot

Tufan ruft aus Deutschland an: »Inci, ich hab' einen deutschen Freund. Er ist zum Islam konvertiert, hat sich sogar beschneiden lassen. Er heißt jetzt Mustafa.«

Wir versuchen deutsch miteinander zu reden. Ich kann meinen Bruder aber kaum verstehen, weil ich fast alles vergessen habe.

»Rede türkisch weiter«, bitte ich ihn.

»Gut. Mustafa hat dein Bild bei uns an der Wand gesehen und will dich heiraten, Inci.«

Ich lache: »Das ist doch ein schlechter Scherz?«

Gerade habe ich mich an einer Schule angemeldet, um den Hauptschulabschluß nachzuholen. Während des Computerkurses erfahre ich, daß alle von uns, die die Prüfung bestehen, die Chance haben, bei der Stadtverwaltung eingestellt zu werden. Voraussetzung ist allerdings auch eine erfolgreich abgeschlossene Hauptschule. Die kann ich nicht vorweisen.

Auch das Praktikum bei Büsra wird mir dabei wenig nützen. Natürlich habe ich dort viel gelernt. Aber als fundierte Ausbildung mit anerkannter Prüfung, die ich bei einer Bewerbung vorweisen kann, gilt das natürlich nicht. Wenn ich mich nicht auf Dauer mit schlecht bezahlten Hilfsarbeiten zufriedengeben will, muß ich all das nachholen.

Ich rechne mindestens mit zwei Jahren, ehe ich mich in Fernkursen der Schulabschlußprüfung stellen kann, und weiteren zwei bis drei Jahren, die ich für eine Ausbildung benötigen würde.

Zu Hause lerne ich jeden Tag. Wie beim Führerschein erzähle ich keinem in meiner Familie etwas davon. Sie würden es sowieso nicht verstehen. Mitten in diese Situation herein platzen nun die neuen Verheiratungspläne meiner Eltern. Denn eines ist mir klar. Tufans Anruf war der erste Versuchsballon. Bald würde es ernst werden.

Tatsächlich ruft Papa kurze Zeit später an:
»Inci, Tufan hat dich ja angerufen und dir erklärt, was wir vorhaben. Wir meinen es ernst. Wie lange soll es noch so weitergehen? Du bist ganz alleine. Oma kann dir nicht mehr helfen, wenn dir etwas zustößt. Hier ist deine Familie. Hier hast du Sicherheit und Schutz. Wenn du ja sagst, kommen wir nächsten Monat zu dir nach Izmir und halten Hochzeit.«

Wenigstens darf ich noch ja sagen, denke ich bitter. Ich muß gar nicht erst darüber nachdenken, was ein Nein bedeuten würde: das Ausbleiben seiner monatlichen Überweisungen. Mein finanzieller Ruin wäre damit besiegelt. Schulabschluß und Ausbildung kann ich abschreiben. Ganz langsam dämmert es mir, daß ich vor einer tiefgreifenden Entscheidung stehe.

Zwiespalt

Hale, meine Wohnungsnachbarin, stammt aus Istanbul. Sie ist sehr gebildet. Ich gebe viel auf ihre Meinung. Wir setzen uns auf ihren Balkon und trinken Kaffee.

Ich schildere ihr meine Situation und frage: »Was soll ich tun?«

Sie antwortet sehr bestimmt: »Du wirst in Izmir nicht alleine existieren können. Du würdest auch hier letztlich heiraten müssen. Geschiedenen Frauen bleibt keine andere Wahl. Glaub mir, ich habe das schon oft bei Bekannten und Freundinnen erlebt. Wenn du dich weigerst zu heiraten, hast du hier keine Chance. Für mich sieht der Plan deiner Eltern nach der besseren Alternative aus. Denk an deine Kinder und geh nach Deutschland.«

Während sie das sagt, erinnere ich mich an den Tag nach meiner Scheidung. Da lag ich mit Nierenversagen bewußtlos in der Küche. Sila hat mir später erzählt, wie sie mit Umut an der

Hand ängstlich und hilflos neben mir stand. Sie holte schließlich Hale zu Hilfe, die alles Nötige veranlaßte.

Sie redet weiter, als ob sie Gedanken lesen könnte: »Was ist, wenn du krank wirst? Was wird dann aus deinen Kindern? Wo werden sie schließlich landen? Bei Hikmet in Tokat. Daran führt dann kein Weg vorbei. Hast du dafür gekämpft?«

Bei ihren Worten wird mir übel. Ich weiß: Sie hat recht.

In den nächsten Tagen finde ich mich in einem Zwiespalt zwischen Begeisterung und Trauer. Einerseits habe ich meine Zeit in Deutschland nie vergessen und sehne ich mich oft dahin zurück. Andererseits ist die Türkei ein wunderschönes Land, in dem ich mittlerweile ein neues Leben angefangen habe, das ich nun aufgeben soll.

Seit ich von Mutter nach Tokat verschleppt wurde, träume ich wieder und wieder den gleichen Traum: Ich stehe unter einer Laterne, und zwar in der Straße, in der ich aufgewachsen bin. Hüseyin taucht aus dem Dunkel auf. Sehnsuchtsvoll rufe ich ihm zu: »Hüseyin, warte auf mich, ich werde kommen!«

Oft wenn ich ein Flugzeug sehe, denke ich an Deutschland und wäre gern an Bord. Werde ich das Land, in dem ich geboren wurde, jemals wiedersehen – meine Freunde, Hüseyin meine erste Liebe?

Meine Geschwister fehlen mir. Ich fühle mich bedrückt, weil ich sie nicht sehen kann. Außer Oma und meinem Bruder Ahmed bin ich die einzige in unserer Familie, die noch in der Türkei wohnt. Und Oma wird bald neunzig.

Ich verbiete mir diese Gedanken, weil ich bisher keine Möglichkeit erkennen kann, jemals wieder in das Land zu ziehen, in dem ich aufgewachsen bin. Zurück in die Wohnung meiner Eltern? Auf keinen Fall. Nie wieder werde ich mich unter Mutters Kontrolle von begeben. Ich kann es aber nicht einschätzen, ob es für mich in Deutschland einfacher wäre als in der Türkei, mit meinen beiden Kindern ein eigenes, selbständiges Leben zu führen. Vor diesem Unbekannten hatte ich bisher Angst. Daß Papa mir einen neuen Ehemann anbieten würde, war mir bislang nicht in den Sinn gekommen.

So habe ich mich in den letzten zwölf Jahren damit abgefunden, daß ich mich in der Türkei durchsetzen mußte. Ich habe meine Kindheit in der Türkei verbracht, die Jugend aber in Deutschland. In dieser Zeit wurde ich geprägt, hat sich ein wichtiger Teil meiner Persönlichkeit entwickelt. Und diese Prägung fand nun mal in Deutschland statt.

Wenn mich jemand nach meiner Herkunft fragt, antworte ich stolz: »Ich bin Türkin.« Aber ich akzeptiere die Türkei nicht als »mein Land«. Meine Sehnsucht gilt Deutschland. Obwohl ich mich auch da nicht wirklich zu Hause fühle. Mit diesem Zwiespalt werde ich wohl mein Leben lang zurechtkommen müssen.

In Tokat nannten sie mich *Almanci*, die Deutsche. In Deutschland war ich »die Türkin«. Was bin ich denn nun? Bin ich weder das eine noch das andere? Bin ich vielleicht beides zusammen? Schön wäre es, wenn das, was Nedret sagte, wirklich stimmen würde: »Du bist eine europäische Frau.«

Meine Zeit in der Türkei steht für Gewalt und Fremdbestimmung. Etwas anderes kann ich auch mit Mutter nicht verbinden. Ich will weit weg von ihr sein, egal, wo sie sich gerade aufhält. Sowohl von Papa wie von Mutter fühle ich mich nicht akzeptiert, empfinde mich als Belastung, als Fremdkörper, mit dem sie nichts anzufangen wissen. Sie geben mir das Gefühl, mich in ihr Leben gedrängt zu haben. Sie wollen mich nicht, schieben mich hin und her. Manchmal kommt es mir so vor, als hätte ich in den vergangenen Jahren für etwas büßen müssen, das ich irgendwann einmal verbrochen habe – ohne es zu wissen.

Hikmet steht alle zwei Wochen vor der Tür und will unter irgendeinem Vorwand die Kinder sehen. Er nimmt sie in die

Arme. Sie riechen dann nach ihm. Nicht ein einziges Mal lasse ich sie mit ihm alleine. Auf der Straße gehe ich immer einen Schritt hinter den dreien her. Dabei hoffe ich, daß der Wind uns nicht entgegenkommt – damit ich seinen Geruch nicht ertragen muß. Ich weiß, daß es ihm eigentlich gar nicht um die Kinder geht. Er will mich mit seiner Anwesenheit quälen.

Dieser Zustand wird immer unerträglicher. Am liebsten würde ich weit wegziehen. So weit weg von Hikmet, daß ich ihn nie wiedersehen muß. Da wäre Deutschland schon eine Alternative.

Aber in Wirklichkeit will ich ja nicht nur von Hikmet, sondern auch von meinen Eltern großen Abstand haben.

Und jetzt soll ich zu ihnen zurück, soll wieder in ihrer unmittelbaren Nähe wohnen? Vor Papa die brave Tochter spielen? Mutter ertragen? Mir von ihnen vorschreiben lassen, wie ich meine Kinder erziehe, mit wem ich Freundschaft schließe, daß ich den Mann, den sie mir ausgesucht haben, zu lieben habe? Den Mann, den ich noch nie gesehen habe, von dem ich nicht mehr weiß, als daß ihm ein Foto von mir gefallen hat?

Sie haben mich in der Hand. Ohne Papas Überweisungen bin ich hier in der Türkei nicht lebensfähig. Das bedrückt mich am meisten, denn ich weiß, daß Papa Mutter jedes Wort glaubt. Auch ihre Lügengeschichten, mit denen sie mich bei ihm systematisch in Mißkredit brachte. Daß ich mit Hüseyin geschlafen hätte, mich von Hikmet in Tokat hätte verführen lassen und ihn deswegen hatte heiraten müssen. In seinen Augen habe ich unsere Familienehre beschmutzt. Trotzdem liebt er mich, dessen bin ich mir sicher.

Mein Trotz erwacht. Ich schwöre mir: »Wenn ich wirklich nach Deutschland gehe, will ich dort ganz schnell Arbeit finden und mit meinen Kindern und mit meinem Mann in einer eigenen Wohnung leben – weit entfernt von allen Verwandten.

Aber was lasse ich zurück? Das Glück mit Oma und Bener! Ich habe doch gerade erst angefangen, mir mein neues Leben aufzubauen, meine Identität zu finden. Oma gibt mir Selbstwertgefühl. Bei Bener entdecke ich meine Persönlichkeit und habe die Gewißheit, daß er mich als Mensch wahrnimmt.

Kurz vor Tufans Anruf hatte ich die Aufnahmeprüfung für die Fernschule abgelegt. Aber die neue Situation lähmt mich derart, daß ich noch nicht einmal nachfrage, ob ich bestanden habe.

Wie soll ich es Papa noch vier, fünf Jahre lang zumuten, uns zu finanzieren? Selbst wenn er mir das Ultimatum nicht gestellt hätte, wäre das in Anbetracht der stetig steigenden Lebenshaltungskosten in der Türkei unmöglich geworden.

Ich müßte wieder Geld dazuverdienen. Aber wo? Und wie? Ich bin eine starke Frau, ehrgeizig und arbeitswillig – dennoch: Wie soll ich das alles organisieren, die Schule, den Haushalt, zwei Kinder und auch noch eine Arbeit, die mich zehn Stunden von zu Hause fernhält? Und vielleicht müßte ich mich auch wieder gegen einen Chef wie Nedret wehren?

In Alpträumen erscheinen mir die Mädchen, die in einer Nacht das verdienen, was Papa mir Monat für Monat schickt. Schweißnaß wache ich auf und grüble: Ist das die Konsequenz? Haben mir meine Eltern wirklich als einziges Kapital die Fähigkeit zum willfährig gewährten, jederzeit widerspruchslos abrufbaren Beischlaf mitgegeben? Muß ich das jetzt etwa vermarkten?

Welches ist der Unterschied zwischen einer Frau, die bei Bengül, der Barbesitzerin, mit einem Freier aufs Zimmer geht, und einer Braut, die sich in der Hochzeitsnacht blind einem bis dahin wildfremden Mann unter Beobachtung durch die versammelte weibliche Verwandtschaft hinzugeben hat? Einem Mann, für den sie sich bis dahin bewahren mußte? Einem, den sie sich nicht aussuchen durfte? Einem, den sie künftig »ihren Mann« nennen wird?

Der Freier zahlt den vereinbarten Preis im voraus. Der Gegenwert ist die Gewährung des einmaligen Beischlafs.

Der Ehemann erlangt mit der Hochzeit ein generelles, jederzeit vollziehbares »Nutzungsrecht«, das lebenslang Gültigkeit haben soll. Als Gegenleistung verspricht er, für »seine Frau« und die gemeinsamen Kinder zu sorgen. Welchen Wert diese Versprechen oft haben, habe ich ja an der Seite von Hikmet bitter erfahren müssen – wie auch Millionen andere Frauen an der Seite »ihrer« Männer.

Ist der Freier nicht ehrlicher?

Zugegeben, ich fange an zu rechnen: Wenn die Summen stimmen, die mir die Bengül genannt hat, würden ja drei Nächte im Monat ausreichen. Kann ich das verkraften?

Immer wenn mir derartige Gedanken durch den Kopf schießen, erscheint Bener vor meinen Augen, und ich höre seine beschwörenden Worte: »Sei klug!«

Schöne Träume habe ich keine mehr.

Bener. Natürlich bietet er ständig an, mir finanziell zu helfen. Ich nehme nach wie vor keine einzige Lira von ihm. Ich will ihn lieben. In dieser Liebe ist kein Platz für Geld. Niemals werde ich mich zu seiner Geliebten machen lassen, die er aushält, der er eine Wohnung kauft, Auto, Schmuck, Kleider.

Niemals werde ich mich ihm ausliefern. Ich will frei sein – auch in meiner Liebe zu ihm. Für meine Freiheit gebe ich vieles auf – nicht aber meinen Stolz.

Aber kann er mir nicht durch seine Verbindungen helfen? Kann er mir keine Arbeit besorgen? Wenn ja, dann doch nur eine solche Stelle, die meinen Fähigkeiten entspricht. Und das wäre eine Hilfsarbeit. Er kann ja von keinem verlangen, daß ich zum Verrichten einer Arbeit eingestellt werde, die ich nicht leisten kann.

Von dem, was ich als Hilfsarbeiterin verdienen würde, kann ich aber selbst bei größter Sparsamkeit mit meinen zwei Kindern nicht leben.

Jetzt bin ich mit meinen Überlegungen wieder am Ausgangspunkt angelangt: Wenn ich bleibe, müßte mich jemand regelmäßig finanziell unterstützen. Wenn Papa sich zukünftig weigert – wer außer Bener bliebe übrig?

Die Puppe

Zum Abschied besuche ich mit Sila und Umut Onkel Cem in Ankara. Ich frage Peri: »Weißt du noch, wo das Haus liegt, in dem ich damals, als Opa noch lebte, mit ihm und Oma allein gewohnt habe? Ich würde es gern wiedersehen.«

Auch das ist einer meiner Träume: Oma und ich sitzen vor diesem Haus. Ich sehe das grüne Eisentor, den Eukalyptusbaum. Sila und Umut spielen im Garten. Nur wir vier wohnen hier. Wir gehören zusammen. Keiner stört uns.

Peri fährt mich hin. Das Haus steht noch. Nichts hat sich in der Zwischenzeit verändert. Ich sehe die Umgebung, in der ich als Kind gelebt habe, schlendere durch die Straßen, in denen ich gespielt habe. Ich erinnere mich an den Eismann, an den Geruch von Erdbeere, Vanille, Schokolade. Immer wenn ich diesen Geruch in der Nase habe – gleich wo es ist –, erscheint das Bild dieser Straße vor meinen Augen.

»Peri, wo wohnt meine ehemalige Lehrerin? Lebt sie noch?« Sie beschreibt es mir.

»Danke, Peri. Fahr jetzt heim, wenn du willst. Ich komme zu Fuß nach.«

Ich finde das Haus der Lehrerin, sitze über eine halbe Stunde davor. In der gleichen Haltung, in der ich als Kind gesessen habe: auf dem Boden, die Füße angezogen, die Arme um die Knie geschlungen. Sie tritt auf den Balkon. Sie ist alt geworden. Ich erinnere mich an ihr Geschrei, an die Prügel meiner Kindheit.

Geh jetzt rein, schau nach deiner Puppe! befehle ich mir. Die

Ängste von damals steigen in mir empor. Ich getraue mich nicht, an ihrer Tür zu klopfen, stehe auf, mache mich auf den Heimweg.

Erst in diesem Moment wird mir bewußt, welch wichtige Rolle diese Puppe in meinem Leben gespielt hat.

Sichere Verhältnisse

»Papa, ich nehme dein Angebot an.« Scheinbar ruhig sage ich diesen Satz ins Telefon. Dabei ist mir immer noch nicht klar, welche Konsequenzen er für mich haben wird. Ich will auch nicht darüber nachdenken, ignoriere die Realität. Selbst Bener sage ich kein Wort.

Vielleicht versuche ich dadurch, Ruhe vor den quälenden Fragen und den düsteren Gedanken zu finden.

Kaum zwei Wochen später stellt mir Papa meinen deutschen Bräutigam vor. Obwohl Mustafa kein Wort Türkisch spricht, hat er sofort innigen Kontakt zu den Kindern. Sie mögen ihn auf Anhieb. Sie spielen miteinander, machen Witze, lachen viel. Sie verstehen sich einfach ohne Worte. Das muntert mich ein wenig auf. Daß er sich mehr um die Kinder kümmert als um mich, stört mich nicht – im Gegenteil.

Papa legt ein atemberaubendes Tempo vor. Innerhalb weniger Tage hat er alle Papiere zusammen. Wir gehen zum Standesamt, zum Imam und sind verheiratet. Jetzt trage ich einen deutschen Nachnamen.

Sogar eine kleine Hochzeitsfeier ist arrangiert. Alle Nachbarn kommen, freuen sich, daß ich jetzt endlich in sicheren Verhältnissen leben kann, wieder einen Trauring am Finger trage.

Oma nimmt mich in den Arm: »Geh mit ihm. Rette dein Leben. Gib deinen Kindern Sicherheit – ich bin zu alt, um euch zu helfen. Folge deinem Mann nach Deutschland, wohne in der

Nähe deiner Familie, wo du hingehörst. Vor kurzem, als du nicht mehr sehen konntest, hast du doch gemerkt, wie schnell es gehen kann. Wenn so etwas passiert, bist du plötzlich nicht mehr in der Lage, etwas für deine Kinder zu tun. Und ich bin zu alt, um euch zu helfen.«

»Oma, wie soll ich dich alleine lassen?«

»Was glaubst du, wie lange ich noch leben werde? Dann bist du ganz alleine. Mach dir keine Sorgen! Es geht mir gut mit deinem Onkel Halil.«

Wann hat Oma schon einmal so lange und eindringlich mit mir gesprochen? Mehr und mehr beginne ich zu begreifen, daß sie recht hat. Der Gedanke, daß Sila und Umut plötzlich auf sich selbst angewiesen in Izmir stünden und folglich bei Hikmet in Tokat landen würden, gab schließlich den Ausschlag dafür, daß ich mich für Deutschland entschieden habe.

Am Abend fahre ich mit meinem »neuen Mann« nach Konak, einem Touristenort am Meer. Wir laufen am Strand spazieren. Die ganze Zeit denke ich schon über etwas nach. Ich frage unverblümt:

»Heute haben wir geheiratet, und du hast mich noch nicht ein einziges Mal geküßt. Stimmt etwas nicht mir dir? Hast du kein Interesse an Frauen?«

Natürlich kommt mein Deutsch nicht so glatt von meinen Lippen. Es strengt mich an, ihm zu erklären, was ich meine. Ich hebe einen Stock auf und schreibe das Wort »schwul« in den Sand. Ich kenne zwar dieses Wort, kann mir aber nur verschwommen darunter vorstellen, daß es etwas mit Männern zu tun hat, die sich nichts aus Frauen machen.

»Ja, früher hatte ich Interesse an Männern. Dann hab' ich dein Bild in der Wohnung deiner Eltern gesehen und mich in dich verliebt.«

In meiner Naivität glaube ich, daß ein »Schwuler« sich einfach nichts aus Sex macht. Daß aber ein Mann mit einem

Mann schläft, ist für mich unvorstellbar. Nie wäre ich auf eine derart abstruse Idee gekommen.

In dieser Nacht schlafen wir miteinander. Ich halte es für meine Pflicht. Er offensichtlich auch. Es funktioniert reibungslos – und es ist das einzige Mal überhaupt, daß wir es tun.

Umut kommt in die erste Klasse. Sila besucht schon die fünfte. Sie hat viele Freunde in der Umgebung. Jeden Morgen kommen fast alle Kinder ihrer Klasse bei uns vorbei, holen sie ab und begleiten sie in die Schule.

Ich bin stolz auf meine Tochter, denn sie bringt außergewöhnlich gute Noten heim. Nach der Schule ist unsere Wohnung voller Kinder, unter die sich allmählich auch Freunde Umuts mischen. Beide freuen sich auf das »Abenteuer Deutschland«.

Ohne nachzudenken löse ich die Wohnung auf. Innerhalb eines Tages ist meine gesamte Einrichtung verkauft.

»Inci, müssen wir dich wirklich verlieren?« Meine Nachbarinnen sind traurig, daß ich sie verlasse. Wir haben uns alle mehr oder weniger angefreundet.

In der Übergangszeit werden wir in Izmir in der Wohnung von Mutter wohnen.

Bener erfährt von mir kein Wort. Ich fühle mich deshalb schuldig und schäbig, aber ich bringe es einfach nicht fertig, mit ihm darüber zu reden. Wenn ich mit ihm zusammen bin, verdränge ich alles, was mit Mustafa und Deutschland zusammenhängt.

Von Kindheit an habe ich gelernt, meine Gefühle nicht zu zeigen oder über sie zu reden – weder über gute noch über schlechte. Wahrscheinlich hab ich seinerzeit schon eine Art Mechanismus entwickelt, mit dem ich sie ignoriere und nach außen eine scheinbare Gelassenheit zeige, obwohl es in mir brodelt und kocht. Selbst gegenüber Oma funktioniert das oft.

Bener ist der erste, bei dem mich mein eigenes Verhalten stört, dem ich lieber die volle Wahrheit sagen würde. Aber ich schaffe es nicht, über meinen Schatten zu springen. Jedenfalls nicht nach der kurzen Zeit unseres bisherigen Zusammenseins. Er hat zwar durch seine lockere, ehrliche Art mein Selbstbewußtsein ganz entscheidend gestärkt, aber um an meiner Emotionalität etwas zu ändern, hätten wir noch viel länger zusammensein müssen.

Bener weiß, daß Papa aus Deutschland angereist ist. Er weiß aber nicht, warum. Er versteht, daß er mich in dieser Zeit nicht zu Hause besuchen kann. Er weiß auch, daß wir uns jetzt nur selten sehen und uns nicht mehr offen zeigen dürfen. Als Türke kennt er die Gesetze unserer verlogenen Moral.

Meinen Umzug in die Wohnung meiner Eltern begrüßt er. Schon lange wundert er sich, daß sich meine Familie den Luxus einer leerstehenden Wohnung leistet.

Wir leben und lieben uns, wie ich nie zuvor gelebt und geliebt habe. Er ahnt nichts davon, daß es bald vorbei sein wird, und ich ignoriere es. Für mich ist das Ganze noch ein Spuk, den ich wieder und wieder in seinen Armen während unvergleichlich schöner Stunden völlig vergessen kann.

Doch die Uhr tickt unerbittlich.

Papa und Mustafa fliegen heim. Ich muß noch auf die Pässe und die Visa für Sila, Umut und mich warten.

Seit zwei Uhr nachts stehe ich schon vor dem deutschen Konsulat. Meter für Meter schiebt mich die Schlange der Wartenden nach vorne. Um die Visa müssen wir förmlich betteln. Wir werden wie potentielle Verbrecher behandelt, die sich etwas erschleichen wollen, was ihnen nicht zusteht. Fünf Leibesvisitationen muß ich über mich ergehen lassen.

Um vier Uhr nachmittags bin ich an der Reihe. In den vierzehn Stunden Wartezeit hatten wir keine Möglichkeit, an Essen oder Trinken zu kommen. Wer einmal eingelassen wird, kann nicht mehr hinausgehen. Er muß am nächsten Tag wiederkehren und sich erneut hinten anstellen. Ich fühle mich von dem Land erniedrigt, in dem ich geboren wurde.

Mit einem Mal halte ich unsere Pässe in der Hand, mit den gültigen Visa. Es ist, als ob in diesem Moment jemand das Licht einschaltet. Erst in diesem Augenblick, als ich die gültigen Ausreisepapiere in der Hand halte, weiß ich: Es ist Realität, wir werden die Türkei verlassen und nach Deutschland ziehen.

Ich gerate in Panik, renne zum Meer, halte die Pässe in der Hand und überlege: Soll ich sie einfach ins Wasser werfen und hierbleiben? Oder soll ich gehen, wieder einmal meine Freunde verlieren, meine Träume vergessen? Meinen Geliebten aufgeben? Schon zweimal haben meine Eltern mich aus meinem Leben herausgerissen. Muß ich es ein drittes Mal geschehen lassen? Muß ich von vorne anfangen? Sitze ich aufs neue in der gleichen Falle?

Allmählich kann ich meine Gedanken ordnen und entscheide: »Ich werde mich nicht gegen Papa stellen, sonst zerstöre ich mein Leben selbst. Ich werde die Türkei verlassen.«

Ich wische mir die Tränen aus den Augen, stecke die Pässe ein und gehe nach Hause.

»Inci, sind die Papiere fertig? Kann ich die Tickets schicken?« Papa drängt. Er ruft fast täglich an, will das Ganze zum Abschluß bringen.

Ich halte ihn hin: »Nein, sie haben mich beim Konsulat wieder weggeschickt. Es dauert noch.«

Ich gebe vor, daß die Möbel noch nicht verkauft sind, daß ich die Kinder noch nicht aus der Schule nehmen kann. Ich gebrauche jede Ausrede, die mir einfällt. Einen bittersüßen Monat gewinne ich noch. Izmir und Bener: Ich lasse mich treiben wie in einem Fluß, der sich im Meer der Gefühle verströmt.

Tränen später

Wir nehmen Abschied: »Onkel Halil, ich vertraue Gott meine Oma an – und dir. Jetzt, wo sie mich im hohen Alter am meisten braucht, muß ich gehen, muß sie allein zurücklassen. Jetzt könnte ich ihr einen Teil der Liebe zurückzahlen, die sie mir bisher gegeben hat.«

Onkel Halil reagiert ein wenig beleidigt: »Was sagst du da. Gut, sie ist deine Oma. Aber immerhin ist sie meine Mutter. Ich werde schon in der Lage sein, die Pflichten eines Sohnes zu erfüllen und auf sie aufzupassen.«

Ich vertraue ihm. Er ist nur noch jeden zweiten Tag betrunken, vor allem aber traue ich Elif, seiner Lebensgefährtin. Sie hat sich bei uns eingelebt und pflegt Oma aufopfernd.

Natürlich ist Oma traurig. Aber sie ist stark. Ich will es auch sein. Wir zeigen unseren Schmerz nicht. Ohne Tränen liegen wir uns in den Armen. Ich weiß, was sie denkt. Sie kennt meine Gefühle. Wie werden später weinen.

»Du weißt, warum es sein muß. Geh, werde glücklich«, fordert sie mich auf, läßt mich aber nicht aus den Armen, als wenn sie den Augenblick festhalten wollte.

»Oma, ich werde dich alle drei Monate besuchen. Meine Familie ist ja da und kann auf die Kinder aufpassen.«

»Laß deine Kinder nicht im Stich. Laß sie nie alleine. Wenn du kommst, bring' sie mit. Mache es niemals wie deine Mutter.«

Sie weiß Bescheid. Heute noch klingen ihre Worte beschwörend in meinen Ohren.

Eines macht mich unendlich froh: Ich werde Hikmet nicht mehr ertragen müssen. Ich will ihn nicht mehr in meinem Leben dulden, hoffe, ihn niemals wiederzusehen. Er ist wie Klebstoff, ruft ständig an, steht immer wieder unvermutet vor der Tür.

Ich will mit der Vergangenheit abschließen. Alles hinter mir lassen, was ich in den vergangenen zwölf Jahren – insbesondere mit Männern – erlebt habe. Ausgenommen Bener.

»Gibt es etwas, was du mir erzählen willst?« fragt Bener, als ich auch ihm Lebewohl sagen muß. Ich kann nicht antworten, nicht einmal nicken. Bewegungsunfähig stehe ich vor ihm, sehe seine Augen voller Traurigkeit.
»Du gehst nach Deutschland, stimmt's?«
»Du weißt es. Wie gut du mich doch kennst.«
»Jetzt habe ich mein Waterloo«, flüstert er und zieht die Schultern nach oben, als stünden wir nicht in der gleißenden Sonne der Ägäis, sondern am Nordpol in klirrender Kälte.
Bener begleitet uns zum Flughafen. Im Schlepptau haben wir einen Konvoi von drei Autos, in dem Freunde uns das Geleit geben. Wir verabschieden uns mit großem Hallo.
Dann bin ich mit Bener für einen Moment allein. Wir liegen uns lange in den Armen, weinen nicht. Wieder ist er es, der versucht, mich aufzurichten:
»Ich führe meine Ehe für meine Kinder. Jede meiner Entscheidungen steht unter dieser Prämisse. Mit jeder Handlung versuche ich, ihren Vorteil zu sichern. Denk auch du nur an das Leben deiner Kinder. Sie sind die Zukunft. Was wir erleben durften, waren wunderschöne Stunden. Aber wir haben sie unseren Familien gestohlen.«
Er küßt mich auf die Stirn. »Wenn du wiederkommst, komm so, wie du jetzt gehst. Bleib stark!«

Im Flugzeug bricht der Damm. Ich lasse den Tränen freien Lauf. All die Schmerzen und das Leid, die meiner Seele in den letzten Jahren zugefügt wurden, durchlebe ich in den drei Stunden auf dem Weg nach Deutschland. Nie im Leben habe ich so geweint. Sila und Umut teilen meinen Kummer, lassen ebenfalls ihre Tränen fließen.

Wie im Film sehe ich die Bilder jener Nacht, als Mutter und Bülent das Auto beladen, um mich in die Türkei zu transportieren. Da begreife ich: In dieser Nacht hätte ich fliehen müssen. Hüseyin war zu schwach, er hat mich im Stich gelassen. Ich wäre mit ihm gegangen, wohin er gewollt hätte. Ich hätte es aber auch alleine versuchen müssen. Was auch immer passiert wäre, es wäre besser gewesen als das, was mich in der Türkei erwartete.

Als ich von meinen Eltern abgeschoben wurde, mußte ich mich von sämtlichen Freunden trennen. Jetzt erlebe habe ich das gleiche wieder. Mit einem entscheidenden Unterschied: Als ich Deutschland hinter mir lassen mußte, war ich noch offen für das Leben, hatte ich noch Träume. Von einem Happy-End mit Hüseyin, meinem Geliebten.

Jetzt kehre ich nach Deutschland zurück und muß erneut einen geliebten Mann zurücklassen. In dem Augenblick, als ich mich am Flughafen zum letzten Mal aus Beners Armen löste, zersprang etwas in mir: Ich werde mich nie wieder in die Arme eines Mannes fallen lassen.

Eigentlich hat Bener mich als Jungfrau genommen. Alles, was vor ihm geschah, hat nur die Oberfläche berührt. Er aber ist bis in die Tiefe meiner Seele vorgedrungen. Ihn dort wieder herauszureißen war schlimmer, als alle körperlichen Schmerzen, die ich bisher in meinem Leben zu ertragen hatte.

Mir kann keiner mehr etwas über Liebe erzählen. Wenn eine Glocke einen Sprung hat, klingt sie nie wieder.

Junggesellenbude

Es ist Winter und bitterkalt, als meine Brüder Ali und Tufan uns vom Flughafen abholen. Das Bild unserer kleinen Stadt wird von einer großen Kirche beherrscht. Als ich sie vor uns auftauchen sehe, weiß ich, daß ich wieder zu Hause bin. Viel hat sich in der Zwischenzeit verändert, ich erkenne die Straßen fast nicht wieder.

Papa ist in die Innenstadt umgezogen. Auch hier sind fast alle Nachbarn Türken – wie in der Siedlung. Nach den stürmischen Umarmungen bei der Ankunft fallen Mutter, Papa, Ali, Tufan, Eda und Songül gleichzeitig über mich her. Ich kann in dem gewaltigen Wortschwall nicht auseinanderhalten, wer mir was sagen möchte. Allmählich setzt sich Ali durch:

»Warum hast du dich scheiden lassen? Warum hast du den Kindern den Vater genommen? Glaubst du wirklich, daß ein Stiefvater den leiblichen ersetzen kann?« Er bleibt bei seinen Vorurteilen, wie ich befürchtet habe. Ich fange an zu weinen. Es stört sie nicht.

Ich danke Gott, daß ich diesem »Familienglück« schnell entkommen werde. Ich freue mich sogar auf die gemeinsame Wohnung mit Mustafa. Er will sie mir am Abend zeigen. Es ist spät, als er von der Arbeit kommt, um mich abzuholen. Wir gehen zu ihm, die Kinder bleiben bei meinen Eltern.

Ich bin sprachlos vor Enttäuschung. Er führt mich in eine Junggesellenwohnung – zwei Zimmer, Küche, Bad, vielleicht fünfundsechzig Quadratmeter. Darin stehen eine Couch, drei Sessel, eine Schrankwand mit Fernseher, ein Tisch, ein Doppelbett, ein Schlafzimmerschrank, fünf Stühle – sonst nichts. Aufgeräumt hat er vielleicht am letzten Wochenende. Das ganze Frühstücksgeschirr steht noch auf dem Tisch.

»Wo sollen die Kinder schlafen?« frage ich ihn. Er zuckt mit den Schultern. Nicht die geringsten Vorbereitungen sind getroffen, daß wir hier künftig zu viert wohnen werden. Ich bin so verwirrt, daß ich keine Worte finde, und beschließe, die fällige Aussprache auf den nächsten Abend zu verschieben, wenn Papa übersetzen kann.

Wir trinken Sekt und reden noch ein wenig miteinander. Es sind belanglose Phrasen, die ich schon am nächsten Morgen wieder vergessen habe. Ich verstehe ihn langsam ganz gut. Mehr und mehr finde ich in mein Deutsch zurück.

Allmählich wird mir klar, wie er mich und seine Ehe mit mir sieht. Ehe ich aus Deutschland wegmußte, habe ich von Männern gehört, die sich Mädchen aus Thailand oder Rußland »importiert« hatten. Offensichtlich hatten diese Männer keine deutsche Frau erobern können. Eines weiß ich genau: Er hat von Papa kein Geld erhalten, wie das oft der Fall ist, wenn deutsche Männer türkische Mädchen heiraten, damit diese dann eine Aufenthaltsgenehmigung bekommen. Die unzähligen Dönerläden und die anderen türkischen Geschäfte benötigen eben billige Arbeitskräfte.

Das kann ja heiter werden, schießt es mir durch den Kopf.

»Ich bin müde«, sage ich ihm.

»Gehen wir ins Bett.«

Wir legen uns schlafen. Er läßt mich in Ruhe.

Am nächsten Morgen besuchen wir seine Eltern. Es ist furchtbar. Ich merke, daß ich ihnen unsympathisch bin. Anschließend macht mir Mustafa klar, es habe ihnen nicht gefallen, daß ich so wenig geredet hätte. Wie hätte ich etwas zur Unterhaltung beitragen können? Sie waren mir fremd. Und bei Fremden haben türkische Frauen den Mund zu halten.

Auf alles das bin ich nicht vorbereitet. Es wird mir allmählich zuviel.

»Ich habe kein Geld, ich kann mir eine Familie nicht leisten.« Wir sitzen in der Wohnung meiner Eltern, und ich kann es nicht glauben, als Papa Mustafas Worte übersetzt. Ich weiß nicht, ob er das als Ausrede benutzt oder ob es stimmt. Was hat er sich denn gedacht, als er mich geheiratet hat? Und Papa hätte sich vielleicht vorher besser erkundigen können, wen er mir da zuschanzt.

»Was stellst du dir denn vor?« frage ich nun.

»Die Kinder bleiben bei deinen Eltern. Du gehst mit mir arbeiten. Wir kaufen uns Möbel – oder noch besser, dein Vater kauft uns welche. Dann können wir uns eine größere Wohnung nehmen.«

»Wo denkst du hin? Ich verlasse meine Kinder nicht!«

»Dann bleibt ihr alle drei bei deinen Eltern und wartet, bis ich das geregelt habe.«

Er steht auf und geht aus der Wohnung. Drei Monate lang wird er sich nicht mehr sehen lassen.

Wir sind so verblüfft, daß wir ihn nicht zurückhalten. Er hat wirklich nichts von dem erledigt, was wir in Izmir besprochen hatten. Die Kinder sind nicht in der Schule angemeldet worden, und bei seiner Krankenkasse hätte er nur die Anträge ausfüllen müssen, und wir wären alle drei mitversichert. Es hätte ihn keinen Pfennig mehr gekostet. Nichts, wirklich nichts hat er vorbereitet, hat einfach ignoriert, daß wir kommen. Was ist das für ein Mann, an den ich da geraten bin?

Immer wieder gehen wir zu seiner Wohnung. Keiner öffnet die Tür. Die Fensterläden sind geschlossen.

»Tufan, komm, fahren wir in unsere alte Straße.«

Ich will sie wiedersehen. So, wie ich sie während der einsamen Tage in Tokat wieder und wieder im Traum vor Augen hatte.

Ich muß Hüseyin finden, schwöre ich mir, als ich unter der Laterne stehe.

Es dauert nur einige Tage, bis ich ihn am Telefon habe. Wir verabreden uns im Café am Bahnhof. Ich setze mich gleich an den Eingang. Es scheint, als würde mein Herz zerspringen. Ob ich ihn wiedererkenne? Ob er gleich weiß, wer ich bin? Meine Aufregung ist überflüssig.

»Hüseyin«, flüstere ich, als er vor mir steht, und nehme ihn in die Arme.

Er lacht: »Ich dachte, du wärest so dick wie alle türkischen Frauen, die ein paar Jahre verheiratet sind. Kompliment, du siehst phantastisch aus.«

Was ich von ihm nicht gerade sagen kann. Die grünen Augen sind ihm geblieben. Ansonsten ist er ein Mann, dem die vielen Besuche in Kneipen auf den ersten Blick anzusehen sind. Graue Haare, Bauch, tätowierte Arme, die Haut eines Trinkers. Wir sprechen in einem Mix aus Türkisch und Deutsch im Dialekt dieser Gegend.

»Wenn du einen Menschen beurteilen willst, beobachte ihn beim Trinken.« Das lehrte mich Bener. Hüseyin trinkt und trinkt, während ich keinen Tropfen Alkohol anrühre.

Mich interessiert alles, was er bisher erlebt hat. Er war mit einer deutschen Frau verheiratet, hat mit ihr drei Töchter, die Ehe scheiterte. Er lebt jetzt mit einer anderen Frau zusammen – ebenfalls einer Deutschen. Sie haben eine gemeinsame Tochter. Wegen der Kinder will er sich nicht scheiden lassen.

Das Übliche, denke ich.

Als er betrunken ist, fängt Hüseyin an zu weinen. »Sude! Sude!« Immer wieder ruft er den Namen seiner Lieblingstochter.

Ich bin ernüchtert. Daß Hüseyin kein wirklich starker Mann ist, wußte ich ja. Das hatte meine Liebe zu ihm aber nicht beeinflußt. Ich wollte ihn wiedersehen, um wenigstens stolz auf meine Erinnerungen sein zu können. Statt dessen finde ich diesen schwachen und unentschlossenen Alkoholiker vor.

Und von diesem Mann hast du jahrelang geträumt! Ich kann meine Enttäuschung kaum verbergen.

Seine vier Brüder kommen nun ins Café und setzen sich zu uns an den Tisch.

»Ich lasse mich scheiden und gehe zu Inci«, lallt er.

Die fallen über mich her: »Unser Bruder ist ein verheirateter Mann, hat vier Töchter. Willst du denen den Vater nehmen?«

»Was soll der Quatsch?« antworte ich. »Ich wollte Hüseyin wiedersehen. Dies ist ein Besuch und kein Heiratsantrag. Hört auf, mir auf die Nerven zu gehen.« Ich werde richtig wütend.

Immer das gleiche Lied, auch bei den Türken in Deutschland hat sich nichts geändert. Sie sind genau da stehengeblieben, wo ich sie vor über zwölf Jahren verließ. Diese Erkenntnis deprimiert mich.

Die fünf Brüder diskutieren auf deutsch, werfen mir ab und zu ein paar Brocken Türkisch zu. Es geht ausschließlich um den Schein. Keiner sieht das wirkliche Leben.

»Ich gehe jetzt.« Des Geschwätzes der Hüseyin-Brüder überdrüssig, stehe ich auf und verlasse das Café.

»Inci, warte.« Hüseyin folgt mir, einer seiner Brüder läuft ihm nach. Hüseyin dreht sich zu ihm um und fordert ihn auf:

»Bleib drin! Ich komme gleich.« Dann wendet er sich zu mir und sagt: »Heirate mich.«

Im ersten Augenblick bin ich verblüfft, dann aber werde ich deutlich: »Du hast unser Leben zerstört. Wenn du ein starker Mann wärest, hätten wir uns ein Nest bauen können. Ich wäre dir bis ans Ende der Welt gefolgt. Aber du warst schwach, und wie ich jetzt sehen muß, bist du noch viel schwächer geworden. Du hast unsere Liebe verspielt. Gewöhne dich daran, mit deinen Fehlern zu leben. Es ist aus. Es ist vorbei. Es ist zu spät. Lebe wohl.«

So endet meine große Liebe, von der ich so lange geträumt habe.

Meine Eltern behandeln mich immer noch wie das sechzehnjährige Mädchen, das sie vor zwölf Jahren fortgeschickt haben. Tufan und Songül wohnen bei ihnen, Eda lebt mit ihrer Familie zwei Straßen weiter. Alle drei tanzen immer noch nach Mutters

Pfeife. Von mir erwarten Papa und Mutter selbstverständlich das gleiche. Selbst Papa glaubt, mir sagen zu können: »Du bist um neunzehn Uhr zu Hause. Das gehört sich so.«

Sie ignorieren völlig, daß ich mittlerweile neunundzwanzig bin, eine geschiedene Frau und Mutter zweier Kinder. Ich fühle mich wie im Gefängnis – wie damals. Die Männer gehen zur Arbeit, die Frauen sitzen zu Hause. Kochen, putzen, türkisches Fernsehen, früh schlafen gehen. Am nächsten Tag aufstehen und wieder dem gleichen Trott verfallen.

Und dafür haben die mich nach Deutschland geholt? Ich kann meine Wut kaum in den Griff bekommen. Die Luft wird immer dicker. Wir reden nicht mehr miteinander. Ich habe das Gefühl, ein schwarzer Schatten zu sein, der auf ihnen lastet.

»Mami, Mami, wir wollen zurück. Bitte, geh mit uns heim nach Izmir, zu unseren Freunden.« Sila und Umut sind ganz unglücklich. Sie müssen für das büßen, was meine Eltern mir vorhalten: Ich sei arrogant, hochnäsig und eine völlig unmoralische Frau, die sich keinen Deut um die Traditionen kümmern würde. Meine Kinder behandeln sie mit kalter Distanz, als ob sie Fremde wären. Edas Tochter wird dagegen liebevoll verwöhnt.

Sila redet ihre Großeltern nur noch mit »Sie« an. Mutter behandelt sie, so wie sie mich früher behandelt hat. Nur traut sie sich nicht, eines der Kinder zu schlagen.

Sila und Umut weinen nur noch: »Mama, wir wollen weg.«
Einmal wecken sie mich mitten in der Nacht:
»Mama, wach auf, wir haben Hunger.«
»Aber es ist doch alles da?«
»Mama, wir trauen uns nicht zu essen. Die schauen uns immer so komisch an, als wenn sie uns keinen Bissen gönnen.«

Das ist wirklich die Höhe. Sie stehen vor einem vollen Kühlschrank und haben Hunger.

Am Nachmittag gehe ich mit Sila und Umut durch den

Schnee zum Café am Fluß. Wir frieren, denn wir haben nichts wirklich Warmes zum Anziehen. Papa hat genügend Verpflichtungen, er kann mir nur ein knappes Taschengeld geben. Es reicht gerade für eine Cola für jeden der beiden. Den Kaffee muß ich mir verkneifen.

Wir laufen zum Ufer. Ich knie mich nieder und nehme sie fest in den Arm.

»Ich verspreche euch: Wir werden eine eigene Wohnung haben. Keiner wird euch mehr beim Essen beobachten. Ihr werdet anständige Kleidung bekommen. Gebt mir ein wenig Zeit und Kraft.«

Sie pressen sich ganz dicht an mich. Wir spüren gegenseitig unsere Wärme.

Kader ist immer noch meine beste Freundin. Nie war der Kontakt zu ihr, die mit mir im Haus in der Siedlung wohnte, abgebrochen. Einige Male besuchte sie mich im Urlaub in der Türkei. Ständig haben wir miteinander telefoniert.

Sie hatte Glück und ist an einen guten Mann geraten. Er liebt sie und paßt auch zu ihr. Sie sind glücklich mit ihren drei Söhnen. Ihre Altbauwohnung ist klein. Die beiden sind nicht vermögend, aber sie haben ihr Auskommen. Ihre Kinder sind tadellos gekleidet.

»Kader, ich fliege zurück. Ich besorge mir jetzt die Tickets.«

Wir sitzen in ihrer kleinen Küche, trinken Tee.

»Um Gottes willen. Soll alles umsonst gewesen sein, was du in den letzten Monaten durchgemacht hast? Ich dachte, ich hätte Probleme. Aber wenn ich dich sehe, weiß ich, daß ich ein wunderschönes Leben habe. Hab' doch ein wenig Geduld.«

»Ich kann nicht mehr. Die Kinder weinen jeden Tag um ihre Freunde in Izmir. In der Schule fühlen sie sich völlig fremd. Sie sprechen ja nur Türkisch, können dem deutschen Unterricht nicht folgen. Ich kann ihnen dabei kaum helfen.«

»Was sagt denn dein Vater dazu?«

»Gott sei Dank hat er dazugelernt. Er kümmert sich wenigstens bei seinen Enkelkindern darum, daß sie in der Schule gut mitkommen. Sein Spruch: ›Sie wird ja heiraten, ich werde schon einen Mann für sie finden‹, ist bei Sila Vergangenheit.«

»Und deine Mutter?«

»Über sie muß ich dir ja nichts sagen. Sie getraut sich zumindest nicht mehr, mich zu schlagen, erst recht nicht die Kinder. Ich glaube, sie spürt, daß ich mittlerweile zurückschlagen würde. Aber sie halten mich wie eine Sechzehnjährige: Ich erhalte ein paar Mark Taschengeld, muß um neunzehn Uhr zu Hause sein.«

»Inci, wenn du kämpfst, schaffst du es, da herauszukommen. Du bist doch stark. Ich habe dich immer um deine Stärke bewundert. Glaub wieder an dich selbst.«

»Kader, ich ersticke. Ich ersticke an ihren Lügen, an ihrer Scheinheiligkeit, an ihrer Selbstgerechtigkeit, an ihrer Ignoranz, an der Enge ihrer Wohnung. Ich muß raus. Wenn ich nicht bald frische Luft atmen kann, werde ich nicht weiterleben können.«

Sie gebraucht den gleichen Satz wie Bener: »Bleib stark.«

Ich gehe ins türkische Reisebüro, das gegenüber unserer Wohnung liegt. Der Inhaber verrät mich bei Papa: »Deine Tochter will mit ihren Kindern zurück. Sie hat sich heute über Flüge nach Izmir erkundigt.«

»Wenn du gehst, hast du keine Eltern und keine Familie mehr«, das ist es, was Papa mir am nächsten Morgen beim Frühstück sagt.

»Hatte ich bisher Eltern?«

Er antwortet nicht. Wie immer, wenn er nicht weiterweiß, weicht er aus.

Drei Monate halten Papa und Mutter uns gefangen, versperren uns jeden Weg zurück. Mutter hat schon bei unserer Ankunft die Pässe an sich genommen. Ich rufe einen Journalisten an, der in Deutschland für eine türkische Zeitung arbeitet. Wir treffen uns in einem Café. Er will einen Bericht mit Foto über mich bringen. Nachdem ich meine Geschichte erzählt habe, frage ich ihn: »Kann mir deine Zeitung als Honorar den Rückflug in die Türkei finanzieren?«

»Ich habe mich mit dir getroffen, weil ich mir eine interessante Reportage versprochen habe. Jetzt kenne ich dein Schicksal. Meine Meinung: Bleib hier. Ohne finanzielle Unterstützung wirst du in Izmir vor die Hunde gehen.« Damit wiederholt der Journalist das, was ich ohnehin schon weiß. Geholfen hat es mir nicht.

Ich lasse mich von einem Anwalt beraten:

»Du hast zwei Möglichkeiten. Entweder du gehst zum Sozialamt. Das sorgt dann für deinen Rückflug und bezahlt ihn auch. Deine Mutter hat kein Recht, die Pässe zurückzuhalten. Sie muß sie herausgeben.« Der Anwalt schreibt mir den Namen der Sachbearbeiterin auf dem Sozialamt, ihre Adresse und sogar die Zimmernummer auf einen Zettel und gibt ihn mir. Und dann sagt er noch:

»Die zweite Möglichkeit ist, du willst bleiben. Dann hast du wieder zwei Alternativen: Entweder du verständigst dich mit deinem Mann – oder du findest so schnell wie möglich Arbeit. Wenn du ein Jahr angemeldet gearbeitet hast, erhälst du eine Aufenthaltserlaubnis.«

Bekir, Edas Mann, besucht mich.

»Schwägerin, ich muß mit dir reden. Ich war bei deinem Mann. Endlich habe ich ihn in seiner Wohnung angetroffen.«

»Was hat er gesagt?«

»Er hatte sich das anders vorgestellt. Ihm sei in der Zwischenzeit klargeworden, daß er als Familienvater überfordert sei. Er bietet dir an, daß ihr offiziell zusammenbleibt, damit du deine Aufenthaltserlaubnis nicht verlierst.«

»So etwas Ähnliches habe ich mir schon gedacht. Darüber hätten wir doch auch gemeinsam reden können!«

Sichtlich verlegen druckst Bekir rum: »Er sagt, er brauche keine Frau, überhaupt keine Frauen, könne mit ihnen nichts anfangen. Er sei homosexuell.«

»Was bedeutet das?«

»Das weißt du nicht? Ich kann's nicht glauben. Man sagt auch schwul dazu. Er sagt, er sei schwul.«

»Das habe ich schon in Izmir erfahren. Gut, er mag keinen Sex. Damit kann ich leben. In unserer Hochzeitsnacht haben wir aber miteinander geschlafen – ohne Probleme.«

»Das hat er mir auch erzählt. Er hatte Viagra genommen. Das, so sagt er, werde ihm auf Dauer zu teuer. Frauen reizen ihn sexuell eben nicht.«

»Willst du damit etwa sagen, daß er mit Männern schläft, richtig Sex mit ihnen hat? Gibt es das überhaupt?«

»Öfter als du denkst, Schwägerin.«

Papa zwingt Mustafa, mich wenigstens beim Einwohnermeldeamt und bei der Krankenkasse anzumelden.

Auf dem Sozialamt bleibe ich vor der Tür mit der Nummer stehen, die mir mein Anwalt aufgeschrieben hat.

Soll ich reingehen oder nicht? Ich drehe mich um und setze mich auf den Stuhl, der davor steht. Über eine Stunde schwanke ich hin und her, dann stehe ich auf und gehe zu einem Psychotherapeuten, dessen Schild ich auf dem Weg zum Amt gesehen habe.

Nach kurzer Wartezeit nimmt er mich an die Reihe. So gut ich es mit meinem gebrochenen Deutsch kann, schildere ich ihm mein Problem. Als ich fertig bin, erzählt er mir eine Geschichte von einer Katze und einem Dach. Soweit ich ihn verstehe, will er mir damit klarmachen, daß man immer wieder nach oben kommt, auch wenn man einmal abgestürzt ist. Man muß es nur wollen.

Als ich wieder auf der Straße bin, steht mein Entschluß fest: »Ich werde nicht weglaufen. Ich werde bleiben. Ich werde die Herausforderung annehmen. Ich bin stark.«

In einem Jahr will ich Oma und Bener besuchen und sagen können: »Ich hab's geschafft.«

Von nun an bin ich jeden Abend unterwegs, lerne Leute kennen. Papas Du-bist-um-neunzehn-Uhr-zu-Hause-Gebot ignoriere ich einfach, komme erst um drei, vier Uhr morgens nach Hause. Ständig haben wir deswegen Streit.

Meine Eltern sind überfordert, wissen nicht mehr, wie sie mit mir fertig werden sollen. Papa sperrt mein Taschengeld. Ich lasse mich von Männern einladen.

Was stellt er sich vor? überlege ich. Soll ich mit meinen neunundzwanzig Jahren jeden Tag bei Mutter sitzen und darauf warten, daß er den dritten Ehemann für mich findet? Natürlich sehe ich mich im Recht.

Andererseits beobachte ich, daß Papa von Tag zu Tag trauriger wird. Er verkraftet nicht, was ich ihm zumute. Ihm, der überall hohes Ansehen genießt und mit Respekt behandelt wird. Man muß wissen, daß im Umkreis von mehr als fünfzig Kilometern jeder jeden kennt. Alle Türken in der Gegend reden über mich. Jetzt bin ich wirklich der Schandfleck der Familie.

Nur Tufan hält zu mir. Heimlich teilt er mit mir sein Taschengeld.

Jemand bietet mir eine Arbeitsstelle in der Küche eines großen Restaurants an. Das ist meine Rettung, hoffe ich – und fange am nächsten Abend an.

So eine große Küche habe ich noch nie gesehen. Drei Köche und sieben bis acht Gehilfen arbeiten dort während der Hauptzeiten. Niemand erklärt mir, was ich zu tun habe. Von den laut

ausgerufenen Anweisungen verstehe ich kein Wort. Schließlich bin ich den Tränen nahe. Da nimmt mich die Chefin zur Seite:
»Ich habe dich vier Stunden beobachtet. Du weißt ja nicht einmal, wie man einen Teller hält. Geh heim. Dein Geld für heute kannst du dir morgen an der Kasse abholen.«

Ich widerspreche nicht. Ein eiskalter Nordwind pfeift auf dem Heimweg durch meine dünne Jacke. Ich nähere mich dem Portal der großen Kirche. Menschen strömen heraus. Ich laufe gegen den Strom und trete durch das Portal ein. Es ist mir zuviel geworden. Die Situation wächst mir über den Kopf. Ich weiß nicht mehr, wie es weitergehen soll.

Tränenüberströmt sinke ich auf eine leere Bank, knie nieder und beginne zu beten:

»*Allah'im yardim et,* Gott hilf mir.«

An die Leser

Ich habe den Sonnenuntergang nicht mehr gesehen
Seit ich mich ans Dunkel der Nacht vergeben habe.
Ich kann mit dem Regen nicht mehr streiten
Seit meine Tränen sich mit seinen Tropfen vermischen.
Ich habe meinen Mut, meine Träume und dich verloren
Seitdem ich mich verloren habe.
Ich kann niemanden um Verzeihung bitten
Weil ich mir selbst nie verzeihen werde.

Kann man ein Leben zweimal leben? Ja! Während ich meine Geschichte erzählt habe, habe ich sie ein zweites Mal durchlebt. Warum ich wollte, daß dieses Buch geschrieben wird? Ich weiß es nicht. Ich weiß es wirklich nicht. Vielleicht, weil ich meine Resignation, meine Müdigkeit mit jemandem teilen wollte. Vielleicht, weil ich bisher still sein mußte. Vielleicht, weil ich sonst an ihren Lügen erstickt wäre. Ich bin jetzt in der Mitte meines Lebens, fünfunddreißig Jahre alt und habe nicht viel mehr erreicht, als dieses »Vielleicht«.

In einem bin ich sicher: Ich habe meine Geschichte nicht erzählt, weil ich glaube, damit die Welt verändern zu können. Es würde mir genügen, wenn ich damit den einen oder anderen zum Nachdenken bringen könnte.

Es ist zu spät, an dem, was geschehen ist, noch etwas ändern zu wollen. Papa und Mutter, es ist schade, daß ich euere Wärme nicht spüren konnte. Mutter, ich konnte deine Mütterlichkeit nicht wahrnehmen. Papa, es ist die Aufgabe des Vaters, die Kinder das Vertrauen zu lehren. Vielleicht hast du es mir deshalb nicht beibringen können, weil du mir dein Vertrauen selbst nicht geschenkt hast.

Oma, du hast mir versprochen, daß du mich nie allein lassen wirst, nicht einmal in meinen Träumen. Du hast dein Versprechen gehalten. Und ich werde so weiterleben, wie ich es ich dir versprochen habe. Oma, ich werde dich nie vergessen. Du bist nicht mehr da. Das tut mir weh.

Bener, du bist der zweite Mensch, den ich in meinem Leben wertgeschätzt habe. Auch du bist verletzt worden. Wir haben uns an einer Kreuzung unseres Lebens getroffen und sind ein Stück Weges gemeinsam gegangen. Dabei haben wir unsere Schmerzen vergessen. Durch dich habe ich das Gefühl wahrgenommen, zu teilen und zu lieben. Unsere Wege haben sich wieder getrennt, weil jeder von uns sein eigenes Ziel erreichen muß. Du hast mich die Liebe spüren lassen. Es war kurz, aber echt. Dafür danke ich dir!

Was uns beiden bleibt? Wir stehlen dem Leben zwei, drei Tage im Jahr, um zu spüren, daß das, was zwischen uns ist, unzerstörbar sein wird.

Was Liebe heißt, habe ich ein wenig gelernt. Ich fürchte, daß ich nie lernen werde, den Menschen zu vertrauen. Wer kann mich schon Vertrauen, Verständnis, Verzeihen und Mitgefühl lehren? Wer kann mein Gefühl der grenzenlosen Einsamkeit übertönen? Manchmal fühle ich mich wie ein Säugling, der mit tastenden Händen die Welt begreifen will.

Und Jochen. Als wir uns zum ersten Mal begegneten, war ich wie elektrisiert. Ich versuche, dieses Gefühl zu beschreiben, aber es ist unmöglich. Er hat mich wie ein kleines Kind unter seine Fittiche genommen. Bei ihm habe ich einen Teil von dem gefunden, was ich bei Papa so vermißt habe. Er hat mich gestützt, wenn ich zu fallen drohte, und meine Einsamkeit geteilt.

Viele sehen unser Verhältnis so, wie man es üblicherweise heute voraussetzt, wenn sich Frau und Mann ständig alleine treffen. Das war es nie. Er ist heute noch immer für mich da, wenn ich alleine nicht mehr weiterweiß. Seit wir uns kennen, hat er meinen Kampf in diesem Leben begleitet, hat mit mir geweint und mit mir gelacht. Jedesmal, wenn ich gestolpert bin, hat er mich aufgefangen und wieder aufgerichtet. Es gibt niemanden, vor dem wir unser Verhältnis zu rechtfertigen hätten.

Jetzt hat er meinen Traum wahrgemacht und mit mir dieses Buch geschrieben. Dafür danke ich ihm.

Was ich mir wünsche? Ein Haus in einer ruhigen Gegend, weit weg von den Menschen, die mein Leben zerstört haben. Vielleicht werde ich durch dieses Buch das Stück Ruhe, das ich mir bis jetzt erarbeitet habe, wieder verlieren. Es bleibt ein Trost: Jeder vernichtenden Flut folgt ruhiges Wasser.

Inci Y.

Okuyuculara

Güneşin batışını görmedim
Kendimi karanlığa gömdügümden beri
Yagmuru kucaklayamadim,
Göz yaşim yağmurlara karıştı
Umutlarımı rüyalarımı ve seni kaybettim
Kendimi kaybettiğim günden beri.
Kimseden af dilemedim, dilemeyeceğim
Kendimi af edemediğim gibi.

İnsan bir hayatı iki kere yaşayabilir mi? Evet! Hikâyemi anlatırken, ikinci defa yaşamış oldum. Bu kitabın yazılmasını niçin mi istedim? Bilmiyorum. Gerçekten bilmiyorum. Belki, bezginliğimi, yorgunluğumu birileriyle paylaşmak istediğimden. Belki, şimdiye kadar ses çıkarmamak zorunda kaldığım için. Belki, yazılmasaydı insanların yalanları içinde boğulacak olduğumdan. Şimdi hayatımın ortasına geldim, otuz beş yaşındayım ve bu »belki« den pek fazla bir şeye ulaşabilmiş değilim.

Bir şeyden eminim: Hikâyemin anlatmamın sebebi anlatarak dünyayı değiştirebilecek olduğuma inanmam değil. Okuyucuların düşüncelerini azda olsa değiştirebilirsem, içlerinden birkaçını düsündürebilirsem, bu bana yeter.

Olan oldu, düzeltmek artık mümkün değil. Baba, anne! Sizin sıcaklığınızı hissedememiş olmak acı. Anne, senin anne sevecenliğini duyamadım. baba, bir babanın görevi çocuklarına güven duymayı öğretmektir. Bana bunu öğretemedin, belki sen kendin bana güven duymadığın için.

Annanecigim, sen bana beni hiç yalnız bırakmama sözü verdin, rüyalarımda bile. Vaadini tuttun. Ben de, sana nasıl yaşamayı vaadettiysem öyle yaşamaya devam edeceğim. Annanecigim, seni hiç unutmayacağım. Artık aramızda değilsin. Nur icinde yat.

Bener, sen ömrümde değer verdiğim ikinci insansın. Seni de yaralamışlardı. Hayatımızın bir kavşağında karşılaştık ve bir parça yolu beraber yürüdük. Bu arada acılarımızı unuttuk. Senin sayende paylaşma ve sevme duygularını tattım. Yollarımız gene ayrıldı, çünkü her birimiz kendi amacına ulaşmakla yükümlü. Sen bana sevgiyi hissettirdin. Kısa oldu, ama sahiciydi. Bunun için sana teşekkür ederim!

İkimize ne mi kalıyor? Hayattan yılda iki, üç gün çalıyoruz, Duygularimizin varligini hissetmek icin. Sevginin ne demek olduğunu biraz öğrendim. Korkarım, insanlara güven duymayı hiç öğrenemeyeceğim. Kim öğretebilir ki bana güveni, anlayışı, affetmeyi ve duygulari paylaşmayı? Uçsuz bucaksız yalnızlık duygumu bastıracak ses kimde var ki? Bazen kendimi elleriyle yoklaya yoklaya dünyayı kavramaya çalışan bir süt bebeği gibi hissediyorum.

Ve Jochen. Onunla ilk defa karşılaştığımızda ki duygularin tarifi yok. Bu duyguyu tasvir etmeye çalışıyorum, ama imkânsız. O beni küçük yavrusu gibi kanatlarının altına aldı. Bana bir babanin evladina vermesi gereken duygulari kismende olsa verdi. Düşecek gibi olduğumda bana destek oldu, benim yalnızlığımı paylaştı.

Bugünkü hayatta, yalnız olarak habire buluşan bir kadınla erkeğin arasında ne tür ilişki olduğu düşünülürse, birçokları bizim aramızdaki ilişkiyi de öyle görüyor. Jochen beni bunun için hiçbir zaman kullanmadı. Ve aramizdaki iliskinin baba kiz iliskisi oldunu da kimseye aciklama geregi duymadik. Tanıştığımızdan beri benim bu hayattaki mücadeleme eşlik etti, benimle ağladı, benimle güldü. Ne zaman tökezlediysem el uzatıp beni tuttu ve yeniden doğrulttu. Şimdi de benim rüyamı gerçekleştirdi ve benimle bu kitabı yazdı. Bunun için ona teşekkür ederim!

Kendim için dileğim ne mi? Sakin bir çevrede yeni bir hayat kurmak, hayatımı mahveden insanlardan çok uzakta yasamak. Belki bu kitap çıkınca, şimdiye kadar uğraşa didine elde ettiğim bir parça huzurdan olacağım. Ama bir teselli var: Her yıkıcı dalganın ardından sakin sular gelir.

İnci Y.

PIPER

Ayaan Hirsi Ali
Ich klage an

Plädoyer für die Befreiung der muslimischen Frauen.
224 Seiten. Klappenbroschur

Nach dem Attentat auf ihren Mitautor Theo van Gogh mußte Ayaan Hirsi Ali untertauchen. In ihrem Versteck schrieb sie den letzten Beitrag zu diesem Buch. Schon 2002 hatte sie gesagt: Wenn ich weitermache – und ich werde weitermachen –, muß ich auf harte Schläge gefaßt sein. Momentan stürzen sich alle Medien auf mich: eine schwarze Frau, die den Islam kritisiert. Aber der Tag wird kommen, an dem es wieder Raum gibt für die Sache, um die es geht: die abhängigen Frauen und die Tatsache, daß die Integration hauptsächlich wegen der frauenfeindlichen Kultur und Religion des Islam gescheitert ist.
Ob es das Drehbuch zu dem aufsehenerregenden Film »Submission« ist, ihre eigene Lebensgeschichte oder Ayaan Hirsi Alis Analyse des Islam: Die Texte dieses Buches brechen Tabus und verändern unseren Blick. Zugleich machen sie deutlich, warum Ayaan Hirsi Ali mitten in Europa nur unter Polizeischutz leben, reden und schreiben kann – aber auch, wie notwendig ihr Kampf für die unterdrückten islamischen Frauen ist.

PIPER

Günther Lachmann
Tödliche Toleranz

Die Muslime und unsere offene Gesellschaft. 304 Seiten. Klappenbroschur

Die Deutschen und ihre muslimischen Mitbürger leben nicht miteinander, sondern nebeneinander – und immer öfter gegeneinander. Durch die Abwehrhaltung der einheimischen Bevölkerung und die mangelnde Integrationsbereitschaft der Muslime leben viele von diesen in einer Parallelwelt, geradezu in Ghettos: Dort werden oft die Werte der westlichen Gesellschaft nicht anerkannt, Werte wie Toleranz, Meinungs- und Glaubensfreiheit. Statt dessen werden Ausgrenzung, Unterdrückung der Frauen und Haß gegen »Ungläubige« und Juden gepredigt. Günther Lachmann analysiert die Situation nüchtern, ohne Rücksicht auf »political correctness« oder liebgewordene Denkgewohnheiten. Abgekoppelt vom Westen, der sie nicht akzeptiert, sind, so sein Befund nach intensiver Recherche, zunehmend mehr Muslime gerade in Deutschland offen für die Botschaft der radikalen Islamisten. Und das bedeutet eine tödliche Bedrohung – für beide Seiten.

PIPER

Iris Alanyali
Gebrauchsanweisung für die Türkei

192 Seiten. Gebunden

Sie wollen in Istanbul einen Teppich kaufen? Oder einen Dönerkebab in Antalya? Sie kennen das Wunderwort »ayıp« nicht? Und Sie möchten endlich Ihren Gemüsehändler besser verstehen lernen, der so ungeduldig auf den EU-Beitritt wartet? Dann sollten Sie diese Gebrauchsanweisung lesen: Sie verrät Ihnen nicht nur die Feinheiten türkischer Umgangsformen. Sie werden darin auch einiges über die Schamgrenzen in Hamams erfahren, über die Vorzüge nach Eau de Cologne duftender Überlandbusse und darüber, weshalb Mustafa Kemals berühmtes Konterfei den Besucher seit Generationen aus jeder Fischbude entgegenlächelt. Iris Alanyali weiß, was ihre Landsleute umtreibt – sie berichtet von der Vereinbarkeit von Religion und Weltoffenheit, von Gerichten, die »Damennabel« oder »Mädchenbrüste« heißen, und davon, welche Rolle die türkische Großmutter im gesellschaftlichen Leben eines patriarchalischen Landes wirklich spielt.